Novos Dilemas do Trabalho, do Emprego e do Processo do Trabalho

Homenagem ao Professor Ari Possidônio Beltran

Colaboradores

Amauri Mascaro Nascimento
Antonio Galvão Peres
Antonio Rodrigues de Freitas Júnior
Estêvão Mallet
Jorge Cavalcanti Boucinhas Filho
Jorge Pinheiro Castelo
Homero Batista Mateus da Silva
Luiz Carlos Amorim Robortella
Luiz Carlos Moro
Marcos Neves Fava
Nelson Mannrich
Otávio Pinto e Silva
Renato Rua de Almeida
Roberto Parahyba de Arruda Pinto
Yone Freddiani

Jorge Cavalcanti Boucinhas Filho
Carlos Francisco Berardo
Organizadores

Novos Dilemas do Trabalho, do Emprego e do Processo do Trabalho

Homenagem ao Professor Ari Possidônio Beltran

EDITORA LTDA.
© Todos os direitos reservados

Rua Jaguaribe, 571
CEP 01224-001
São Paulo, SP — Brasil
Fone (11) 2167-1101
www.ltr.com.br

LTr 4606.4
Junho, 2012

Dados Internacionais de Catalogação na Publicação (CIP)
(Câmara Brasileira do Livro, SP, Brasil)

Novos dilemas do trabalho, do emprego e do processo do trabalho / Jorge Cavalcanti Boucinhas Filho, Carlos Francisco Berardo, organizadores. — São Paulo : LTr, 2012.

Vários autores.

"Homenagem ao professor Ari Possidônio Beltran."
Bibliografia
ISBN 978-85-361-2150-5

1. Direito do trabalho 2. Emprego (Teoria econômica) 3. Processo do trabalho 4. Trabalho e classes trabalhadoras I. Boucinhas Filho, Jorge Cavalcanti. II. Berardo, Carlos Francisco.

12-05184   CDU-34:331

Índice para catálogo sistemático:
1. Direito do trabalho   34:331

Ari Possidônio Beltran

Advogado em São Paulo. Graduado, Mestre, Doutor e Livre-docente pela USP. Docente Universitário. Membro da Academia Nacional de Direito do Trabalho. Membro o IASP — Instituto dos Advogados de São Paulo, da AATT — Associação dos Advogados de São Paulo, do Instituto de Direito do Trabalho do Mercosul, da *Asociación Iberoamericana de Derecho del Trabajo y de la Seguridad Social*, da ALAL — *Asociación Iberoamericana de Abogados Laboristas*, do Corpo Docente Permantente da ESPAT. Ex-conselheiro da AASP — Associação dos Advogados de São Paulo. Sócio do Sindicato dos Advogados do Estado de São Paulo. Autor de diversas obras e de artigos publicados em revistas especializadas. Participou de diversas Bancas para Concurso da Magistratura do Trabalho, de Bancas de Mestrado e de Doutorado.

Sumário

Prefácio 11

Apresentação 15
    Nelson Mannrich

O Objeto da Teoria do Direito do Trabalho 25
    Amauri Mascaro Nascimento

Tópicos de História Universal e Direito do Trabalho 35
    Antonio Rodrigues de Freitas Jr.

A Quem o Direito do Trabalho deve Proteger e o Novo Conceito de Subordinação ... 58
    Yone Frediani

A Proteção Trabalhista dos Altos Executivos 63
    Jorge Cavalcanti Boucinhas Filho

Desconstruindo e Construindo Paradigmas na Relação de Trabalho 85
    Jorge Pinheiro Castelo

A Construção da Concepção Tricotômica: Autonomia, Subordinação e Parassubordinação 96
    Otávio Pinto e Silva

Novos Horizontes da Segurança do Trabalho: Trabalho Decente é Trabalho Seguro ... 110
    Homero Batista Mateus da Silva

Contratos de Aprendizagem. Critérios para Aferição da Cota em face da Classificação Brasileira de Ocupações — CBO 128
Luiz Carlos Amorim Robortella; Antonio Galvão Peres

Negociação Coletiva e Boa-Fé Objetiva 136
Renato Rua de Almeida

A Greve de Juízes ou "Eles, os Juízes Grevistas, Vistos por um Advogado Trabalhista" 143
Luiz Carlos Moro

A Ética como Dilema da Advocacia 152
Roberto Parahyba de Arruda Pinto

Quitação Judicial: Abrangência, Eficácia e Interpretação 172
Estêvão Mallet

Reclamação Constitucional ou da Multiplicação do Supremo 189
Marcos Neves Fava

Prefácio

> *"A integridade é o primeiro passo para a verdadeira grandeza. Os homens adoram elogiá-la, mas são lentos em praticá-la. Mantê-la em alta posição custa a abnegação; em todos os lugares ela é propensa a oposições, mas seu fim é glorioso, e o universo ainda lhe renderá homenagem."*
>
> Charles Simmons

Albert Einstein ressaltou, certa feita, que se deveria procurar ser um homem de valor antes de ser um homem de sucesso. O Professor Ari Possidônio Beltran, com sua integridade, carisma e obstinação, teve seu valor reconhecido solenemente pelas diversas instituições pelas quais passou, sem que isso o impedisse de alcançar sucesso em suas empreitadas como professor, advogado e pai de família.

Na Associação dos Advogados de São Paulo, instituição em que foi conselheiro durante nove anos, período máximo permitido estatutariamente, esse reconhecimento veio através das homenagens que lhe foram prestadas nos anos de 2006 e 2007.

Na Faculdade de Direito do Largo de São Francisco, instituição que integrou como aluno de graduação e pós-graduação, e, posteriormente, como professor, como integrante da Comissão de Pós-Graduação com destacada atuação e da Congregação, e também como secretário-geral do Centro Acadêmico 11 de agosto, esse reconhecimento veio com a outorga do prêmio "Destaque no âmbito acadêmico por colaboração com o Centro Acadêmico XI de Agosto e por estar junto em projetos de relevância como o J. E. Cível XI de Agosto" pela 104ª Diretoria do Centro Acadêmico XI de Agosto.

O seu valor como advogado foi atestado por magistrados e por colegas. O Tribunal Regional do Trabalho da 2ª Região, junto ao qual sempre atuou, outorgou-lhe em 2009 o Grau de Comendador e em 2011 o Grau de Grande Oficial da

Ordem do Mérito Judiciário do Trabalho. A advocacia trabalhista o homenageou por ocasião da realização de seu XXX Congresso anual, realizado na praia de Maresias entre os dias 15 e 18 de setembro. O comovente discurso proferido na ocasião pelo Professor Nelson Maanrich, seu colega de militância na advocacia e de magistério na Universidade de São Paulo, que gentilmente o cedeu para que integrasse esta obra, é uma bela demonstração da admiração e do carinho que os outros advogados e acadêmicos nutrem pelo homenageado nesta obra.

O reconhecimento de sua produção como juslaboralista, que inclui os livros *A Autotutela nas Relações de Trabalho* (São Paulo: LTr, 1996); *Os Impactos da Globalização no Direito do Trabalho* (São Paulo: LTr, 1998); *Dilemas do Trabalho e do Emprego na Atualidade* (São Paulo: LTr, 2001); *Direito do Trabalho e Direitos Fundamentais* (São Paulo: LTr, 2003), além de textos diversos em obras coletivas e inúmeros artigos em jornais e revistas especializadas, pode ser identificado com o seu ingresso na Academia Nacional de Direito do Trabalho, onde ocupa, já há vários anos, a cadeira de n. 74 e com as inúmeras citações feitas aos seus textos.

Como se pode ver, este livro é apenas mais uma das muitas homenagens já prestadas ao advogado, professor, cidadão e amigo Ari Possidônio Beltran. Para que ele pudesse ser concluído, advogados, magistrados e professores com expressivo reconhecimento em sua área profissional e que nutrem grande admiração e apreço pelo homenageado buscaram encontrar tempo em sua concorrida agenda para enfrentar os novos dilemas do trabalho, do emprego e do processo do trabalho, título, aliás, escolhido em alusão a uma das importantes contribuições do professor Ari à doutrina brasileira.

Amauri Mascaro Nascimento, Professor Emérito da Universidade de São Paulo, discorreu sobre o objeto da teoria geral do direito do trabalho evidenciando como ela pode contribuir para o estudo da sua estrutura, dos seus principais conceitos e das suas classificações mais importantes nos seus aspectos gerais e não para um determinado sistema jurídico porque entre estes há diferenças que resultam das características próprias do seu ordenamento jurídico.

Antonio Rodrigues de Freitas Júnior, ex-Secretário Nacional de Justiça (2002) e, atualmente, advogado, Procurador Legislativo, Professor Associado da Faculdade de Direito da Universidade de São Paulo e Diretor da Escola do Parlamento da Câmara Municipal de São Paulo, debruçou-se sobre os principais fatores que, na história universal, exerceram influência no nascimento, na evolução e na configuração atual do direito do trabalho.

A Desembargadora aposentada, consultora jurídica e professora renomada Yone Freddiani refletiu sobre o novo conceito de subordinação, propondo, diante das novas e diversas modalidades contratuais contemporâneas ao Terceiro Milênio, uma readequação e redirecionamento da proteção trabalhista.

O advogado e jurista Jorge Pinheiro Castello propôs a destruição e reconstrução dos paradigmas do direito do trabalho, ressaltando a necessidade de o operador do direito mudar seu modo de examinar as novas realidades e possibilidades jurídicas que o mundo pós-moderno e o ordenamento jurídico passaram a apresentar e oferecer.

O Professor da Universidade de São Paulo e conselheiro da Associação dos Advogados Trabalhistas de São Paulo — AATSP Otavio Pinto e Silva tratou dos conceitos de subordinação, coordenação e parassubordinação destacando que qualquer revisão do modelo brasileiro de relações de trabalho terá que passar pela revalorização do trabalho autônomo e pelo desenvolvimento de fórmulas contratuais inovadoras que levem em conta o conceito de trabalho parassubordinado, como mecanismos alternativos de prestação de serviços que conviverão com o tradicional trabalho subordinado em regime de emprego.

O jurista, Professor da Universidade de São Paulo e Juiz Titular da 88ª Vara do Trabalho de São Paulo, Homero Mateus Batista da Silva, tratou dos novos horizontes da segurança do trabalho. Após interessante análise acerca da segurança do trabalho, abordando aspectos históricos e dogmáticos, referido autor conclui que trabalho decente é trabalho seguro.

Luiz Carlos Amorim Robortella e Antonio Galvão Peres, profissionais de destaque na advocacia e no magistério, dedicaram-se a refletir sobre os critérios de aferição da cota de aprendizagem a partir da classificação brasileira de ocupações, tema que, como muito bem pontuado por eles, se conecta profundamente com o homenageado tal a sua devoção ao ensino, na mais abrangente acepção. Em seu texto os autores enaltecem a necessidade de conciliar a generalidade da CBO com o escopo da lei regulamentada, cujo objetivo específico é o caráter educativo da atividade.

O jurista Renato Rua de Almeida defendeu em seu texto que o requisito da boa-fé objetiva, embora fundamental para a eficácia da negociação coletiva, não é adequadamente utilizado no Brasil.

O advogado e professor Luiz Carlos Moro escreveu sobre a greve dos juízes atribuindo ao texto como título alternativo "Eles, os juízes grevistas, vistos por um advogado trabalhista", em flagrante referência à conhecida obra de Piero Calamandrei. Ninguém melhor que o aludido autor, que já presidiu a Associação dos Advogados Trabalhistas de São Paulo, a Associação Brasileira de Advogados Trabalhistas, a Asociación Latinoamericana de Abogados Laboralistas, e atualmente é Conselheiro (desde 2007) e Diretor (desde 2009) da Associação dos Advogados de São Paulo, para analisar a questão sob a perspectiva dos que militam na Justiça do Trabalho. Suas conclusões, que seguramente acarretarão polêmica e descontentamento, são corajosas e muito bem fundamentadas.

Também com expressiva passagem pelas associações da sua categoria profissional, tendo sido presidente da Associação dos Advogados Trabalhistas de São Paulo e exercendo atualmente a função de Diretor Cultural da Associação dos Advogados de São Paulo — AASP, Roberto Parahyba Arruda Pinto dissertou sobre a ética como dilema da advocacia. Tema muito bem escolhido para uma homenagem a Ari Beltran que, segundo o autor do texto, merece distinção pelo "entusiasmo juvenil com que defende os enraizados princípios éticos de que é portador, com os quais não transige, em circunstância alguma".

O jurista Estêvão Mallet analisou a abrangência, eficácia e interpretação da quitação judicial. Após minucioso e detalhado estudo, o advogado e professor da Universidade de São Paulo conclui que a quitação ampla, outorgada em ação trabalhista, mesmo antes da vigência da Emenda Constitucional n. 45, compreende também direitos decorrentes de doença profissional ou acidente de trabalho e orienta os reclamantes a terem especial atenção para os termos de acordo que vierem a celebrar judicialmente, dizendo expressamente que pretendem se reservar a prerrogativa de discutir outras pretensões, sob pena de não poderem mais questionar a relação jurídica extinta.

Marcos Neves Fava, outro festejado juslaboralista, tratou da reclamação constitucional ou da multiplicação do Supremo. Após se debruçar sobre os impactos do recente julgamento da Ação Declaratória de Constitucionalidade n. 16, o magistrado e professor universitário reflete sobre os riscos da proliferação de decisões monocráticas, proferidas em sede RC. Ressalta ao final a necessidade de o Supremo assumir, pelo único órgão ao qual se confere poder de decisões com efeito vinculante, o Pleno, clara interpretação dos limites da ADC 16, a fim de se evitar o prejuízo insanável do trabalhador terceirizado, que tenha prestado serviços ao Estado.

Carlos Carmelo Balaró dedicou-se ao estudo da figura do assédio processual. Após enaltecer e exortar as primeiras decisões que abordaram o tema e constatar que elas acabaram reformadas pelas instâncias superiores, o notável advogado registrou sua mensagem de otimismo e esperança na continuidade da aplicação de sanções àqueles que utilizam o processo de forma abusiva e desleal, causando injustificável prejuízo à parte contrária.

Como se vê, a obra contou com a participação de alguns dos principais juslaboralistas e operadores do direito do trabalho brasileiro que abordaram, com esmero e profundidade, temas atuais, relevantes e ainda pouco explorados. O escopo dos envolvidos neste trabalho não foi apenas render uma justa homenagem a um festejado jurista. Esforçaram-se eles para deixar a sua parcela de contribuição para a doutrina brasileira, auxiliando os que estudam e trabalham com o direito laboral a solucionar problemas que não encontram resposta nos manuais. O seu desiderato foi, em conjunto, deixar um legado que possa ser considerado à altura daquele deixado pelo jurista homenageado.

Verão de 2012

Jorge Cavalcanti Boucinhas Filho
Carlos Francisco Berardo

APRESENTAÇÃO

SAUDAÇÃO A ARI POSSIDÔNIO BELTRAN^(*)

NELSON MANNRICH[**]

Excelentíssimo Senhor Doutor Claudio Peron Ferraz, DD. presidente da Associação dos Advogados Trabalhistas de São Paulo, na pessoa de quem saúdo os integrantes da mesa e todos os Congressistas presentes, colegas advogados, magistrados, procuradores do trabalho, autoridades, estudantes.

Saúdo o Professor Mário Garmendia Arigon, da Universidade do Uruguai, a quem cumprimento pela homenagem que acaba de prestar a Oscar Ermida Uriarte, Professor uruguaio recentemente falecido, cuja perda todos nós sentimos.

Cumprimento a Comissão Organizadora desse importante evento, tradicional no calendário do advogado trabalhista, e aproveito para agradecer a honra de me indicar para proferir a saudação a um dos mais ilustres advogados de São Paulo e um dos professores mais queridos da Faculdade de Direito do Largo São Francisco, Ari Possidônio Beltran. Saúdo sua família aqui presente, que representa tudo na sua vida: sua esposa, D. Maria Aparecida, com quem está casado há 41 anos, suas filhas Márcia e Elaine, e suas netas Bruna e Sofia.

> "Você sabe de onde eu venho?
> De uma Casa que eu tenho
> na Avenida São João."

(*) Saudação proferida pelo Professor Nelson Mannrich ao professor Ari Possidônio Beltran, homenageado do XXX Congresso dos Advogados Trabalhistas, realizado em Maresias, dia 15 de setembro de 2011.
(**) Professor e Advogado em São Paulo. Presidente da Academia Nacional de Direito do Trabalho.

Na Av. São João, 2044, Centro de São Paulo, residia um ilustre morador: por 5 anos, um *jovem estrangeiro*, vindo do interior de São Paulo, ocupou a casa do estudante, enquanto fazia o curso de Direito no Largo São Francisco — fora aprovado no mais importante, concorrido e disputado vestibular de então. E tudo mudou nesse final de 1962, iniciando nova e decisiva fase de sua vida.

Deixa sua pequena Monte Aprazível e transfere-se para a cidade grande, indo para aquele que seria seu novo endereço: a casa do Estudante, na Av. São João, onde conviveu com ilustres companheiros, destacando-se Michel Temer. Também vieram de Monte aprazível seus amigos até hoje Regis de Oliveira e Rui Falcão.

O Professor Ari nasceu em Novo Horizonte, interior de São Paulo, mas já em 1950 mudou-se para Monte Aprazível, onde, filho único, se estabeleceu com seu pai, após a precoce morte de sua mãe.

Conhecida como a *Cidade Represa dos Sonhos*, Monte Aprazível foi elevada à categoria de município, em 1924. Fundada pelo Capitão Porfírio de Alcântara Pimentel, que mais tarde deu o nome à escola pública onde o professor Ari fez seu curso ginasial e, na sequência, o clássico, voltado à formação mais humanista, tendo prestado o Serviço Militar — tiro de Guerra n. 30.

Quem decide sair do interior para morar na cidade grande nada teme porque está decidido a atingir seus objetivos — nada o inibe nem as dificuldades o perturbam, pois seu único desejo é vencer —, apesar das agruras do presente, é fortalecido pelo sonho que acalenta e hipnotiza.

Mas sabemos como é agressiva e muitos acabam sucumbindo.

Neide Archanjo, uma das vozes poéticas mais significativas da geração que surgiu na década de 1960, período conturbado em que o Ari chegou a São Paulo, assim descreve esse cenário, em

As portas de Damasco —
Ai, cidade
Não verde
Não mar
Não clara
Não tropical
Não paisagem
Não amada
Ninguém explora o teu fundo mais fundo
A tua raiz mais raiz
Onde o esotérico se abre intato
O halterofilista da Praça da Sé
O bancário da rua XV
O moço do bilhar

> A menina do som de cristal
> O móvel do corretor de imóveis
> O vendedor de bilhetes
> O vendedor de automóveis
> — margem do rio peixe água entulho flor —
> e o artista
> — homem coletivo — tem o privilégio:
> suportam te olhar sem filtros.
> Com eles eu componho
> a tua aura
> — encantamento além da superfície —
> e te assumo agudíssima canção
> na garganta estreita
> do meu grito.

Como o rio que corre para o mar, sem nunca voltar à nascente, o Ari nunca mais moraria em Monte Aprazível — pois, na condição de estrangeiro, avançava para o sucesso que não tardou a chegar.

Mas tudo parece estranho, pois quando ocorrem mudanças tão radicais pouco entendemos o que de fato está se passando — nós começamos a mudar numa cidade que já mudou há muito tempo e que é diferente da cidade de onde viemos.

Lembro-me de Montaigne, no ensaio *Apologia*, de Raymond Sebond, quando afirma:

> "Condenamos tudo que nos parece estranho e tudo o que não entendemos (*tout ce qui nous semble étrange, nous les condanons, et ce qui nous n'entendons pas*)."

Esse comportamento, segundo Ricardo Pelosi[1], de onde retiramos a citação acima, resulta de um conflito ambivalente entre desejo e defesa: o desejo se sustenta na curiosidade, no desafio e na identificação com o novo; somos habitados por um estranho, por um estrangeiro. A defesa, que gera rejeição, xenofobia, é o sentimento dominante do conflito e está apoiada na ameaça e nas fantasiosas perdas que a situação nova provocariam.

Essa ambivalência está contida na própria semântica da palavra xenófobo: o *xénos*, na Grécia Antiga, representava o hóspede que se acolhe e se honra; e *phobos*, corresponde a fuga, pavor.

A propósito da bipolaridade diante do estranho, o desejo pelo novo se sustenta na curiosidade, no desafio e na identificação.

---

(1) *Analista* ma non tropo. São Paulo: Unesp.

Segundo o *Dicionário de Símbolos*, de Chevalier e Gheerbrant, "estrangeiro" simboliza a situação do homem. Quando Adão e Eva são expulsos do Paraíso, abandonam sua pátria e possuem, a partir deste momento, estatuto de estrangeiro, de emigrado. "O exílio é o seu destino — assim, todo filho de Adão é um hóspede de passagem, um estrangeiro em qualquer país em que se encontre."

Embora no "exílio" e na condição de "estrangeiro" — o Professor Ari é um *hóspede* comportado: além de transformar a casa do Estudante no seu novo lar e seu novo endereço, o Restaurante do XI e o Pátio da Faculdade são referências de sua nova *polis*. Viveu intensamente sua vida estudantil e destacou-se na militância política naqueles conturbados anos; formado, nunca se filiaria a qualquer partido político.

Participou do movimento estudantil e, como membro filiado ao PAR — Partido Acadêmico Renovador, foi eleito 1º Secretário do Centro Acadêmico XI de Agosto, na gestão de 1966.

Era então presidente Sérgio Lazzarini — tendo participado de um congresso estudantil, em São Bernardo do Campo, em 7 de setembro de 1966, acabou sendo preso pelo temido DOPS, juntamente com outros alunos do Largo São Francisco. Como o vice-presidente estava viajando, o prof. Ari assumiu estatutariamente o Centro Acadêmico. Imediatamente passou a trabalhar na soltura dos presos. Orientado por professores, foi ao Palácio para uma audiência com o então Governador Laudo Natel, sendo recebido por Valdemar Maris de Oliveira, ex-aluno do Largo São Francisco e assessor da Casa Civil. Segundo o próprio Ari, "foi recebido com tapete vermelho e imediatamente tomou as medidas de soltura".

Além do Ari, constavam entre os formandos de sua turma de 1967 outros alunos ilustres: Miguel Reale Jr.; Antonio Luis Chaves de Camargo, Rui Falcão, Aloísio Nunes Ferreira Filho, Caio Pompeu de Toledo, Luis Antonio Rodrigues da Silva; Ferry Azeredo Filho, João Zicardi Navajas; José Alexandre Tavares Guerrreiro; Paulo de Arruda Miranda.

É difícil numa frase reunir as qualidades dessa personalidade poliédrica — tal como num calidoscópio —, ficamos impressionados como construiu uma vida com tantas "imagens coloridas múltiplas, em arranjos simétricos" (Dicionário Houaiss), onde se contempla a figura de um herói anônimo e vencedor na batalha da construção de uma família e de uma carreira profissional, com tantos laços e tanto sucesso, servindo de paradigma para tantos que também assumiram a condição de estrangeiro.

O Ari, além de grande companheiro, é leal e ético; competente conselheiro — sempre disposto a ajudar, dar uma aula em substituição a um colega, organizar um evento, enfim, na hora certa resolve de forma correta a dificuldade que se lhe apresenta.

Como Hanna Arendt, aprendeu a "necessidade de ousar e se expor na vida pública", tendo escolhido o curso de Direito e depois trilhado a área trabalhista mais pelo acaso — já no primeiro ano da faculdade iniciou seu estágio na área trabalhista.

Nunca pensou em fazer concurso público, embora assediado para ocupar vagas nos Tribunais Regionais e no próprio Tribunal Superior do Trabalho — sua vocação sempre foi ser advogado militante e professor dedicado.

A história do Professor Ari parece levar em conta o que Marx escreveu em o *18 Brumário*, de Luis Bonaparte: "os homens fazem sua própria história, mas não a fazem como querem, não fazem sob as circunstâncias de sua escolha, e sim sob aquelas com que se defrontam diretamente, legadas e transmitidas pelo passado".

Qualquer um pode acessar, pela internet, o currículo *lattes* do professor Ari Possidônio Beltran. Mas, não se assuste — parece que não têm fim as citações de livros, artigos, bancas, palestras, atividades etc. São 31 páginas impressas que relatam a produção acadêmica de um dos mais queridos e festejados professores do Largo São Francisco.

Nunca traiu sua origem — paulista do interior —, o que se percebe nos traços de sua personalidade franca, alegre e solidária. Nunca vi o Ari triste — mesmo porque, como ensina o Eclesiástico 38-19 — "A tristeza apressa a morte, tira o vigor".

Assim é o Ari como professor, no trato respeitoso com seus alunos, que o admiram profundamente, e também como colega, como pai, como advogado e como jurista. É respeitado e amado por seus colegas professores e advogados.

O jeito caipira de enfrentar as vicissitudes da vida com serenidade e racionalidade é uma de suas marcas registradas. Mas não se iludam — esse homem alegre e determinado sabe, nas provocações e adversidades, impor-se com a altivez de sua personalidade.

Colhi, entre seus alunos e colegas de Departamento, alguns depoimentos. Todos são unânimes: o grande professor, o grande amigo, o grande colega e o grande modelo.

Tomo a liberdade de registrar alguns depoimentos. Inicio com o de um colega de turma, Carlos Francisco Berardo, hoje vice-presidente do Tribunal Regional do Trabalho da 2ª Região — de quem, muitos anos depois, o Ari vem a ser orientador na pós-graduação.

Ambos do interior, cheios de ideais e devotados ao Direito, e solidários na dura luta pela sobrevivência, acabaram estreitando laços de amizade e recíproca admiração. Depois de formados, acabaram se reencontrando mais tarde, na Justiça do Trabalho. O Carlos Francisco Berardo, na condição de Desembargador do Tribunal Regional da 2ª Região, o Ari, como advogado.

Em seu depoimento, o Carlos Francisco Berardo é incisivo: "combativo, proficiente, consciente e convencido do bom direito das causas que defendia. Conduta profissional impecável, repelindo fundamentadamente, com destreza e maestria, a argumentação contrária. Mas respeitando, com cavalheirismo e altanaria, a pessoa dos adversários e ... dos julgadores".

Por sua vez, a aluna Marina Weinschenker, da pós-graduação, resume a sensação que seus colegas têm do prof. Ari:

> "Na qualidade de orientanda, sou testemunha do exemplo vivo que representa para a comunidade jurídica trabalhista, não só pelo vasto conhecimento que incansavelmente compartilha com todos nós, mas também pelas características morais elevadas de humildade e generosidade que muito inspiram todos aqueles que o rodeiam."

Recebi muitas outras mensagens — mas *ainda* quero me referir a apenas mais duas: a de Eliegi Tebaldi e a de Luis Henrique Godeguesi.

> "Pensei que seria algo simples homenagear o prof. Ari", diz Eliegi. "Mas logo percebi como era complexo homenagear um *Professor* tão nobre, cientista do direito, fiel aos seus ensinamentos acadêmicos, que sempre vê o ensino do Direito do Trabalho como um dos pilares de sua base: academia-trabalho-família. Honro-me por ser sua orientanda na Faculdade de Direito do Largo São Francisco."

E, Luis Henrique, que conseguiu, tal como um artista, retratar na tela a figura do Professor Ari: um "homem ímpar". Daqueles que nunca negam auxílio a ninguém. É sempre uma mão amiga estendida a qualquer hora. Quem já teve a honra de auxiliá-lo em suas *atividades* sabe da sua extrema humildade e generosidade. Uma de suas principais características é a dedicação intensa a tudo o que faz. Em qualquer de suas tarefas, nota-se preocupação com os detalhes e com as pessoas envolvidas.

Em âmbito profissional, é cuidadoso, previdente e certeiro. Em sua vida pessoal, é pai dedicado e avô apaixonado. E mesmo nas situações mais críticas, o Prof. Ari não perde a paciência e o bom humor. Para constatar a verdade de tudo o que foi dito, basta dar um passeio com ele em qualquer dos lugares que frequenta. Seja pelo centro de São Paulo, seja pela Faculdade de Direito, seja pelo Fórum Trabalhista. Só se verão pessoas acenando animadamente com a sua passagem, demonstrando que, de algum modo, o Prof. Ari já passou alguma vez por suas vidas, e só deixou boas coisas nos caminhos que trilhou. Mais do que uma deferência, é uma obrigação homenageá-lo, e qualquer homenagem ainda não será suficiente para fazer frente à pessoa extraordinária do Prof. Ari".

A carreira acadêmica do Professor Ari Possidônio Beltran é seu principal legado. Concluiu o Mestrado em Direito, pela Universidade de São Paulo, em 1994, e o doutorado, também no Largo São Francisco, em1998, tendo como orientador o Professor Pedro Vidal Neto. Em 2000, concluiu a livre-docência. É Professor Associado da Faculdade de Direito do Largo São Francisco.

Talvez a nota mais importante de seu currículo seja a de ser professor na Faculdade de Direito do Largo São Francisco, opção que resultou de seu amor pelas Arcadas e sua proximidade com ela. Segundo o Ari, a USP representa sua "segunda família".

No Brasil, há mais de 1.200 faculdades de Direito; só em São Paulo, mais de 300. E, desde 2008, deixou de ser a única até mesmo na USP, quando da criação da Faculdade de Direito de Ribeirão Preto. Mas a faculdade de direito do Largo São Francisco continua sendo a histórica — lá que o Professor decidiu ser professor.

Publicou livros, capítulos de livros e artigos em periódicos especializados. Participou de congressos, bancas e outros importantes eventos jurídicos.

Entre seus livros, destacam-se pela qualidade e importância para a comunidade jurídica:

"A Autotutela nas Relações do Trabalho"

"Os Impactos da Integração Econômica no Direito do Trabalho — Globalização e Direitos Sociais"

"Dilemas do Trabalho e do Emprego na Atualidade"

"Direito do Trabalho e Direitos Fundamentais"

"Direitos do Homem, Direito do Trabalho e novos conflitos"

Escreveu centenas de artigos em revistas especializadas e em jornais de grande circulação, bem como capítulos de livros, prefaciando diversas obras jurídicas. Convidado com frequência para entrevistas em rádio e televisão, é presença obrigatória em Congressos e Mesas de Debates, tendo participado, como conferencista e painelista, de mais de 156 eventos, contabilizados.

Homenageado por entidades de classe e Tribunais do Trabalho, recebeu diversas dignidades e títulos como Grande Oficial da Ordem do Mérito Judiciário do Trabalho, do TRT da 2ª Região, Grau de comendador, Medalha Arnaldo Süssekind, tendo recebido honrarias da Associação dos Advogados Trabalhistas e do Centro Acadêmico XI de Agosto.

No Largo São Francisco, é responsável por diversas disciplinas na graduação, como Direito do Trabalho, Direito Processual do Trabalho, Direito Ambiental, entre outras. Na pós-graduação, suas disciplinas preferidas envolvem temas como União Europeia e Integração Econômica, Grupos de Empresas no Direito do Trabalho, Reforma Trabalhista, entre outros.

O Professor Ari integra diversos Conselhos, na USP: é membro da Congregação, do Conselho Departamental e da Comissão de Pós-Graduação. Com orgulho, ocupa o cargo de Coordenador do Curso de Estágio Profissional. Tem participado ativamente de correção de provas de candidatos a vagas no mestrado, doutorado e pós-graduação *lato sensu*.

Orienta alunos em teses de láurea, mestrado, doutorado e cursos de especialização. Além disso, participa de bancas de teses de láurea, de conclusão de especialização, mestrado, doutorado e livre-docência, na condição de presidente ou de membro convidado. Integra bancas examinadoras de concursos para ingresso de professor na carreira da USP, em geral longos e com muitos candidatos. Para se ter uma ideia da vastidão de sua atividade acadêmica, basta examinar as centenas de bancas das quais participou.

Além de professor da USP, onde leciona nos cursos de graduação, pós-graduação *lato sensu*, mestrado e doutorado, leciona ou lecionou como professor visitante em outros Centros Universitários como PUC — no curso COGEAE, Universidade Presbiteriana Mackenzie, Universidade Regional de Joinville, UNIPAR — Universidade Paranaense, UNISANTOS — Universidade Católica de Santos, entre outras.

O Professor Ari é advogado e sócio de Beltran Advogados, escritório integrado por advogados altamente especializados para atuar no contencioso e consultivo trabalhistas.

Conhecido na Justiça do Trabalho pela sua atuação como profissional experiente e respeitado, é festejado tanto pelos juízes quanto pelos colegas advogados e servidores do Tribunal.

Integra diversas associações de classe, como Associação dos Advogados Trabalhistas de São Paulo, Instituto dos Advogados de São Paulo, Associação dos Advogados de São Paulo, Academia Nacional de Direito do Trabalho, Instituto Cesarino Jr. de Direito Social, entre tantas outras importantes e renomadas entidades.

Destacou-se em especial junto à Associação dos Advogados de São Paulo, onde, na condição de membro atuante e participativo, além de Conselheiro e diretor, coordenou a Revista do Advogado, uma das mais respeitadas revistas editadas em São Paulo.

Como advogado atuante e participativo, tem representado a OAB — Ordem dos Advogados —, Seção de São Paulo, integrando Bancas de Concurso Público para ingresso na magistratura do trabalho, junto a diversos Tribunais Regionais do Trabalho, incumbindo-se de correção de centenas e centenas de prova — tarefa altamente dignificante, mas extremamente árdua e de alta responsabilidade.

Coordenou diversos cursos, congressos e seminários. Além de falar, compreender e ler francês e italiano, todos os anos vai a Paris, e aproveita para se abastecer de livros. Mantém invejável biblioteca, com acervo variado, com ênfase em Direito do Trabalho e Direito comunitário.

Como se pode ver pelos excertos e fragmentos de sua vasta biografia, o Ari construiu uma vida honrada, exemplo para todos nós e atingiu a plena maturidade e mesmo assim não pensa em se aposentar — pois o que mais o "desestressa é dar aula e advogar".

E, como ensina Gilberto Dupas, quando se chega a determinada fase da vida, percebe-se melhor o sentido da liberdade — entre a vida e a morte, pode o homem flertar com a imortalidade.

Confesso que falar do Ari me emociona profundamente — por isso, como dizia o jornalista Paulo Maranhão[2]:

"Uma lágrima impertinente teima assomar a sacada de meus olhos e eu não quero chorar diante de vosso rosto que sorri.
"Você sabe de onde eu venho?
De uma Casa que eu tenho
na Avenida São João."

MUITO OBRIGADO!

Nelson Mannrich

São Paulo (Maresias), 15 de setembro de 2011.

---

(2) Citado pelo meu confrade Georgenor de Sousa Franco Filho, Desembargador do Tribunal Regional do Trabalho, do Pará.

O Objeto da Teoria do Direito do Trabalho

Amauri Mascaro Nascimento[*]

1. A teoria como estudo do ordenamento e das normas

Uma teoria do direito do trabalho pode contribuir para o estudo da sua estrutura, dos seus principais conceitos e das suas classificações mais importantes nos seus aspectos gerais e não para um determinado sistema jurídico porque entre estes há diferenças que resultam das características próprias do seu ordenamento jurídico.

O método de desenvolvimento didático de uma teoria do direito divide os especialistas.

Para alguns deve ser uma enciclopédia jurídica com a descrição pura e simples dos diversos setores de que se compõe o tema, para outros, deve ser uma filosofia jurídica, o que não me parece correto porque nesse caso a teoria estaria invadindo outro campo, para outros ainda, deve reunir, como fez Bobbio, a teoria do ordenamento jurídico e a teoria das normas jurídicas, método que proporciona maior facilidade de compreensão do que é o direito e, no nosso caso, do direito do trabalho.

O direito não pertence à natureza física. Não é uma lei química ou uma lei biológica que o produz, muito menos uma lei mecânica própria do mundo não cultural e dentro de uma infalível inelutabilidade. O direito, ao contrário, apresentasse-nos, como frisa Recaséns Siches, pleno de sentido, de significação, como expressão de uma estrutura de fins e de meios congruentes, como intencionalidade.

Apesar das teorias organicistas, nada há na natureza física que se nos apareça como um elemento jurídico. Ao contrário, existe o direito porque o homem procura

---
[*] Professor Emérito da Faculdade de Direito da USP.

ordenar a sua coexistência com outros homens, pautando-a por meio de determinadas normas, por ele dispostas, no sentido de evitar um conflito de interesses e realizar um ideal de justiça. O direito é um instrumento de realização da paz e da ordem social, mas, também, destina-se a cumprir outras finalidades, entre as quais o bem individual e o progresso da humanidade. Assim, os homens vivem não isoladamente, mas agrupados, para a consecução dos seus objetivos, e a essa união dá-se o nome de sociedade.

O homem individual tem a necessidade de unir-se aos demais homens, em um sentido de cooperação recíproca e de maior soma possível de esforços que permitam um aumento da criatividade no desenvolvimento histórico em que a pessoa humana se põe e do qual é um motor. Uma razão subjetiva, a própria natureza do homem, leva-o à coexistência em sociedade. A natureza do homem é como observa Messner, natureza social e natureza individual, e, por isso, o fim social mesmo é um dos fins existenciais fundamentais. Por essa razão, os dois aspectos, o pessoal e o social, mais a necessidade de proteção, levam o homem a viver em sociedade. Como da interatividade dos homens na sociedade pode surgir um desequilíbrio nas suas relações, o direito surge como o bem cultural de que se utiliza o homem para restabelecer esse equilíbrio rompido, individual ou grupal, e permitir a continuidade da vida social. *O direito é, portanto, uma ciência cultural*.

O saber jurídico comporta uma consideração no plano transcendental ou filosófico, próprio da filosofia do direito, e uma consideração empírico-positiva, reservada para a teoria geral do direito, sociologia jurídica, história do direito, etnologia jurídica, psicologia jurídica e política do direito.

Teorizar é uma tarefa em grande parte descritiva do fenômeno que se quer analisar com o que teoria é uma verificação de algo que se quer explicar em consonância não com o tratamento particular e específico que possa ter em um dado sistema jurídico, mas de modo transcendental a esse sistema.

A teoria deve compreender o significado de um instituto em todos os sistemas integrados como se fossem uma só unidade razão pela qual a teoria estará numa linha fronteiriça com a filosofia do direito com a qual não se confunde.

De outro lado, também não integram um mesmo setor do conhecimento a sociologia e a teoria, embora entre ambas e também com a filosofia exista um certo grau de comunicação, o que mostra a complexidade da tarefa de delimitar o âmbito das três disciplinas que são autônomas, mas interagem uma implicando as diretrizes que a outra estabelece.

Mais que isso, a teoria tridimensional do direito (Reale) vai além ao aproximar dialeticamente fatos (sociologia), valores (filosofia) e normas (teoria) como níveis diferentes de uma mesma realidade que se movimenta na roda da história num sentido prospectivo em que essas dimensões se tocam sem que se fundam, ou seja, a teoria da dialética de implicação e polaridade, sentido em que deve ser entendida a expressão *a norma é um pedaço da vida social tipificado pelo direito*.

Está claro que na mesma não se trata de descrever um fenômeno físico, mas sim cultural, como é todo o direito, e nesse mundo é que a sua vida se desenvolve, sabendo-se que no mundo da cultura as regras não atuam da mesma forma que no mundo físico já que aquele, no direito, é o mundo do dever-ser e este é o mundo do ser cada qual com seus princípios, suas leis e sua realidade própria.

O direito do trabalho, como todo o direito, atua no universo em que as pessoas que se relacionam devem seguir certos padrões de comportamento para que seja possível a convivência o quanto possível não conflitiva, mas na qual os conflitos são inevitáveis, e que estes devem ser solucionados para que o relacionamento das pessoas no grupo ou dos grupos entre si siga no quotidiano da convivência sem maiores perturbações que possam comprometer a normalidade do seu desenvolvimento.

Ele tem o seu ordenamento e as suas normas jurídicas, cada qual com suas peculiaridades.

É um erro tratá-lo exclusivamente pelos seus fins sem obediência às suas normas sem que se destrua a segurança jurídica descaracterizando-o como se fosse uma sociologia. Equivocado é, também, tratá-lo como realização de uma ideia da qual todas as projeções devem ser extraídas porque nesse caso também estaria se afastando da característica de todo ramo do direito que é sempre, embora não exclusivamente, um conjunto de normas gerais que limitam o voluntarismo do intérprete quando entende que a sua convicção deve prevalecer acima do sistema jurídico.

A importância que nele se dá ao homem que trabalha é justificada, mas a implementação das garantias que devem cercar o homem principal sujeito para o qual se voltam às garantias jurídicas que projeta o trabalhador, não pode deixar de ser coordenado e em função dos imperativos de todo ordenamento e de todo sistema normativo.

É um subsistema dentro do sistema geral e maior do direito no qual nasceu e foi buscar a sua estrutura genética e não é motivo para que seja contraposto ou anteposto ao direito comum porque estaria renegando as suas origens, embora seja correto afirmar que corrigiu algumas distorções do direito comum tendo em vista o tipo peculiar dos sujeitos que o integram.

O direito é o resultado da pressão de fatos sociais que, tensionados sob valores, resultam em normas jurídicas. É o que aconteceu com o *direito do trabalho*, também. O seu desenvolvimento sempre se ordenou a uma relação jurídica entre particulares. Os fatos econômico-trabalhistas que se seguiram à revolução industrial, com a formação de um aglomerado de trabalho em torno da máquina a vapor então descoberta, constituem, sem dúvida, a base sobre a qual nossa disciplina foi construída.

2. Teoria e outros setores do conhecimento

Inconfundível é o *direito do trabalho* com outros setores do conhecimento que o auxiliam voltados para o trabalho, dos quais difere, embora deles necessite como a *economia do trabalho*, a *sociologia do trabalho*, a *medicina do trabalho*, a *administração de pessoal*, a *psicologia do trabalho* e a *filosofia do trabalho*.

A *economia do trabalho* é parte da ciência da *economia*, e esta tem por objeto os fenômenos relativos à distribuição das riquezas, à produção de bens, à prestação de serviços, às regras reguladoras do consumo e a outros aspectos.

Os estudos sobre as relações entre *economia* e *direito*, que, para o materialismo marxista, atribuem ao direito a natureza de superestrutura de caráter ideológico condicionada pela infraestrutura econômica, de modo que esta atue sobre aquela, moldando-a, levam a uma concepção do *direito do trabalho* como mero apêndice da *economia*, pressupondo a anterioridade da *economia* ao *direito*.

O *direito econômico*, conjunto de instituições e preceitos jurídicos que ordenam a direção das atividades econômicas pelo estado, ou seja, a intervenção estatal na economia e as relações entre os agentes dos mercados, cujas bases não se identificam com as do materialismo histórico, gera a mesma dependência do *direito do trabalho* à *economia*.

Não são aceitáveis essas conclusões, porque, como já esclareceu Stammler, se o conteúdo dos atos humanos é econômico, a forma é jurídica. *Economia* e *direito* implicam-se de tal modo que os fatos econômicos influem no *direito do trabalho*, e este, por sua vez, também repercute sobre aqueles. É o que acontece, também, entre *economia* e *direito comercial*. Nem por tal motivo preconiza-se a subordinação do *direito comercial* à *economia*. Logo, o *direito do trabalho* não é decorrência desta só porque os dois setores do conhecimento têm institutos comuns. O salário é um dos institutos comuns. Para a *economia o salário* é custo da empresa e para o *direito do trabalho* é um pagamento protegido pela lei como crédito do trabalhador. A propriedade é tema comum ao *direito civil* e à *economia*. É, como o salário, estudo multidisciplinar. A multidisciplinariedade não transforma um tema exclusivo daquele ou deste setor.

A *sociologia do trabalho*, valorizada com a contribuição de obras clássicas de grande importância, é, como a *sociologia*, ciência dos fatos sociais; segundo Comte, a "ciência de observações dos fenômenos sociais". Tem por escopo a investigação das estruturas do fato social mediante técnicas como pesquisas, estatísticas e outras que permitem retratar e avaliar esses fatos, enquanto ao *direito do trabalho* cabe a interpretação das normas jurídicas embora, para aplicá-las, tenha de, também, avaliar os fatos que as justificaram.

Não visa à validade da norma jurídica como tal, mas a sua eficácia na vida social, válida ou não.

A *sociologia do trabalho* particularizou-se. A greve, o lazer, o movimento sindical e outros temas comuns ao *direito do trabalho* e à *sociologia do trabalho* são, por esta, estudados como fatos, de acordo com linguagem própria nem sempre coincidente com a jurídica. Para o *direito do trabalho,* a greve é *lícita* ou *ilícita, abusiva* ou *não abusiva*; para a *sociologia,* as greves são catalogadas de modo próprio, de acordo com a forma pela qual se desenvolvem: *greves de zelo, greves de braços cruzados, greves de protesto, greves de advertência* e outras.

A *sociologia* estuda os conflitos como ocorrem e segundo a ação dos grupos sociais. É o objeto da *sociologia dos conflitos,* para a qual os grupos na sociedade são, por natureza, conflitantes, e da *sociologia integrativa* que sustenta o caráter integrado dos conjuntos sociais. Para o *direito do trabalho* interessam os mecanismos de solução dos conflitos previstos pelas normas jurídicas vigentes no grupo social, incluindo a jurisdição. As dificuldades para distinguir com clareza *direito do trabalho* e *sociologia do trabalho* não diferem muito daquelas encontradas para a diferenciação entre *direito* e *sociologia,* e, mais ainda, *direito* e *sociologia do direito.* Há juristas sociólogos e sociólogos juristas, o empirismo e o dogmatismo. Se for certo que o *direito* não pode ser reduzido ao estudo das normas e a *sociologia* ao dos fatos, estes, para o *direito,* são uma das suas realidades. Para a *sociologia,* a norma é um fato.

A *medicina do trabalho,* parte da *medicina,* tem por escopo o estudo e a disciplina dos meios preventivos e reparatórios da saúde do trabalhador, sendo de toda atualidade os aforismos de Bernardino Ramazzini, na Itália (1633): *mais vale prevenir do que remediar* e *todo trabalho torna-se perigoso se praticado em excesso.*

Relaciona-se, diretamente, com um setor do *direito do trabalho*: as normas de medicina e higiene do trabalho. Na Idade Média não havia um conjunto de normas jurídicas destinadas à proteção da vida, saúde e integridade física do trabalhador na dimensão atual o que resultou de eventos mais recentes como a conferência de Berlim (1890) na qual foi discutida a necessidade da adoção de medidas sobre o trabalho em minas; a conferência de Berna (1913) e suas propostas de proteção do trabalhador contra os riscos profissionais; a primeira conferência interamericana de segurança social, no Chile (1942); as declarações, convenções internacionais e normas do direito interno dos países, para as quais a contribuição da *medicina do trabalho* é essencial. Na atualidade, a proteção da vida, saúde e integridade física do trabalhador é um direito fundamental.

A *administração de pessoal* é ramo da *administração de empresas.* Tem por objeto o estudo do gerenciamento dos recursos humanos na empresa. Não é um setor do *direito do trabalho,* mas possui estreita vinculação com as suas normas, que devem ser observadas quando a empresa formula a sua política de relações de trabalho.

Cuida não só da definição dessa política, mas de rotinas na empresa quanto a inúmeros aspectos.

Entre eles os admissionais: a admissão dos candidatos aos empregos, entrevistas, exame de currículos, contatos com agências de colocação e empresas de prestação de serviços temporários.

Outros são os contratuais: períodos de experiência, discussão e elaboração dos sistemas de jornadas de trabalho, jornada flexível, contrato de trabalho a tempo parcial etc.

Outros são os sindicais: relacionamento entre a empresa e representações de trabalhadores, acordos com o sindicato, administração de salários, plano de cargos e salários, regulamento interno do pessoal, planos de distribuição de lucros ou resultados, preparativos para enfrentar greves, condições ambientais do estabelecimento e outras tarefas.

A psicologia do trabalho, ramo da *psicologia,* ocupa-se do estudo das técnicas de adaptação do trabalhador.

Vê o trabalhador como ser humano, cujas reações influirão no seu comportamento profissional, como acontece com toda pessoa.

Nada mais difícil, na empresa, do que administrar sentimentos como o amor, o ódio, a amizade, a inimizade, a simpatia, a antipatia, a alegria, a tristeza, além de outros que podem gerar conflitos e prejudicar, ou facilitar, o bom relacionamento entre as pessoas que integram o grupo.

São diversos os aspectos dos estudos da *psicologia do trabalho*: a *caractereologia* que podem identificar nas pessoas suas tendências extrovertidas ou introvertidas, afastar a sua insatisfação no trabalho e promover a diminuição do stress; a *psicologia jurídica,* compreensão dos fenômenos jurídicos a partir da *psicologia,* pode ser de grande utilidade no âmbito do *direito do trabalho,* em especial em uma das suas esferas, a *psicologia social* que tem estreitas relações com a *sociologia jurídica.*

A *filosofia do trabalho* estuda, como fez Felice Battaglia, o conceito de trabalho e suas implicações com a *física,* a *economia,* a *axiologia,* desde a *antiguidade clássica* passando pelo *cristianismo,* o *renascimento,* a *reforma* e, a partir do século XVIII, com a contribuição do *idealismo,* do *socialismo marxista* e outras manifestações do pensamento, como as de Bérgson e Mazzini, tudo segundo uma noção crítica e problemática do trabalho.

O conceito de trabalho, como dissemos, foi negativo na *antiguidade* e na *idade média*: retribuição da dor, para Xenofonte castigo dos deuses em virtude do pecado capital, para a teologia; daí por que "do suor do teu rosto comerás o teu pão"; castigo redimido por Cristo, quando o trabalho humano adquiriu novo sentido e valor, significando a participação do homem, modelado à imagem e semelhança de deus, na obra da construção e redenção; a reflexão de Aristóteles sobre a escravidão como necessidade social, convencido de que a servidão de uns era necessária para que outros pudessem ser virtuosos, e de Platão, para quem a sabedoria importava em conhecimento de si mesmo, enquanto os trabalhadores da terra e os operários conheciam só as coisas do corpo.

O *renascimento* tem no trabalho um valor ao identificá-lo como meio do progresso material e ver o homem como atividade; "são nossas", diz Gianozzo, "as coisas humanas, porque feitas pelo homem todas as coisas que vemos, as casas, os castelos, as cidades, os edifícios sem conta disseminados sobre a superfície da terra".

Giambatista Vicco avalia o trabalho como conhecimento e realização de cultura, esta tomada no sentido amplo de cultura, como tudo que o homem acresce à natureza bruta, alterando-a em razão da sua atividade criativa e modificadora, enriquecida de bens materiais e institucionais inexistentes quando a recebeu no estado inicial da terra, dos mares, das florestas, a ela aduzindo cidades, casas, meios de transporte, universidades, livros, o estado e outras contribuições culturais, fruto do trabalho, que, assim, é um valor.

Em Hegel o espírito é visto como atividade e objetivação, o que faz do trabalho o próprio meio de o homem encontrar-se.

O materialismo de Fuerbach e Marx vê o homem como matéria determinante do próprio ser, pondo-se em um processo histórico de contradição dos meios sociais de produção, atualizando-se no ato do trabalho, pelo qual transforma os objetos da natureza. O trabalho insere-se na coisa produzida; daí a alienação, para significar o ato pelo qual o trabalhador abre mão dos resultados da sua produção trocados pelo salário que recebe e que são explorados pelo capitalismo que não atribui o valor que as coisas fruto do trabalho têm, o que gera a mais-valia.

A *filosofia da direito como metafísica* jurídica objetiva descobrir a essência do fenômeno jurídico e o seu significado metajurídico, de acordo com uma visão total do homem e do universo.

A *epistemologia jurídica* estuda as formas de conhecimento do *direito*, portanto, também, do *direito do trabalho*, destinadas a dirigir o pensamento jurídico para ordená-las em um sentido de noção pura.

A *teoria geral do direito* distingue-se da *filosofia do direito*, cuida da observação dos sistemas jurídicos tal como estão postos e em sua característica e mostra em um sentido de unidade os seus componentes, em que consistem e o modo de se articularem.

Auxiliam o *direito do trabalho* a *história do direito* e a *do direito do trabalho* que permitem a visão do passado para melhor compreensão do presente; a *antropologia jurídica*, que tenta conhecer as diversas culturas humanas; a *etnologia jurídica*, que analisa as instituições antigas e arcaicas e seus traços com os sistemas contemporâneos; a *lógica jurídica*, que tem por objeto definir métodos e organização do raciocínio, o método dedutivo, o indutivo, o silogismo da premissa maior, da premissa menor e da conclusão com suas aplicações na atividade jurídica, a argumentação e suas regras do argumento analógico, do argumento *a fortiori*, do argumento contrário da *exceptio est strictissimae interpretationis*; a *linguística jurídica*, que estuda a semântica, o vocabulário e a significação das palavras; e a *informática jurídica* que cuida da documentação eletrônica de dados para consulta e retransmissão, redação de textos, organização de agendas, redes de comunicação e outras facilidades, que dão maior velocidade e simplificação às atividades jurídicas.

Uma observação a mais exige a *psicologia*, o Juiz e a emoção.

Entre as questões abordadas pela psicologia judiciária e, de certo modo, por uma corrente da filosofia jurídica, o *realismo jurídico*, está a do Juiz e a Emoção na qual se procura saber, ao proferir uma decisão, o que é mais importante, a razão ou a emoção, ou se ambas caminham juntas, como nos parece tema a que se dedicou Lídia Reis de Almeida Prado, em *O Juiz e a Emoção. Aspectos da Lógica da Decisão Judicial*.

No estudo a autora examina os aspectos da *lógica da decisão judicial* e concluiu que há evidências, neste início de milênio, de uma gradativa valorização da emoção junto com o pensamento na tomada de decisões. Esse fenômeno, continua, pode ser entendido no contexto de um novo paradigma, dentro de um padrão democrático numa tentativa de dirimir a dissociação positivista e racionalista do passado. Cita Antônio Damásio, em *O erro de Descartes*, ao afirmar que o sentimento, a emoção e a regulação biológica são essenciais para a racionalidade, e aduziu que é incompleta a razão que existe sem nenhuma ligação com o sentimento, o que poderia comprometer a própria racionalidade ao desequilibrar a razão e a emoção.

Afirma que "a sentença judicial, embora baseada no conhecimento jurídico, constitui uma decisão como outra qualquer. Por isso, como ocorre em outras áreas do saber, lentamente começa a se notar no direito a valorização da emoção no ato de decidir, sem ser desconsiderada a racionalidade" e que "existem prenúncios de novas configurações, novas imagens arquetípicas da justiça e do juiz, mais adequadas ao nosso tempo, que começam a se abrir para a sensibilidade. Penso não estar sendo irrealisticamente otimista ao acreditar que tais transformações estariam anunciando os primeiros sinais observáveis no Brasil neste momento histórico, de uma lenta e gradativa comunhão no ato de julgar entre pensamento e sentimento".

Muito há de verdade nas conclusões acima resumidas, mas há outros aspectos a considerar.

A emoção está presente em praticamente todos os atos decisórios da vida porque é através dos sentidos que conseguimos conhecer os objetos da realidade que nos cerca e sei que, como Juiz que fui, pode haver sim a influência da emoção numa decisão judicial, entendendo-se por emoção um conjunto de aspectos que vão desde valores pessoais a influências ideológicas, desde o impulso de solidariedade a uma rejeição liminar de um ato que no passado já nos causou um impacto negativo.

Eu mesmo num caso concreto dispus-me a julgar por emoção para ajudar uma idosa desamparada, dispensada do serviço e sem outras opções de vida profissional. Ela, aparentando uns 55 anos de idade, vivia da prostituição. Ganhava da gerência da casa uma ficha por "serviço". A idade fez com que raramente fosse escolhida pelos clientes. As colegas solidarizaram-se com ela. No final do expediente cada colega lhe dava algumas fichas que eram por ela trocadas no "caixa" por dinheiro. Fiquei penalizado com a sua situação e me inclinei a decidir que havia uma relação de emprego entre ela e a "casa" embora não fosse obrigada a lá comparecer, só o fazendo por sua iniciativa.

Deparei-me, no entanto, com um problema: o Juiz é obrigado a fundamentar a decisão por escrito. Ora, a fundamentação é *jurídica* com base no *sistema normativo*.

Se eu fundamentasse a sentença nas verdadeiras razões de decidir e que eram de solidariedade humana e de ordem emocional, certamente a minha decisão seria reformada pelos tribunais que não aceitam uma decisão do juiz quando não tem suporte no sistema normativo e nos princípios jurídicos.

A fundamentação jurídica e a psicológica não coincidem porque aquela toma por base exclusivamente o ordenamento jurídico e esta a interioridade das emoções do ser humano. Logo, a decidibilidade psicológica não tem os mesmos suportes da jurídica. Assim, ambas podem ser coincidentes quando as duas levarem à mesma conclusão, mas a fundamentação psicológica não pode existir sem a jurídica. Isso nos mostra que, ainda que a decidibilidade do juiz funcione de modo emocional, nunca poderá terminar aí, nos seus sentimentos e emoções — simpatias, antipatias, raiva, alegria —, e exige mais um elemento na verdade o principal, a *fundamentação jurídica da decisão*.

Ao interpretar as normas, o juiz tem margem de discricionariedade, mas nunca a ponto de ser liberado da *fundamentação da sentença ou do despacho*. Essa exigência tem tamanha importância que se tornou preceito constitucional (Constituição Federal, art. 93, IX).

A fundamentação é a exposição pelo juiz dos motivos que o levaram a decidir da forma que o fez. Uma decisao sem fundamentaçao é nula. E nao terá sustentabilidade se for de ordem sentimental. Existem limites impostos ao Juiz pelo Direito num sistema moderno e democrático instransponíveis para que a emoção se sobreponha à razão. A garantia das partes que litigam no processo está exatamente na fundamentação da decisão, pois é esta que vai proporcionar a rediscussão do tema nos Tribunais para reforma ou manutenção da sentença.

Há sociólogos que não acreditam na neutralidade do juiz. E psicólogos, também.

Neutralidade e imparcialidade são ideias que se completam, mas aquela tem um sentido de independência perante as partes própria de uma posição suprapartes, esta o juiz, qualquer que seja sua classe social de origem ou ideologia que defenda, como Juiz, sempre decide segundo técnicas jurídicas. Desse modo, ele sabe que tem que ser neutro e fazer justiça acima dos interesses das partes, sob pena de não ser um Juiz. Fazer justiça, para o Juiz, é atuar com imparcialidade. Se indagarmos aos advogados, não faltarão aqueles que apontarão os juízes conservadores e os progressistas. Essa classificação não tem a menor validade científica.

Tópicos de História Universal e Direito do Trabalho^(*)

Antonio Rodrigues de Freitas Jr.[**]

1. Considerações iniciais

A rigor, é um tanto discutível a ideia de uma história universal *do* direito do trabalho. Alguns fatores parecem contraindicar a ambição de seu relato. Assim, por exemplo: 1) a grande variedade do direito do trabalho em cada Estado nacional, seja ele visto sob o prisma do estágio presente de seu desenvolvimento, seja visto sob o da diversidade no itinerário de seu desenvolvimento; 2) a existência, no presente, de Estados nacionais em cujo sistema jurídico parece bastante duvidoso afirmar que existe direito do trabalho (ao menos tal como o reconhecemos tendo por base a experiência dos países de capitalismo central, em especial no Ocidente); e 3) mesmo naqueles Estados, que exibem as principais instituições jurídicas típicas do que nos habituamos a designar direito do trabalho, a maneira pela qual elas são processadas pelos respectivos sistemas jurídicos obedece a uma pauta bastante variada em extensão e em intensidade — o que torna bastante arriscado, se não impossível, uma generalização e uma síntese da maneira pela qual a "história universal" teria influído em sua configuração.

(*) Numa homenagem ao amigo e grande juslaboralista, o Prof. Ari Possidônio Beltran, a presente contribuição é a versão ligeiramente alterada da leitura inaugural da disciplina Introdução à Teoria Geral do Direito do Trabalho, oferecida à Faculdade de Direito da Universidade de São Paulo — Largo de São Francisco, em agosto de 2011. O autor é grato à revisão técnica de Caio Cezar Maia de Oliveira.

(**) Mestre. Doutor e Livre-Docente em Direito. Professor Associado em Direito do Trabalho do Trabalho junto à Faculdade de Direito da USP — Largo de São Francisco. Foi Secretário Nacional de Justiça (2002), integrante da Equipe Técnica de Redação da Reforma Sindical (2003) e, atualmente, é advogado. Procurador Legislativo e Diretor da Escola do Parlamento da Câmara Municipal de São Paulo.

Por esses motivos, em lugar propriamente de uma história universal *do* direito do trabalho, considera-se mais apropriado, e mais útil para a formação crítica do jurista, ocuparmo-nos dos principais *fatores que, na história universal, exerceram influência no nascimento, na evolução e na configuração atual do direito do trabalho*. Esse será o conteúdo do terceiro item desta leitura.

Antes, porém, é imprescindível uma reflexão, ainda que breve, sobre o significado peculiar que a história, universal e nacional, desempenha na dogmática do direito do trabalho.

2. HISTÓRIA E DIREITO DO TRABALHO

É muito comum os leitores que buscam informações "técnicas" (em geral de dogmática jurídica), do direito do trabalho, estranharem o volume de informações que seus autores dispensam a temas "históricos".

Certa vez, um aluno tomou a iniciativa de formular a seguinte pergunta (ou queixa): "Professor, a parte histórica é muito interessante, mas quando vamos tratar de direito do trabalho?"

A ansiedade procede.

É lugar-comum afirmar-se que todo direito é fruto da construção histórica da sociedade (e, por esse motivo, contingente e indexado a fatores dominantes do seu tempo). É menos frequente, mas tão certo quanto, sublinhar que a recíproca é verdadeira. Ou seja: mudanças jurídicas (constituições, tratados, códigos, decisões judiciais, etc.) também são importantes fatores de mudança histórica.

De qualquer modo, é intuitivo reconhecer que, embora direito e história influenciem-se reciprocamente, cuida-se de duas áreas do conhecimento (ou duas regiões sistêmicas) distintas.

Assim sendo, como dito: procede a questão do nosso aluno. Tratando-se de dois saberes distintos, por qual razão o direito do trabalho "perde" tanto tempo em digressões sobre fatores históricos?

Em outros termos, será o direito do trabalho "mais histórico" que outros ramos do direito?

Tudo indica que não: contingência e variação na história caracterizam todos os ramos do direito.

Entretanto, algo pode e deve ser sublinhado a esse respeito. Se o direito do trabalho não é "mais histórico" em comparação a outros ramos do direito, para melhor compreender sua especificidade como tal (seus princípios, sua mecânica de interpretação, etc.) é imperativo ter presentes certos fatores históricos. E isso numa intensidade talvez não tão necessária para o domínio de outras áreas da dogmática jurídica.

Diversos fatores explicam essa particularidade do direito do trabalho.

Embora na História por nós conhecida o ser humano "trabalhe" desde sempre, 1) *o "trabalho"*, do qual se ocupa o direito do trabalho, não existiu sempre, mas foi produto de um conjunto de fatores posteriormente reunidos sob o signo de *modernidade*, 2) *o ser humano*, tutelado pelo direito do trabalho, é o homem "juridicamente livre" para "negociar" sua força de trabalho e não o escravo ou o servo, que foram a regra em outras formações sociais na História[1]; 3) *a organização do trabalho*, à qual se destinam as normas trabalhistas, tornou-se, na modernidade, essencialmente 3.1) *urbana*, e 3.2) *coletiva*[2].

Nesse sentido, por exemplo, é possível afirmar que o disposto no Código de Hamurabi sobre o trabalho humano diz muito pouco, se é que diz algo, respeitante ao que conhecemos como direito do trabalho, no ambiente social moderno[3].

Acima de tudo. O que lhe confere maior nitidez e especificidade é ter *o direito do trabalho surgido e se desenvolvido por função dos conflitos e das "irritações" produzidos sobre o sistema jurídico por movimentos sociais que, em sua origem, postularam um projeto global de transformação do sistema político e jurídico*[4].

---

(1) "La Révolution jette les bases juridiques du capitalisme en France: elle libère l'activité économique et le recours au travail d'autrui, autorizant la libre exploitation de cellui-ci et la constitution d'un marché du travail. Le Code Civil de 1804 recueille son héritage. 1) le régime corporatif est supprimé et la loi d'Allarde des 2-17 mars 1791 consacre la *liberté du travail* aussi bien indépendant que dépendant (dans les ateliers, les fabriques ou chez des 'maîstres'" Cf. Pélissier, Supiot, Jeammaud (2008: 9).

(2) "En dehors de situations marginales, comme celle du particulier utilisant les services d'un(e) employé(e) de maison, *l'employeur* exploite une *entreprise* dont les salariés constituent le *personnel*. Si cet employeur est une personne physique, les qualités d'employeur et de *chef d'entreprise* se confondent. Si les salariés sont au service d'une personne morale (société, association, etc.), ces qualités se trouvent dissociées: l'employeur est cette personne morale, tandis que le chef d'entreprise est la personne physique (président, gérant, etc.) qui represente cette entité et assure à titre principal sa direction, excerçant en son nom et pour son compte les droits contractuels et pouvoirs del'employeur. Par ailleurs, de rapprots collectifs se nouent ou son établis pour la loi au plan de l'entreprise. De plus, travaileurs salariés et employeurs sont organisés en groupements ou syndicats, ou représentés par ceux-ci, dans le cadre de leur *profession* ou *brance d'activité*. (...) L'objet du droit du travail s'élargit ainsi des *rapports individuels* aux *rapports collectifs* dans le cadre de l'entreprise, de la branche d'activité, ou à l'échelle de l'économie nationale tout entière." Cf. Pelissier, Supiot, Jeammaud (2008: 2-3).

(3) Em sua obra de síntese Moraes Filho (1986.51) foi bastante eloquente a esse respeito. "Como não nos cansamos de repetir, a história do direito do trabalho, propriamente dito, começa somente depois da Revolução Francesa, durante o século XIX. Antes, o que houve foi pré-história. Confundem os autores a história das formas do trabalho humano, a sua regulação jurídica, com as atuais leis sociais, que também dizem respeito ao desempenho das tarefas econômicas em sociedade, mas com outro espírito, com outra intenção, com finalidade diversa. (...) O direito do trabalho só se tornou possível num regime político-social de formal liberdade, de respeito — pelo menos jurídico — à livre manifestação de vontade".

(4) A partir de uma perspectiva explicitamente inspirada na contribuição do sociólogo alemão Nicklas Luhmann, Campilongo (2011: 195 e ss.), tratando das relações entre interpretação jurídica e movimentos sociais, apresenta uma recuperação reflexiva da célebre contraposição entre o pandectismo da jurisprudência dos conceitos (Puchta, Von Gerber, o primeiro Jhering) e jurisprudência de interesses (Heck, Von Rümelein e o Jhering da maturidade). Para o que importa aqui, Campilongo retira uma

Não que outros ramos do direito não tenham sofrido o impacto dos movimentos sociais. O direito ambiental e o da relação de consumo, por exemplo, também refletem reequilíbrios do sistema jurídico como resposta à ação de movimentos sociais. A diferença é terem, esses chamados "novos movimentos sociais", atuado "sem uma teoria global que refl(isse) sobre essas ações, diferentemente do que ocorreu, em geração anterior, com os movimentos socialistas" Campilongo (2011: 158).

Sintetiza a específica historicidade do direito do trabalho uma célebre formulação de Jean Cruet (1966): "os delitos operários de ontem como elementos dos direitos operários de hoje".

3. FATORES QUE INFLUENCIARAM O DIREITO DO TRABALHO

A síntese dos principais fatores que influenciaram o direito do trabalho, na história universal, sugere, para fins didáticos, uma certa periodização[5].

---

estimulante hipótese para a compreensão da tensão entre conceito e interesse que, no fundamental, sintetiza a principal tensão do direito moderno até nossos dias: a tensão entre um modelo que se pretende "científico", conceitual, lógico e fechado *versus* um modelo que se abre a uma utilização mais finalística, tecnológica e pragmática. Em outros termos, modelos de interpretação que enfatizam, respectivamente, o ângulo interno e o externo do direito. Voltaremos a esse problema mais adiante. Por ora registre-se apenas uma interessante hipótese de trabalho sugerida por Campilongo (2011: 217): "Traduzido em termos de teoria dos sistemas, pode-se redescrever a distinção entre conceito e interesse como forma auto/heterorreferência. Como em qualquer forma, um dos lados não existe sem o outro, que é sempre subentendido. A autorreferência (os conceitos jurídicos) permite o fechamento operacional do direito. Possibilita sua autonomia, redundância, consistência, formação de estruturas que poderão ser lembradas no futuro. Contudo, o direito não atua apenas de modo fechado. Ele é simultaneamente e paradoxalmente um sistema aberto. Somente existe enquanto diferença em relação a um entorno. E é através da combinação da observação do ambiente com a observação do próprio sistema que o direito evolui". Moraes Filho (1986: 38-39), por premissas metodológicas bem diferentes, e focalizando em especial o direito do trabalho, afirma que em "nenhum outro ramo jurídico encontramos essas tarefas de mediador, de compromisso, de transição e de transação, entre duas classes sociais em confronto (...)". Roudil (1980: 31-32) enfatiza que, "en se plaçant ainsi sur la schène politique, le prolétariat stimulera la formation d'une réglementation atténuant le rigueurs de l'exploitation. Non pas qu'un droit fût recherché comme tel — la perspective se situe bien au-delà, elle est plus fondamentale — mais il apparaît comme un dérivé de l'action engagée. Pour sa part, la bourgeoisie trouve dans le droit un moyen de définir l'usage socialement tolérable du travail. Néanmoins, le seuil de tolérance n'est pas conçu à l'avance: il est empiriquement déterminé par la lutte du mouvement ouvrier et la résistance de la classe dominante. D'où la création constante de droit, mais avec de fortes variations d'amplitude selon les périodes et dans les avantages qu'il procure à l'un ou l'autre des antagonistes".
(5) Diversas são as propostas de periodização, variando menos por função dos dados coligidos, que do aspecto que tencionam enfatizar. Há os que põem realce no papel dos sindicatos, outros na evolução legislativa, outros nos principais marcos da História do Ocidente. Pretende-se, com a periodização aqui proposta e objetivando apenas alguma clareza narrativa, realçar a centralidade do Estado-Providência, de seus antecedentes até seus sinais de exaustão. Essa é a formação histórica na qual os sindicatos, como atores políticos, e os direitos sociais e trabalhistas, enquanto conteúdo de políticas públicas, alcançaram seu estágio mais significativo.

3.1. Da revolução francesa à revolução industrial

Cuidemos de dois fenômenos históricos que guardam entre si algumas semelhanças e muitas importantes diferenças: a Revolução Francesa e Revolução Industrial.

A *Revolução Francesa* foi essencialmente um movimento político. Um processo de alguma duração e diversos momentos, cujo marco principal foi a convocação dos Estados Gerais, por Luiz XVI, em maio de 1789. A iniciativa, que acabou por deflagrar o processo da Assembleia Constituinte, precipitou, logo a seguir, o advento da Declaração dos Direitos do Homem e do Cidadão (1789). Essa Declaração foi o ponto culminante de um longo itinerário de afirmação política de direitos de cidadania e liberdade no qual, sob a inspiração de ideários semelhantes, destacam-se a Declaração dos Direitos de Virgínia (1776), a própria Constituição de Virgínia (1776), a sucessão de constituições estaduais que se seguiram à Declaração da Independência e à Constituição norte-americanas (1787), e a Declaração Federal de Direitos (*Federal Bill of Rights* — 1791).

No que mais importa para o direito do trabalho, esse conjunto de declarações de princípios e o surgimento das constituições desse período consolidam, no campo do direito e da política, a *afirmação do homem livre, apto à aquisição e ao exercício de direitos e titular da autonomia da vontade*. É bem verdade essa "liberdade" não ter nascido, no entreabrir da modernidade, como conquista produzida por uma iniciativa única, nem tampouco universal. Demandaria, em sequência, a luta pela abolição do tráfico, da mercantilização e da escravidão de estrangeiros, em especial do africano. O paradigma do cidadão — homem livre — apto ao exercício da autonomia da vontade constitui, de todo modo, uma das precondições para que a Revolução Industrial se desenvolvesse por meio do trabalho juridicamente livre e ajustado mediante consentimento.

O itinerário será robustecido, na França, pelo advento da Lei Le Chapelier (1791), que pôs termo às corporações de ofício medievais, às coligações empresariais e também de trabalhadores. Por esse diploma o trabalhador juridicamente "livre", enaltecido pelo ideário liberal da Revolução Francesa, é por excelência o indivíduo[6]

Com a *Revolução Industrial*, serão criadas as condições para a coletivização dos contratos e a formação dos atores coletivos. Diversamente dos movimentos políticos associados ao liberalismo francês, a Revolução Industrial constituiu um fenômeno predominantemente econômico, despojado de imediatas consequências políticas tal como na França ou na América. Tem como marco inicial o aparecimento da máquina a vapor (entre 1775 e 1790), a qual, junto a inúmeros outros inventos e modificações no processo produtivo permitiu a multiplicação exponencial da produção e da oferta de bens, num intervalo de tempo relativamente pequeno.

---

(6) Na França o abandono da figura de "delito de associação" somente ocorrerá com o advento da lei de 25 de março de 1864, e o reconhecimento da liberdade sindical pela Lei Waldeck-Rousseau, de 1884. Contudo, o reconhecimento, por lei, da convenção coletiva do trabalho, será objeto de lei francesa, somente em 1919.

Em sua manifestação mais característica, esse movimento deu ensejo ao nascimento da indústria e, com ela, à divisão social do trabalho e à especialização do trabalhador, alienado em cada fragmento da atividade produtiva (linha de produção). Paradoxalmente, à fragmentação do trabalhador na linha de produção, correspondeu a *aglutinação de grandes contingentes de operários no mesmo espaço fabril e urbano, oferecendo as condições para uma pujante vida associativa e para o aparecimento do sindicato*. Num outro aparente paradoxo, a rápida expansão da atividade econômica produtiva, com a formação de um verdadeiro "mercado consumidor", em vez de ocasionar a distribuição de renda e melhoria nas condições de vida dos trabalhadores, deu ensejo, num primeiro momento, a um duplo efeito de 1) *aumento da acumulação e da concentração de capital* com o aprofundamento das desigualdades entre empresários e trabalhadores e 2) *exploração desumanizada* do trabalho, sob condições aquém das indispensáveis à dignidade dos trabalhadores.

3.2. Da revolução industrial à revolução política

Concentração da riqueza + exploração desumana do trabalho + presença do sindicato: estão dadas as condições para a *radicalização e a politização dos conflitos sociais*. Um ambiente de conflituosidade, como não é difícil inferir, propício a hospedar toda a sorte de doutrinas políticas de apelo radical. Um espectro de ativismo "emancipatório" para o qual não faltaram defensores, por doutrinas que iam da extinção imediata do Estado (anarquistas) às inúmeras postulações de sua transformação radical (fabianos, trabalhistas, cooperativistas, socialistas, comunistas).

Nesse ambiente surgem iniciativas políticas de notável e, em alguns casos, de indeléveis efeitos sobre a história política dos séculos XIX e XX. Tenham-se presentes, no plano doutrinário, apenas para exemplificar: 1) a divulgação do *Manifesto Comunista de Marx e Engels (1848)*; 2) a fundação da Sociedade Fabiana (*Fabian Society*) em 1884, e 3) a edição de inúmeras obras devotadas ao registro crítico das condições indignas na utilização do trabalho humano[7].

Esse o cenário cultural em que surgem a reflexão e o debate em torno de uma temática depois conhecida como "questão social". Uma temática que envolvia aspectos morais, políticos, jurídicos e econômicos, todos guardando em comum o

---

(7) Além dos clássicos do pensamento socialista pré-marxiano tais como Robert Owen (1771-1858), Luis Blanc (1812-1882), Saint-Simon (1760-1825), Charles Fourrier (1772-1837), temos o anarquismo pioneiro de Proudhon (1809-1865). Nascimento (1995: 7) lista, só na França, a seguinte produção, já na primeira metade do século XIX: "Gérando, em 1824, em *Le visiteur du pauvre* e, em 1839, em *De la bienfaisance publique*; e Bigot de Morogue, que em 1832 esreveu *De la misère des ouvriers* e, em 1834, *Du paupérisme*. Eugéne Buret, em 1840, publica *De la nature da la misère, de son existence, de ses effets, de ses causes et de l'insuffisance des moyens propres à en affranchir les sociétés*. Villermé, em 1840, escreve o *Tableau de l'état moral et physique des ouvriers travaillant dans les manufactures e de coton, de laine et de soie*. Os títulos dessas obras são suficientemente sugestivos para retratar a realidade a que se referem". Para os clássicos mencionados, um roteiro conciso, claro e acessível ao estudioso do direito do trabalho, encontra-se Nascimento (1970: 45-55).

olhar sobre 1) a intensificação dos conflitos trabalhistas, os quais já dão indícios de contaminação doutrinária por bandeiras políticas revolucionárias; 2) o enriquecimento irrefreado do empresariado industrial; 3) a generalização da exploração exacerbada do trabalho, alcançando indistintamente adultos, crianças, homens e mulheres; e 4) a eloquente omissão do Estado, consistente na ausência de dispositivos legais capazes de pôr termo à intensificação dos conflitos, quando não a explícita utilização do aparelho policial do Estado, pelo empresariado, para a repressão aberta e violenta das manifestações operárias.

A efervescência no campo das ideias políticas e o temor quanto ao desfecho da crescente radicalização dos conflitos políticos e trabalhistas não passaria indiferente ao pensamento eclesiástico. No estuário dos debates em torno da chamada "questão social", a Encíclica *Rerum Novarum* ("Coisas Novas"), de Leão XIII (1891), rompe com a tradição do conservadorismo monástico da precedente *Quanta Cura* (1864), de Pio IX, e orienta o itinerário da reflexão da Igreja na direção do que será oferecido como "doutrina social da Igreja Católica"[8].

No decorrer do século XIX, ocorrem inúmeras tentativas de sublevação, de revolução e de golpe de Estado, sob a influência de variadas doutrinas políticas. Esses movimentos foram, em geral, portadores de apelo em favor da "emancipação" do proletariado — mesmo os que ocorriam em países ou locais nos quais não existia, então, classe operária nem proletariado numericamente expressivo. Pouco depois do movimento revolucionário, visando à retomada dos ideais liberais da Revolução Francesa, de 1830, o primeiro evento de maior repercussão foi o levante de 1848, conhecido como Comuna de Paris. Seguiram-se vários episódios e iniciativas revolucionários durante toda a segunda metade do século XIX. Esse período, em que surgiram revoltas também em diferentes cidades italianas, em Viena, em cidades na Hungria e em outas partes do continente europeu, será conhecido mais tarde como a *Primavera dos Povos*. Apesar da vitalidade e do alto grau de organização e de elaboração político-doutrinária exibido por alguns segmentos (como foi o caso dos socialistas austríacos e da social-democracia alemã), somente nas primeiras décadas do século XX alguns deles finalmente alcançariam êxito.

Chama a atenção que a primeira grande vitória da revolução, em nome do proletariado, ocorreu num país ainda não industrializado, com um proletariado pouco numeroso e situado fora do Ocidente Europeu: a Rússia dos Romanos. Com a soberania do Tsar já fragilizada pelo movimento de 1905, a Revolução Soviética finalmente se consolida sob a liderança da minoria bolchevista em outubro de 1917.

---

(8) O olhar para o "social" será retomado, quatro décadas após, com a divulgação das Encíclicas *Quadragesimo Anno* (1931) e *Divini Redemptoris* (1937) ambas de Pio XI. Numa perspectiva, entretanto, mais direcionada à orientação da ação sindical das lideranças católicas, enaltecendo a colaboração de classes, e refutando a "luta" e os conflitos entre capital e trabalho como relevante afirmação doutrinária do Vaticano. Só bem mais tarde, já no pontificado de João XXIII, com o advento da *Mater et Magistra,* a doutrina social do Vaticano arrefeceu o tom da pregação pela colaboração de classes e do repúdio aos conflitos trabalhistas.

Estava em pleno curso a I Grande Guerra, que devastaria a Europa durante o curto intervalo compreendido entre 1914 e 1918, produzindo em torno de 10 milhões de mortos e milhões de feridos e mutilados [HOBSBAWM (1995: 55-58)]. Com o término da Guerra sepultaram-se ainda os horizontes de estabilidade nas fronteiras dos impérios coloniais e as ambições de nova partilha do planeta indiferente aos trabalhadores como atores políticos relevantes. O êxito da revolução soviética tornou crível e ameaçadora a iminência de novas vitórias socialistas, impondo às elites vitoriosas a inclusão da questão social na agenda da reconstrução europeia.

3.3. Do liberalismo imperial à democracia social: três momentos do Estado-Providência

Após o término da I Grande Guerra, inicia-se o que se pode considerar como o *primeiro momento* do Estado-Providência. Esse itinerário será interrompido com a emergência dos totalitarismos no período interguerras, e retomado mais adiante, já sob o signo da bipolaridade que se instalará num mundo dividido entre o Ocidente e os países ao leste da Cortina de Ferro[9]. Temos, a partir de meados dos anos quarenta, um *segundo momento* do Estado-Providência, com sua forte consolidação e expansão. Com o prolongamento dos efeitos das crises do petróleo em 1973 e 1979, a partir da segunda metade dos anos oitenta do século XX, o Estado-Providência entra no que se pode chamar de um *terceiro momento*, revelador de seus limites, sua aptidão para também produzir crises econômicas e insatisfações sociais, bem como, a partir de 1989 (com a queda do Muro de Berlim), uma certa exaustão de sua centralidade porque já fora de horizonte qualquer ameaça de revoluções socialistas.

3.3.1. O primeiro momento

Há tratados de paz e verdadeiros tratados "de guerra". O Tratado de Versalhes, subscrito em 1919, à semelhança dos tratados de 1648 em Westphalia, foi talvez um bom exemplo de tratado de guerra[10] Como na "paz" de Westphalia, a humilhante rendição imposta à Alemanha, em 1919, em lugar de comprometer os signatários com a paz, viabilizando mecanismos políticos para sua estabilidade,

---

(9) Estados integrantes da União das Repúblicas Socialistas Soviéticas e as oito repúblicas socialistas do Leste Europeu.

(10) Referimo-nos, aqui, a tratados "de guerra", não propriamente para designar aqueles nos quais os signatários ajustam compromissos recíprocos de aliança para defesa comum (Nato, Tríplice Aliança, etc.). Tem-se em mente aquela variedade de tratados nos quais se celebra mais o êxito dos vencedores que o horizonte de paz alcançado com o término da guerra. Exemplo muito semelhante ao de Versalhes são os tratados de 1648 em Westphalia. Os tratados de Westphalia mais reverenciaram a traição da França à causa imperial católica, enalteceram a humilhação da Casa de Habsburgo e o esfacelamento do Sacro Império Romano-Germânico que eventuais predicados pacificadores decorrentes do término da Guerra dos Trinta Anos.

parece ter servido mais como antevéspera da conflagração de 1939-1945. É amplamente aceito, entre observadores desses confrontos, que nas assimetrias e imperfeições do tratado de 1919 residem alguns dos principais fatores que ensejariam, em pouco tempo, a da II Grande Guerra[11].

O economista inglês John Maynard Keynes, integrante da delegação britânica na Conferência de Paz que produziria o Tratado de Versalhes, foi, possivelmente, a voz mais abalizada entre os severos críticos de suas assimetrias. Logo em 1919, Keynes publica seu conhecido *As Consequências Econômicas da Paz*, que alcançaria grande repercussão e edição em vários idiomas, já no curso dos anos vinte do século XX, e o faria viver duas décadas de forçado afastamento das atividades públicas. Nessa obra, Keynes afirma:

> "o Tratado não inclui cláusulas para a recuperação econômica da Europa — nada que transforme em bons vizinhos os Impérios Centrais derrotados, nada que estabilize os novos Estados da Europa, nada que tente recuperar a Rússia; nem promove, de qualquer maneira, a solidariedade econômica compacta entre os Aliados; em Paris, sequer se atingiu um acordo para restaurar as finanças desordenadas da França e da Itália, ou para ajustar os sistemas do Velho Mundo aos do Novo."[12]

Por outro lado, Versalhes contém uma novidade entre acordos de pós-guerra: *a inclusão da temática trabalhista* no rol dos compromissos firmados. A Parte XIII do Tratado (arts. 387 a 399) dispõe sobre a criação da Organização Internacional do Trabalho — OIT, então constituída por três órgãos: a Conferência, o Conselho de Administração e o Secretariado. Nota característica da OIT é, desde o início, sua composição seguindo o parâmetro do "tripartismo", isto é, colegiados deliberativos (Conferência e Conselho) compostos por representantes de empregadores, de empregados e representantes governamentais[13].

As novidades da Liga das Nações, idealizada sob inspiração de um conhecido argumento racionalista externado por Immanuel Kant na obra *A Paz Perpétua*, de 1795, não se limitaram à criação da OIT. Outras temáticas foram objeto dos organismos que a integraram, como o Comitê para Refugiados, Comitê para Estudo do Estatuto da Mulher, Comissão da Escravatura (visando à sua erradicação em escala planetária), a Organização de Saúde e o Conselho Permanente do Ópio. Suas fragilidades, que explicam em parte seus principais insucessos, residiram em não

---

(11) Para Hobsbawm (1995:42-43), "não é necessário entrar em detalhes da história do entreguerras para ver que o acordo de Versalhes não podia ser a base de uma paz estável. (...) a situação mundial criada pela Primeira Guerra era inerentemente instável, sobretudo na Europa, mas também no Extremo Oriente, e portanto não se esperava que a paz durasse. A insatisfação com o *status quo* não se restringia aos Estados derrotados, embora estes, notadamente a Alemanha, sentissem que tinham bastantes motivos para ressentimento, como de fato tinham".
(12) Keynes (1985: 54)
(13) A OIT nasce como agência da extinta Sociedade ou Liga das Nações, cuja criação foi disposta na Parte I do Tratado de Versalhes.

congregar algumas daquelas que seriam as nações mais ricas e poderosas após a I Guerra: os Estados Unidos, a União Soviética (que só a integraria em 1934), a humilhada Alemanha (que ingressaria pelo Tratado de Locarno, (1925) e a Turquia). Consumado o fracasso, a Sociedade extingue-se em 1942 sem ter sido jamais integrada pelos Estados Unidos da América.

Os últimos anos dessa década produziram ainda dois importantes marcos na afirmação do direito do trabalho: a Constituição do México de 1917, e a Constituição de Weimar de 1919.

À *Constituição do México de 1917* atribui-se o pioneirismo de incluir, entre seus artigos, expressas disposições sobre direitos trabalhistas. Em seu conhecido art. 123, contendo trinta e um incisos, figuravam regras referentes à limitação de jornada, trabalho noturno, salário-mínimo, organização sindical, direito de greve, solução de conflitos trabalhistas e proteção previdenciária. A estratégia de produzir legitimidade política mediante a inclusão de regras e princípios de proteção trabalhista e previdenciária na dicção do texto da Constituição, amplamente difundida com as Constituições do segundo pós-Guerra, é conhecida como "constitucionalismo social".

A *Constituição da República Alemã de Weimar, de 1919*, embora de forma um tanto mais genérica e imprecisa, também exibe diversos artigos contendo disposições semelhantes aos da Constituição mexicana. Conquanto muitos autores incluam a Constituição de Weimar na linhagem do constitucionalismo social, o Texto revela, sob o ângulo sistêmico, um programa político mais ambicioso e peculiar. Patenteia-se uma estratégia de legitimação que compreende o reconhecimento dos trabalhadores como atores políticos relevantes. Isso desde a instituição de conselhos de empresa com participação de trabalhadores (art. 165), passando pela permissão de expropriação e socialização de empresas, da criação de unidades produtivas segundo preceitos do "coletivismo" e com a participação de trabalhadores e empresários (art. 156), indo até a previsão de que o trabalho seria posto "sob a proteção particular do Estado" (art. 157). Resta claro: que em Weimar não se pretendeu apenas a "constitucionalização de direitos sociais". Procurou-se *fundar um modelo gradual, progressivo e concertado de socialismo*[14], com 1) proeminência do Estado na regulação da economia e na distribuição social da riqueza; 2) previsão da participação dos trabalhadores, como classe, nas instâncias públicas e privadas de decisão; e 3) preservação, embora mitigada, da propriedade privada e do mercado.

Weimar lança as bases de um novo modelo de pacto político, fundado no compromisso entre preservação da ordem jurídico-democrática e distribuição da

---

(14) "It was through this strategic realignment that socialism eventually embraced the welfare state as the focus of its long-term project. It is in this sense that social democracy becomes synonymous with welfare-statism." [ESPING-ANDERSEN (1990: 45)]. Em sentido um tanto diverso, q. v. Ewald (1986: 531) para quem "l'État providence ne soit ni la correction de l'État liberal ni une etape de transition vers un État socialiste, qu'il constitue donc une réalité *sui generis*" (ou seja) "une realité irreductible au liberalisme et dont l'avenir socialiste".

riqueza por meio do Estado. *Grosso modo*: um projeto político-constitucional tipicamente europeu, fundado na ambição de reunir, sob o manto arbitral do Estado, o capital e o trabalho.

Num cenário mundial contaminado, como vimos, pela exacerbação de conflitos entre Estados e entre classes (I Grande Guerra, Revolução Soviética, etc.), e por projetos políticos tendentes a germinar utopias totalitárias, o pacto de Weimar surge em momento no qual não estavam ainda dadas as condições para a sua consolidação. Tenderia a não durar no tempo, como de fato não durou, sepultado logo mais pelo insucesso econômico e pelo advento da tormenta nazista.

De qualquer modo, embora antes do seu tempo, Weimar prenuncia os fundamentos do pacto político denominado, mais tarde, Estado-Providência (também chamado Estado de Bem-estar Social ou *welfare state*).

A evolução do Estado-Providência, como projeto político e social, sempre esteve associada, em grande medida, à redução da oportunidade de revolução, por parte das organizações de trabalhadores, mediante a intervenção do Estado na economia, como instrumento de distribuição da riqueza e de regulação do mercado.

Algo como um pacto entre as organizações de trabalhadores (que aceitariam as regras da competição eleitoral e da propriedade privada), e as elites empresariais (que consentiriam com um gradual, mas contínuo, processo estatal de distribuição de rendas e de aceitação de direitos sociais)[15]. Nesse amálgama deveriam estar presentes ao menos os seguintes fatores: 1) organizações de trabalhadores fortes e potencialmente ameaçadoras à ordem política; 2) empresariado em condições materiais de tolerar contínuos, ainda que graduais, encargos distributivos; 3) Estado forte para intervir na economia e promover o reconhecimento de direitos, embora sob governos, em geral gabinetes parlamentares de coalizão, ambíguos em seus compromissos de classe.

Fica evidente que o Estado-Providência, resultado da convergência de determinados fatores políticos, não foi um fenômeno social que se materializou apenas pela vontade de governantes. Não foi criado pela dicção da norma jurídica, nem pela construção pretoriana simpática aos princípios doutrinários do "Estado Democrático de Direito". Não resultou de uma doutrina de justiça, e sim de um imperativo de estabilidade política para a ordem democrática, num determinado momento da história da Europa ocidental.

---

(15) "To Eduard Heiman (1929), one of the foremost theoreticians among his contemporaries, social policy was Janus-faced: it may very well be a means to prop up and save the capitalist system, but at the same time it is also a foreign body, threatening to emasculate the rule of capital. Armed with this kind of analysis, socialism could also defend the gradualist strategy against the more apocalyptic scenario presented in revolutionary communist dogma. (…) It is in the quality and arrangement of social rights, not in their existence *per se,* that we can identify a distinct socialist approach. In contrast to the conservative models, dependence on family, morality, or authority is not the substitute for market dependence (…) And, in contrast to liberalism, socialism's aim is to maximize and institutionalize rights" [ESPING-ANDERSEN (1990: 45-47)].

Por ser um projeto político de preservação e de aprofundamento da agenda democrática, o Estado-Providência também não resistirá à sombra do período totalitário, que marcará a Europa por duas décadas, a partir de meados dos anos vinte do século XX. Tampouco guarda semelhança com os modelos autoritários e impositivos de colaboração de classes, característicos das experiências políticas e das doutrinas corporativistas também desse período.

Por esse motivo, como veremos logo mais, o apogeu do Estado-Providência somente ocorrerá com a reconstrução europeia, após o término da II Grande Guerra.

3.3.2. O INTERVALO DO ENTREGUERRAS

No decorrer do período entreguerras (1919-1939), uma única experiência merece ser lembrada, cronologicamente situada entre o primeiro e segundo momento do Estado-Providência: a América de Franklin Delano Roosevelt[16].

Muito semelhante à experiência europeia do Estado-Providência, guarda com essa, porém, significativas diferenças (não por acaso, chamada por alguns de "*welfare state* mitigado"). A começar pelo fato de se tratar de um regime presidencial típico, não europeu, de um país com escassa tradição de legislação trabalhista e que jamais esteve sob ameaça de revolução protagonizada por organizações trabalhistas. Mas a principal diferença talvez decorra do fato de o Estado norte-americano, conquanto tenha crescido em seu tamanho e em suas atribuições econômicas e sociais, jamais ter adquirido a centralidade ocupada pelo Estado nas formações europeias caracterizadas pelo Estado-Providência.

Trata-se de uma tentativa, que se revelará exitosa, de aplicação de medidas econômicas inspiradas no intervencionismo preconizado pelo economista britânico John Maynard Keynes, para controlar a imensa crise econômica que assolou os Estados Unidos a partir da crise da Bolsa de Nova York de 1929 (o chamado *New Deal*).

Mas não só. As inovações institucionais e jurídicas introduzidas por Roosevelt foram além da mera restauração econômica, produzindo uma transformação política de grande alcance e ineditismo. Isso para uma América até então essencialmente individualista, e num Estado até então refém da crença em supostas virtudes autorregulatórias do mercado.

Do ponto de vista do direito do trabalho, as iniciativas legislativas de Roosevelt também merecem realce. Antes de sua ascensão à Presidência, a legislação trabalhista americana se resumia a alguns poucos, tímidos e dispersos documentos legais.

---

(16) Alçado à Presidência norte-americana em 1933, o democrata Roosevelt governa os Estados Unidos, com três reconduções sucessivas (possível até a Emenda XXII de 1951), até seu falecimento em 1945.

O único digno de realce apareceu já sob o signo da reação à crise econômica, que se estenderia desde 1929: a *Norris-La Guardia Act* (*Anti-Injuction Act* -1932)[17].

O documento legal pioneiro da Era Roosevelt foi a *Wagner Act* (1935), criadora de uma série de institutos promocionais para a negociação coletiva do trabalho, entre os quais a exigência da conduta de "boa fé" para empresários, e instituiu uma agência reguladora das relações trabalhistas (*National Labor Relations Board*)[18]. Logo após, já no chamado "segundo estágio" do *New Deal*, em agosto de 1935, é publicada a *Social Security Act*, instituindo um programa previdenciário extensivo a idosos e a desempregados, inicialmente no importe de 2% sobre a folha de pagamento[19]. Já no "terceiro estágio" do *New Deal*, o Governo institui o salário-mínimo e detalha disposições referentes ao trabalho infantil por meio da *Fair Labor Standards Act* (1938).

Com o término da II Guerra algumas das conquistas trabalhistas da Era Roosevelt sofreriam em breve certo retrocesso (de que são exemplares algumas disposições da *Taft-Hartley Act* — 1947), emendando a Lei Wagner de 1935. Portanto, já num cenário conservador de hostilidade à ação sindical, o qual dominaria o direito norte-americano durante a chamada "Guerra Fria". Não, porém, ao ponto de restabelecer integralmente o quadro institucional anterior a 1929.

3.3.3. O SEGUNDO MOMENTO

A partir do término da II Grande Guerra, a reconstrução da Europa e do Japão será considerada imperativo estratégico para a consolidação da hegemonia norte-americana, protagonizando os interesses do Ocidente no cenário da "guerra fria"[20].

Essa percepção orientou o empenho norte-americano em investir aproximadamente 10 bilhões de dólares de empréstimo, para o extraordinário patrocínio da

---

(17) Uma Lei que se explicava mais pelo propósito de pôr termo à utilização das ordens de *injunction*, originariamente previstas pela *Sherman-Act* de 1890, para reprimir os movimentos trabalhistas. A *Sherman-Act* de 1890, lei pioneira de direito econômico, fora concebida para coibir práticas anticoncorrenciais e promover a tutela da concorrência. Por criação pretoriana, fixada no precedente caso Danbury Hatters, em 1909, seria largamente empregada para coibir greves e movimentos trabalhistas, sob o fundamento de que constituíam práticas atentatórias aos princípios da concorrência entre empregadores, cf. Atleson (1984).
(18) Em 1937 a Suprema Corte declarou a constitucionalidade da Lei Wagner no caso NLRB X Jones and Laughlin Steel Co.
(19) Hoje atingindo algo em torno de 10,4%, mediante contribuições do empregado (4,2) e do empregador (6,2).
(20) Por "Guerra Fria" denominou-se o período de competição entre Estados Unidos da América e União Soviética, pelo controle geopolítico do planeta então marcado pela polaridade entre ambos. Isso ocorreu após o término da II Grande Guerra e a partir da explicitação da chamada "doutrina Truman" (1947), que preconizava o bloqueio da expansão soviética, estendendo-se até o início da chamada Era Gorbatchev, na segunda metade dos anos oitenta. O fim da polaridade, entretanto, somente se consolidará com a desagregação do domínio soviético, marcada pela queda do Muro de Berlim (1989), pela independência das oito Repúblicas do Leste Europeu, e pela extinção formal da União Soviética, com a subsequente independência das quinze Repúblicas que a integravam.

reconstrução europeia, que será conhecido como o Plano Mashall[21]. Quantia menos expressiva seria devotada pelos Estados Unidos ao Japão, ao menos até a eclosão da Guerra da Coreia, em meados de 1950, quando novamente se restaura grandeza estratégica do Japão para a estabilidade geopolítica da Ásia, então contaminada pela polaridade da "guerra fria".

Numa competente e conhecida resenha da literatura sobre o nascimento e os sinais de exaustão do Estado-Providência, Draibe e Henrique (1988: 54-55) observam que a maioria das economias capitalistas teria experimentado, no pós-guerra, um crescimento econômico inusitado, acompanhado da expansão de programas e sistemas de bem-estar social. Para a maioria dos analistas, observam, teria ocorrido

> "uma parceria bem-sucedida entre a política social e a política econômica, sustentada por um consenso acerca do estímulo econômico conjugado com segurança e justiça sociais. Teria havido mesmo um 'círculo virtuoso' entre a política econômica keynesiana[22] e o *welfare state:* aquela regula e estimula o crescimento econômico; este por sua vez, arrefece os conflitos sociais e permite a expansão de políticas de corte social, que amenizam tensões e, no terceiro momento, potenciam a produção e a demanda efetiva."

Os fundamentos da regulação estatal da economia estão, de fato, entre as proposições do repertório de John Maynard Keynes. É importante ter presente, entretanto, que muitas das experiências de Estado-Providência foram além do preconizado pelo economista britânico. O próprio Keynes (1982), em sua obra teórica mais conhecida, pontificava que "fora a necessidade de um controle central para manter o ajuste entre a propensão de consumir e o estímulo para investir, não há mais razão para socializar a vida econômica".

Cabe esclarecer: a extraordinária expansão no plano do reconhecimento dos direitos sociais, promovida pelo Estado-Providência, observou predominantemente uma técnica peculiar. Se em outras formações históricas os direitos sociais foram reconhecidos especialmente mediante a produção de leis, dispositivos constitucionais e jurisprudência, no Estado-Providência o processo de expansão obedeceu à estratégia do fomento da chamada *autonomia privada coletiva*[23]. Ou seja, pelo estímulo, por parte do Estado, à produção de entendimentos negociais entre trabalhadores (por seus sindicatos ou centrais sindicais), e empregadores (por suas entidades de classe), sob a forma, seja de convenções coletivas, seja de protocolos

---

(21) Em referência ao Secretário de Estado norte-americano, George Marshall.
(22) Referente à doutrina do economista britânico John Maynard Keynes.
(23) A literatura de Direito Coletivo do Trabalho, também chamado Direito Sindical, define autonomia privada coletiva como o poder, que se confere aos grupos sociais ("coletiva"), de regulamentar os próprios interesses. Algo na linha da atribuição, pelo direito contemporâneo, da autonomia privada aos grupos sociais (trabalhadores, associações empresariais, de consumidores, etc.). Para a noção de autonomia coletiva, além do clássico Persiani (1972), veja ainda Nascimento (1995: 594-595) e Magano (1984: 188 e ss.).

ou compromissos em nível de pactos sociais [FREITAS JR. (1993: 40-52); GAROFALO (1990)].

As normas trabalhistas de estímulo ao reconhecimento de direitos sociais, por meio da negociação coletiva, são habitualmente designadas normas de *direito promocional* [GIUGNI (1997: 90 e ss.)]. Em lugar de prescrever direitos trabalhistas imediatamente exigíveis pelos trabalhadores, o conteúdo das normas de direito promocional contempla incentivos, facilidades, institutos procedimentais, direitos negociais e legitimação, às organizações representativas de trabalhadores e de empregadores, para que essas, no exercício da autonomia coletiva, produzam negócios jurídicos coletivos (acordos e convenções coletivos, pactos, etc.). Por esse motivo as normas de direito promocional, no âmbito da dogmática jurídica, são também chamadas normas instrumentais ou normas de direito-meio. São os negócios jurídicos coletivos, esses sim, que contêm cláusulas dispondo sobre direitos imediatamente exigíveis pelo trabalhador e oponíveis ao empregador.

3.3.4. O TERCEIRO MOMENTO

O sucesso alcançado pelo Estado-Providência, nas três décadas que seguintes ao término da II Guerra, fez com que muitos observadores acreditassem que o itinerário de crescimento econômico, prosperidade cultural e expansão de direitos sociais, consistiria num processo irreversível. Em meados dos anos setenta do século XX, todavia, já estariam dados os indícios de que esses prognósticos, demasiadamente otimistas, não se confirmariam.

A primeira das duas crises do petróleo dessa década, em 1973, evidenciou muitas das fragilidades do crescimento capitalista no pós-guerra, algumas das quais intimamente relacionadas à definição do petróleo como matriz energética. Um combustível fóssil até então relativamente barato, mas que por razões tecnológicas, econômicas e geológicas, era produzido predominantemente no Oriente Médio. Seis anos após a Guerra dos Seis Dias, a deflagração de uma segunda ofensiva militar por Israel (conhecida como Guerra do Yom Kippur), em 1973, provocou uma extraordinária e súbita elevação do preço do barril, como retaliação por parte dos países integrantes do cartel de produtores de petróleo (Organização dos Países Exportadores de Petróleo — OPEP, criada em 1960). Já a segunda das crises dessa década ocorreu em 1979 e teria suas causas relacionadas à deposição do Xá Reza Pahlevi e a Revolução Islâmica no Irã, um dos países integrantes da OPEP.

Para além dos efeitos econômicos imediatos, as crises de 1973 e 1979 tornar--se-iam o *marco final da exuberante e persistente expansão econômica* experimentada pelos países capitalistas do Ocidente, desde o segundo pós-guerra. Estava evidente, portanto, a possibilidade de a economia ter — como de fato teve — um momento de estagnação, com evidentes efeitos sobre o processo de distribuição de renda, oportunidades e direitos, característico do Estado-Providência.

Por outro lado, no interior das próprias economias nacionais dos Estados capitalistas, a persistência de estagnação econômica pautaria a centralidade de inúmeras medidas voltadas à promoção do equilíbrio fiscal e à intensificação da eficiência do aparelho burocrático do Estado. Isso importaria, em grande medida, na adoção de duas ordens de ajustes: 1) *revisão de benefícios sociais* relacionados notadamente à aposentadoria, em função da rápida elevação da expectativa de vida e dos efeitos que a diminuição de postos de trabalho ocasionou sobre a capacidade contributiva dos trabalhadores em atividade, e 2) tratamento dos *custos e dos sinais de ineficiência na máquina pública*, geometricamente crescentes em decorrência da expansão das políticas sociais que, no Estado-Providência, executavam-se diretamente pelo aparelho do Estado.

Na primeira dessas ordens, é evidente que as iniciativas de ajuste encontrariam obstáculos severos das próprias organizações de trabalhadores (sindicatos e partidos de esquerda), um dos — senão o mais importante dos — pilares de sustentação das coalizões parlamentares de então.

Na segunda delas — custos e ineficiência da máquina — qualquer medida teria pela frente a firme resistência corporativa de funcionários — então em número e dotados de capacidade de ação política bastante apreciáveis. Mas não é só. Em alguns serviços públicos (transporte, saúde terapêutica, etc.), um ganho de eficiência, em escala relevante, implicaria algum tipo de parceria com a iniciativa privada. Em razão do prolongamento da crise, dos custos do emprego formal, e da elevada tributação (própria à grandeza das ambições distributivas e compensatórias do Estado-Providência), o empresariado perderia considerável capacidade de investimento, além da inibição previsível para investir junto a um Estado agigantado e acuado pelo quadro de crescente desequilíbrio fiscal.

Um dos *mecanismos de legitimação* característicos do Estado-Providência consiste precisamente na sua aptidão para assimilar, de modo crescente e variado, novas demandas por políticas públicas. Lembre-se que o "pacto" no qual se origina o Estado-Providência não implicou o "compromisso com as regras do jogo", em troca de um pacote delimitado e predefinido de benefícios sociais. A contrapartida consistiu na aceitação de um itinerário progressivo de concessões ("conquistas sociais"). Se num primeiro momento foram assimiladas demandas por trabalho decente e estável (demandas de primeira ordem[24]), num segundo aparecem demandas referentes a saúde, educação, moradia e segurança. Satisfeitas essas demandas, surgem demandas relacionadas a lazer, cultura, equilíbrio urbano, ambiental, etc., implicando expansão na carga tributária. Essa trama espiralada e crescente de demandas, quando o Estado passa a exibir limites em sua capacidade de promover elevação na carga fiscal, acabou por engendrar um *processo vicioso de desalento e, paradoxalmente, de crise de legitimidade*. Uma crise explicável não pelas

---

(24) Chamam-se aqui demandas de primeira ordem as reivindicações preexistentes ao compromisso (pacto) que origina o Estado-Providência.

"conquistas sociais" alcançadas, mas por aquelas que o Estado teria dificuldade em satisfazer. Esse fenômeno, sob dois ângulos distintos, seria capturado por autores diferentes, como O'Connor (1977) e Habermas[25] (1987), por intermédio, respectivamente, das noções de "crise fiscal" e de "esgotamento das energias utópicas".

O itinerário percorrido pelo Estado-Providência, na direção do atendimento de demandas crescentemente abstratas, evidencia, paradoxalmente, a limitação e a *finitude do próprio Estado, como instrumento de produção de bem-estar imaterial*. E com essa finitude, seu desencantamento como leito de utopias, crenças, desejos e expectativas.

3.4. O RECESSO DA PROMOÇÃO SOCIAL NUM SÉCULO QUE SE NEGA A COMEÇAR

Nas três décadas seguintes à crise do Estado-Providência e à derrocada do regime soviético (1980 a 2010, aproximadamente) veremos a economia do Ocidente exibir sucessivos *episódios de crise, e uma forte reabilitação de doutrinas conservadoras* por alguns chamadas "neoliberais"[26].

Num primeiro momento a crise envolveu países situados na semiperiferia do capitalismo (México, Brasil, Rússia, Israel, Coreia, Peru Argentina, etc.); muitos dos quais imersos num processo asfixiante de endividamento e de inflação descontrolada.

Ao término dessas três décadas de *modesto crescimento, quando não de verdadeira estagnação econômica no coração do capitalismo*, a economia norte-americana sofre um sério abalo no sistema de crédito, iniciado com a crise nas carteiras de crédito habitacional. Momento dramático, dessa que foi *a mais severa*

---

(25) "A utopia de uma sociedade do trabalho perdeu sua força persuasiva — e isso não apenas porque as forças produtivas perderam sua inocência ou porque a abolição da propriedade privada dos meios de produção manifestamente não resulta por si só no governo autônomo dos trabalhadores. Acima de tudo, a utopia perdeu seu ponto de referência na realidade: a força estruturadora e socializadora do trabalho abstrato (...). Os legitimistas são hoje os verdadeiros conservadores, que gostariam de consolidar o já conquistado. Eles esperam encontrar novamente o ponto de equilíbrio entre o desenvolvimento do Estado social e a modernização via economia de mercado. O equilíbrio rompido entre a orientação democrática dos valores de uso e a moderada autodinâmica capitalista deve ser restaurado. Esta programática fixou-se na preservação das conquistas do Estado social. Mas ela desconhece os potenciais de resistência que se acumulam no rastro de uma progressiva erosão burocrática dos mundos da vida comunicativamente estruturados livres do ordem natural de desenvolvimento; tampouco leva a sério os deslocamentos das bases sociais e sindicais em que as políticas do Estado social puderam se amparar até agora. Tendo em vista o realinhamento do corpo de eleitores e o enfraquecimento da posição sindical, essa política vê-se ameaçada por uma corrida desesperada contra o tempo" [HABERBAS (1987: 106-110)].

(26) Período apontado por muitos autores como caracterizado pelo domínio político de lideranças conservadoras (tendo Ronald Reagan e Margaret Thatcher por pioneiros, respectivamente nos Estados Unidos e no Reino Unido) e pelo sucesso, ainda que um tanto fugaz, de doutrinas econômicas que, sob o signo da exaustão do Estado-Providência, postularam uma espécie de retorno ao liberalismo econômico em sua acepção mais ortodoxa e anti-intervencionista.

crise da economia norte-americana desde 1929, deu-se com o anúncio da concordata do Lehman & Brothers em setembro de 2008. Instituição sesquicentenária, aparentemente sólida, um banco de investimento com negócios de vulto em diversos outros países, e que se somaria a outros bancos de considerável importância, como o Bear Stearns e o Merrill Lynch. A tragédia foi momentaneamente contida pelos empréstimos concedidos pelo Departamento do Tesouro norte-americano, mas revelaria, junto à elevação do desemprego e o crescente endividamento do país — há anos envolvido com elevados custos de guerra (Irã-Iraque, Afeganistão, Iraque, etc.) —, um quadro de onerosa e imprevisível recuperação.

Logo em seguida à crise norte-americana (e em grande medida estimulada por ela), a União Europeia em 2011 será desafiada pela necessidade de socorrer algumas economias integrantes do sistema monetário do Euro (Grécia, Portugal, Espanha e Itália), impondo limites ao crescimento de todas as economias envolvidas, em especial para a Alemanha e França.

Tudo somado às dificuldades econômicas enfrentadas pelo Reino Unido em 2010 e à crise japonesa decorrente de catástrofes climáticas em 2011, temos, em 2011, o início da década sob o signo de uma desafiadora agenda de *ajustes nas economias centrais do capitalismo*, exibindo fortes *sinais de que pode produzir um quadro de recessivo.*

Ajustes decorrentes da necessidade de fazer frente a um quadro de *crise que não mais se explica como efeito da crise do Estado-Providência*, mas que, por outro lado, também *não se apresenta como fruto de um cenário econômico de contornos relativamente estáveis*. Algo como se vivêssemos, por trinta anos, a transição inconclusa para um século que resiste em começar.

É bem verdade que alguns países conseguiram reorganizar suas economias e puderam experimentar um expressivo crescimento econômico no início do século XXI. Esse o caso da China, do Brasil, e da Índia. Um crescimento, porém, que deverá encontrar limites decorrentes do quadro de ajustes a que se referiu, mesmo que em meio a esses movimentos, possam-se ver indícios da *superação do absoluto domínio econômico norte-americano* que remonta ao final da II Grande Guerra.

4. Dois desafios ao direito do trabalho: crise econômica e transformações na organização do trabalho

4.1. Trabalho e crise econômica

O *direito do trabalho não sairia ileso dessas crises.*

Costuma-se afirmar — e com boa dose de razão — que o direito do trabalho e os direitos sociais, em geral, têm sua condição de possibilidade indexada à economia. Com efeito, conquistas trabalhistas dependem de ambientes econômicos nos quais se realizem excedentes[27]. Não quer isso dizer que um ambiente econômico favorecido pelo crescimento traga como subproduto, invariavelmente, expansão de direitos sociais, redução da desigualdade, nem mesmo automático alívio da pobreza. Vimos, por exemplo, como o crescimento econômico do primeiro período da Revolução Industrial trouxe poucos benefícios sociais e muita pobreza absoluta.

Fatores originados com 1) a crise do Estado-Providência e 2) as crises econômicas das últimas três décadas, impuseram ao direito do trabalho uma *agenda defensiva*.

Seja em países que viveram os anos de ouro do Estado-Providência, seja naqueles como o Brasil (no qual vigora o padrão do constitucionalismo social, acompanhado de uma forte tradição de regulação dos direitos sociais por meio de leis), o direito do trabalho aparece acuado.

Acusado de *rigidez excessiva*, e de ocasionar elevado *custo, sob a forma de benefícios e tributos*, não faltam vozes que o responsabilizem até mesmo pelo *déficit concorrencial* frente a produtos fabricados em países com reduzida "proteção trabalhista".

Não é aqui o momento de abrir a discussão sobre esse fenômeno[28], nem tampouco acerca de seu verdadeiro alcance. O ponto a destacar consiste no fato

---

(27) Excedentes podem provir da própria empresa, mediante ganhos de produtividade, ou do ambiente, resultado de ofertas a preços menores, ou da decisão de consumidores pela compra a preços mais elevados. Excedentes podem "ser partilhados segundo modalidades diversas: a empresa pode *guardar* o excedente não modificando os seus preços. Neste caso, põe-se a questão da partilha entre detentores de capitais e assalariados. Se os salários aumentarem, o excedente reverte para os trabalhadores; se os lucros crescerem, os detentores dos capitais recebem uma fração do excedente. A empresa também pode aplicar o excedente em benefício de seu ambiente (fornecedores e clientes)". Gélédan e Brémond (1988: 80).

(28) No tocante especialmente aos tributos e encargos incidentes sobre o fator trabalho, algumas das quantificações correntes apontam para algo em torno de 102% sobre o valor do custo líquido do trabalho no caso do Brasil, sendo certo que o que se mostra ainda mais grave é a rigidez com a qual dita carga tributária é aplicada. Seguindo o roteiro de José Pastore [PASTORE (1995)], é interessante notar, à maneira de comparação, que na Europa aproximadamente a metade dos tributos e encargos, que totalizam algo em torno de 60%, é negociável; nos Estados Unidos da América, de uma carga total de 40%, 15% é composto de tributos e encargos negociáveis; no Japão a carga de tributos e encargos incidente sobre o fator trabalho gira em torno de 12%; e nos chamados Tigres Asiáticos o percentual é de apenas 10%. De qualquer modo, a despeito da grande contribuição oferecida pela sistematização de José Pastore, relativamente à rigidez com a qual se apresenta a imposição dos encargos e tributos incidentes sobre o fator trabalho, com vistas particularmente em suas quantificações para o caso brasileiro, não poderia passar sem registro que vêm sofrendo robustas objeções a partir, notadamente, de premissas de natureza conceitual. Observa-se que, na composição do percentual final, incluem-se indistintamente encargos sociais indiretos (destinados a organismos paraestatais de promoção e de assistência social), e "encargos sociais" que constituem, em verdade, modalidades de remuneração diretamente disponibilizada ao trabalhador. Consideram-se, aqui, especialmente as objeções externadas por Anselmo Luis dos Santos [SANTOS (1996: 221-252)], que, a exemplo de outros investigadores ocupados com o problema [FARIA (1996:127-160)], têm contribuído para erradicar, das urgentes iniciativas de reexame dos custos indiretos do trabalho, as fortes tintas retóricas com que, costumeiramente, o tema vem sendo tratado pela pena dos adversários da proteção jurídica dos direitos sociais.

de que o direito do trabalho, *malgrado a incorporação de algumas novas áreas de proteção*[29], *tem revelado um quadro de estagnação, quando não de verdadeiro retrocesso.*

4.2. Organização do trabalho e direito

Por outro lado, o direito do trabalho tem sofrido, a partir dos anos oitenta do século passado, os efeitos de *alterações estruturais no modelo de organização e de aproveitamento do trabalho humano.* Tais alterações estão ligadas ao que se convencionou chamar de *erosão do modelo ou paradigma fordista*[30] *de organização empresarial.* Esse modelo — tipicamente industrial — era caracterizado pela generalidade, pelo gigantismo organizacional, pela complexidade dos sistemas hierárquicos internos e pela ambição de autossuficiência no suprimento da cadeia produtiva.

Tal modelo exibe seus primeiros sinais de exaustão com a crise da IBM norte-americana, em meados dos anos oitenta. A partir de então, a organização dos processos produtivos passou a seguir um itinerário marcado pela fragmentação e pela dispersão, em unidades produtivas autônomas, dotadas de crescente vocação para a especialidade e para a otimização dos resultados gerenciais num cenário de competitividade internacional.

Esse foi — e em certa medida continua a ser — o pano de fundo de muitas das tendências e estratégias gerenciais insertas no imaginário da eficiência empresarial no decorrer dessas três décadas, dando ensejo à difusão de uma grande variedade de técnicas formuladas em torno de ideias tais como *terceirização,* downsizing[31], *qualidade total, administração participativa,* etc.

Esse processo de fragmentação da empresa fordista veio a ser um fenômeno pautado por parâmetros de competitividade internacional. Objetivando metas de economicidade sobre custos de mão de obra e de infraestrutura, muitas das etapas produtivas e de serviços migraram de regiões situadas em economias centrais para países de economias periféricas ou semiperiféricas do capitalismo.

Nessa medida, a referência no Estado-Nação, o gigantismo e a concentração, símbolos da pujança e da força da empresa fordista, cederam rapidamente lugar ao cosmopolitismo, à agilidade, à ultraespecialidade, de modo que o núcleo da

---

(29) Como, por exemplo, a incorporação dos direitos de personalidade (direito à honra, à privacidade, à intimidade), direitos antidiscriminatórios e proteção jurídica ao meio ambiente do trabalho.

(30) Em alusão ao empresário norte-americano Henry Ford, protagonista de uma experiência empresarial caracterizada pelo gigantismo, pela ambição de autossuficiência como estratégia de redução de custos e de defesa perante crises cíclicas da economia.

(31) Termo pelo qual se passou a designar a meta de "enxugamento" e redução no tamanho das empresas.

empresa dos anos noventa deixou de ser espacialmente localizável seguindo a regra da situação da sede e/ou matriz, e passou a ser identificável somente mediante operações conceituais concernentes ao poder de controle acionário e ao domínio tecnológico.

Tabela I
Quadro Comparativo entre o Modelo Fordista e o Modelo Emergente de Empresa

Critérios	Modelo Fordista	Modelo Emergente
Tamanho da empresa	tendencialmente agigantada	tendencialmente pequena
Campo de atuação	generalizante	especializada
Estruturação interna	estratificada em diversos níveis hierárquicos	reduzidos níveis de estratificação
Critério de eficiência	autossuficiência	agilidade e adaptabilidade
Perfil do cliente	mercados nacionais	mercado global
Estratégia de enfrentamento de crises	desenvolvimento de tecnologias de longa maturação, estoques de insumos e matéria-prima	*downsizing*, conquista de novos setores de mercado e desenvolvimento de tecnologias de curta maturação
Políticas de Recursos Humanos	concentração física de numerosos trabalhadores, especialização de funções e remuneração atraente	polivalência do pessoal ocupado, terceirização de atividades não estratégicas e remuneração seletiva

Outro fator relevante que a conspirar pelo aprofundamento desse quadro de transformações consiste na debilitação do poder sindical.

Diante de um cenário marcado pela 1) *dispersão global das etapas do processo produtivo*, acompanhada pela 2) *exaustão do modelo de empresa fordista* com a emergência de um novo conceito de organização empresarial e de relações do trabalho, pelo 3) *crescimento do desemprego estrutural*[32], aliado à progressiva *precarização dos vínculos de trabalho*[33]; e 4) à *estagnação relativa do número de*

---
(32) Denomina-se desemprego estrutural aquele ocasionado pela desnecessidade de trabalho humano, gerada por fatores persistentes da economia, tais como a incorporação de tecnologias ou o declínio de certas atividades.
(33) Por precarização designa-se, em geral, duas ordens de alteração sobre os chamados empregos formais nesse período: 1) ausência de caracterização jurídica na forma de vínculo de emprego (de forma lícita ou não), e 2) diminuição sobre a duração do trabalho, quer em número de horas, quer na própria vigência do vínculo.

postos de trabalho disponíveis na indústria⁽³⁴⁾, instaura-se um capítulo de declínio jamais visto na história do sindicalismo [FREITAS (1999: 79 e ss.)]. Um *declínio que se manifesta, quer sob o ângulo da capacidade de arregimentação dos sindicatos, quer sob aquele do arrefecimento de seu poder de conflito.*

Bastam os dados referentes à evolução da taxa de sindicalização, para se ter uma ideia das proporções desse declínio:

Tabela II
Evolução da Taxa de Sindicalização em Países Escolhidos

	1970	1980	1990
Espanha	27.4	25	11
França	22.3	17.5	9.8
Itália	36.3	49.3	38.8
Alemanha	33	35.6	32.9
Inglaterra	44.8	50.4	39.2
Estados Unidos	23.2	22.3	15.6

Fonte: OCDE.

O direito do trabalho, como vimos, no início dessa leitura, caracterizou-se por ser protagonizado pelo movimento sindical. Com o declínio da força dos sindicatos a partir dos anos oitenta do século XX, o direito do trabalho mostra-se também fragilizado.

REFERÊNCIAS BIBLIOGRÁFICAS

ATLESON, James B. Collective bargaining in private employment. ATLESON, James B. *et al. Labor relations and social problems.* Washington: The Bureau of National Affairs, 1984.

CAMPILONGO, Celso Fernandes. *Interpretação do direito e movimentos sociais* — hermenêutica do sistema jurídico e da sociedade. Tese apresentada ao concurso de professor titular da Faculdade de Direito da USP. Ex. mimeo, 2011.

CRUET, Jean. Os delitos operários de ontem como elementos do direito operário de hoje. MACHADO NETO, A. L.; MACHADO NETO, Zaidé (orgs.). *O direito e a vida social.* São Paulo: EDUSP — Nacional, 1966.

DRAIBE, Sônia; HENRIQUE, Wilnês. *Welfare State*, crise e gestão da crise: um balanço da literatura internacional. *Revista Brasileira de Ciências Sociais,* ANPOCS, v. 3, n. 6, p. 53-78, 1988.

---

(34) Fenômeno que se tornaria conhecido como "terceirização do trabalho"; ou seja, perda relativa da capacidade de oferta de postos de trabalho no setor industrial, em comparação ao número de postos ofertados pelo setor de serviço (setor "terciário" da economia, segundo certa categorização da economia política).

ESPING-ANDERSEN, Gosta. *The three worlds of welfare capitalism.* Princeton: Princeton University, 1990.

EWALD, François. *L'État providence.* Paris: Bernard Grasset, 1986.

FARIA, José Eduardo. Democracia e governabilidade: os direitos humanos à luz da globalização. FARIA (org.); PUCEIRO; OLGIATI; TRUBECK *et al. Direito e globalização econômica:* implicações e perspectivas. São Paulo: Malheiros, 1996.

FREITAS JR., Antonio Rodrigues de. *Conteúdo dos pactos sociais.* São Paulo: LTr, 1993

_____ . *Direito do trabalho na era do desemprego:* instrumentos jurídicos em políticas públicas de fomento à ocupação. São Paulo: LTr, 1999.

GAROFALO, Mario Giovanni. Naturaleza jurídica de la concertación social. AVILÉS, Ojeda (org.) *et al. La concertación social tras la crisis.* Barcelona: Ariel, 1990.

GÉLÉDAN, Alain; BREMOND, Janine. *Dicionário das teorias e mecanismos económicos.* Lisboa: Livros Horizontes, 1988.

GIUGNI, Gino. *Diritto sindacale.* Bari: Cacucci, 1997.

HABERMAS, Jüergen. A nova intransparência: a crise do estado de bem-estar social e o esgotamento das energias utópicas. *Revista do CEBRAP,* v. 18, p. 103-114, set. 1987.

HOBSBAWM, Eric. *A era dos extremos.* São Paulo: Companhia das Letras, 1995.

KEYNES, John Maynard. Notas finais sobre a filosofia social a que poderia levar a teoria geral. *Teoria geral do emprego, do juro e da moeda.* São Paulo: Atlas, 1982.

_____ . A Europa depois do tratado (1919). *Consequências econômicas da paz.* Tradução conforme seleção e organização de Tamás Keynes Szmerecsányi. São Paulo: Ática, 1984.

MAGANO, Octavio Bueno. Direito coletivo do trabalho. *Manual de direito do trabalho.* São Paulo: LTr, 1984.

MORAES FILHO, Evaristo de. *Introdução ao direito do trabalho.* São Paulo: LTr, 1986.

NASCIMENTO, Amauri Mascaro. *Curso de direito do trabalho.* São Paulo: Saraiva, 1995.

_____ . *Fundamentos do direito do trabalho.* São Paulo: LTr, 1970.

O'CONNORR, James. *A crise do estado capitalista.* Rio de Janeiro: Paz e Terra, 1977.

PASTORE, José. O "custo Brasil" na área trabalhista: proposta para modernização das relações de trabalho. Mimeo, 1996.

PÉLISSIER, Jean; SUPIOT, Alain; JEAMMAUD, Antoine. *Droit du travail.* Paris: Dalloz, 2008.

PERSIANI, Mattia. *Saggio sulla autonomia privata collettiva.* Padova: Cedam, 1972.

ROUDIL, A. La genèse du droit du travail. COLLIN, Francis; JEAMMAUD, Antoine; LYON--CAEN, Gérard; ROUDIL, A. *et al. Le droit capitaliste du travail.* Grenoble: Presses Universitaires de Grenoble, 1980.

SANTOS, Anselmo Luis dos. Encargos sociais e custos do trabalho no Brasil. MATOSO *et al.* (orgs.). *Crise e trabalho no Brasil.* São Paulo: Scritta, 1996.

A Quem o Direito do Trabalho deve Proteger e o Novo Conceito de Subordinação

YONE FREDIANI[*]

Como é de conhecimento geral, as novas técnicas de produção que surgiram a partir da introdução da robótica e da informática modificaram por completo as relações entre trabalhadores e empregadores, refletindo, também, no mercado de trabalho através do aparecimento de novas profissões.

Por outro lado, a globalização da economia, responsável não só pela ampliação e internacionalização dos mercados produtores e consumidores, impôs às empresas rígidas regras acerca da competitividade, eficiência e qualidade de seus produtos.

Referidos fatores, aliados à crise econômica que parece prolongar-se por período superior às expectativas, provocaram grande impacto sobre o emprego na Europa, Estados Unidos, Ásia e Américas, motivando a necessidade de serem revistos os modelos de proteção ao trabalhador, bem assim, os tipos contratuais até então existentes.

Nessa linha de pensamento é que o ordenamento europeu preocupou-se em estimular a contratação de trabalhadores a tempo parcial e por prazo determinado, em detrimento das rígidas regras que circundam o trabalho a tempo pleno e por prazo indeterminado, na medida em que se optou pela geração de trabalho e não necessariamente do emprego, como forma de proteção social.

(*) Desembargada do Tribunal Regional do Trabalho da 2ª Região (aposentada). Mestre em Direito das Relações do Estado PUC/SP. Mestre em Diretos Fundamentais/UNIFIEO. Doutora em Direito do Trabalho PUC/SP. Professora de Direito Individual e Coletivo do Trabalho e de Direito Processual do Trabalho nos cursos de Pós-Graduação e Graduação da FAAP — Fundação Armando Álvares Penteado. Membro da Academia Nacional de Direito do Trabalho, do Instituto de Direito do Trabalho do Mercosul e da Asociación Iberoamericana de Derecho del Trabajo y de la Seguridad Social. Professora Visitante da Universidad Tecnológica del Peru.

Paralelamente à adoção de tais medidas e considerando o processo de reorganização adotado pelas grandes, médias e pequenas empresas, inúmeros países passaram a identificar em seus ordenamentos legais novas espécies de trabalhadores despidos de subordinação e, ao mesmo tempo, com autonomia diferenciada.

Nesse contexto, por volta dos anos 1970, surge na Alemanha e na França, a figura do trabalhador intermediário ou misto, entre os dois modelos tradicionais existentes: empregado ou autônomo.

O novo conceito parte da afirmação de que o prestador de serviços intermediário ou misto não reúne, verdadeiramente, condição de total independência quanto à subordinação à empresa e tampouco encontra-se na condição de assalariado.

Nessa mesma época a Inglaterra identifica em seu ordenamento jurídico trabalhadores autônomos, denominados economicamente frágeis; de igual forma, a Espanha deu tratamento especial ao trabalhador autônomo economicamente dependente, partindo do pressuposto de que a figura do trabalhador autônomo na atualidade é bem distinta do conceito tradicional de autonomia.

Com efeito, o perfil do trabalhador autônomo representa na atualidade a opção adotada por inúmeros prestadores de serviços que se dedicam ao comércio, à consultoria, assessoria contábil, informática, vendas, e outras modalidades.

O direito italiano, ao criar a figura do trabalhador parassubordinado, estabeleceu novas modalidades de contratação, a saber, trabalho a projeto e trabalho sob cola-boração coordenada e continuada sem projeto.

Em ambas as hipóteses previstas pelo ordenamento italiano, os trabalhadores não se encontram subordinados ao empregador, porém, prestam colaboração contínua e coordenada à empresa, recendo do legislador uma tutela diversa daquela aplicável ao empregado ou ao autônomo.

Analisando a questão com profunda acuidade, ensina o Professor Cassio Mesquita Barros que "o trabalho parassubordinado ou **coordenado** nasceu do *novo sistema de produção* com empresas e *trabalhadores mais independentes* que prestam sua **colaboração**, *mas sem o poder diretivo característico do trabalho subordinado*, com menos despesas e encargos trabalhistas, permitidas interrupções periódicas na **continuidade** da relação de trabalho".

De igual forma, ensina o Professor Amauri Mascaro Nascimento que "o autônomo hoje não é mais apenas o autônomo clássico, o profissional liberal, o médico, o advogado, o engenheiro, o arquiteto, o dentista, a podóloga e tantos que exerçam uma atividade econômica por conta própria porque os sistemas de produção de bens, de serviços, de produção de informações, o avanço da tecnologia criou novas realidades com reflexos amplos inclusive sobre as forma pelas quais o trabalho é prestado".

Inexistindo no ordenamento pátrio legislação específica a tratar da semidependência em relação ao trabalhador, o magistrado, diante de caso concreto e da lacuna legal, deverá socorrer-se dos meios de aplicação do direito previstos no art. 8º da CLT, que dentre eles permite a utilização do direito comparado.

Assim sendo, considerada a lacuna da lei, o aplicador do direito haverá de utilizar no caso concreto o texto legal mais próximo da relação efetivamente existente entre as partes e eventualmente, demonstrada em juízo, concluindo pela declaração de autonomia do prestador de serviços, se for o caso.

Importante ressaltar que, segundo informações da OIT, o mercado de trabalho a partir de 2008 perdeu cerca de 20 milhões de postos de trabalho, anteriormente ocupados por empregados; nesse mesmo período, o crescimento e/ou ampliação dos postos de trabalho extintos têm girado em torno de 1% ao ano, dando exatas dimensões das taxas de desocupação que a todos preocupa.

Portanto, o desafio que se lança na atualidade é de que, de acordo com as alterações havidas no mercado de trabalho e as novas formas de prestação de serviços, a multiplicação de trabalhadores juridicamente autônomos e economicamente dependentes parecer ser irreversível, aos quais, certamente, não se poderá aplicar as regras de proteção contidas na CLT, já que destinadas àqueles que mantêm contrato de trabalho.

Importante ressaltar que a valorização do trabalho independente ou autônomo não importa no afastamento dos princípios protetores que inspiram o direito do trabalho, mas na sua aplicação, tão somente, àqueles que, verdadeiramente, trabalharam sob o regime de subordinação.

Não foi sem qualquer motivo que a Emenda Constitucional n. 45/2004, ampliando a competência da Justiça do Trabalho, reconheceu a existência de modalidades atípicas da prestação de serviços identificadas como "relação de trabalho", às quais o Magistrado resolverá o conflito mediante a aplicação da lei civil e não da legislação consolidada.

Diante de tais considerações é que se afirma que o conceito de subordinação há de ser revisto, reconstruído, remodelado a uma nova realidade para que com ela se harmonize, posto constituir fato público e notório o expressivo número de pessoas que trabalham em seu próprio domicílio, fazendo sua própria jornada de trabalho em sintonia com seus interesses pessoais.

Ressalte-se, ainda, que a aplicação da lei consolidada às situações atípicas apresentadas no cotidiano colide com a diversidade de atividades autônomas existentes no mercado de trabalho, de que se utilizam as grandes, médias e pequenas empresas, sem qualquer prejuízo ao prestador de serviços autônomos.

Outro aspecto importante a ser considerado refere-se à terceirização por meio da qual as empresas, pouco importando seu porte ou dimensão, utilizam serviços de incontáveis fornecedores de bens e prestadores de serviços, compondo suas inúmeras finalidades.

Por tais razões é que se propõe uma adequação do tradicional conceito de subordinação às peculiaridades apresentadas pela situação contratual concreta, como forma de conferir maior dinâmica ao mercado de trabalho e, por consequência, estimular e desenvolver todas as formas de prestação de serviços legítimas.

Lembra-se que a subordinação tradicional corresponde à relação de emprego, através da qual o trabalhador encontra-se completa e absolutamente sujeito às diretrizes decorrentes do poder diretivo de seu empregador.

Contrariamente, o autônomo é caracterizado como o prestador de serviços que atua, ainda que com pessoalidade e habitualidade, porém, sem qualquer subordinação ou sujeição a quem o contratou, pessoa física ou jurídica.

Simultaneamente às duas posições diametralmente opostas, surge um conceito atenuado de subordinação, conhecido pela expressão subordinação jurídica ou estrutural que, ao invés de manifestar-se através da sujeição permanente e absoluta às ordens do empregador, caracteriza-se pela simples integração do trabalhador nos objetivos ou fins da empresa.

Verifica-se, pois, tratar-se de subordinação indireta, minimizada e que frequentemente tem sido adotada quando o prestador de serviços realiza suas atividades fora do alcance do controle físico e direto do empregador ou nas relações de trabalho terceirizado.

A adoção e aplicação da subordinação objetiva ou estrutural deve mesmo ocorrer em relação às terceirizações ilegítimas, alargando, pois, o campo de incidência da norma consolidada e de proteção do trabalhador.

Porém, temerária será a adoção da tese da subordinação objetiva ou estrutural aos contratos de autonomia e aos contratos atípicos de prestação de serviços, enquadrando situações de verdadeira autonomia em relações de subordinação sem qualquer critério, pelo simples fato de que o prestador de serviços, mesmo sem receber direta ou indiretamente ordens da empresa, apenas fazia parte da estrutura administrativa de produção ou de distribuição de bens produzidos pela empresa que o contratou.

Sensíveis ao contexto acima apontado, começam a surgir as primeiras decisões prolatadas pelo Egrégio Tribunal Regional do Trabalho da 2ª Região, reconhecendo a existência do trabalho semidependente:

"TRABALHO SEMIDEPENDENTE. NEGATIVA DE RECONHECIMENTO DE VÍNCULO DE EMPREGO. Há duas categorias que relativas aos contratos de trabalho, quais sejam, àquelas que tratam da relação subordinada, modelo clássico tratado na CLT e que regula a relação de trabalho em que o grau de subordinação é absoluto; e aquela que trata do trabalho autônomo, que tradicionalmente é aquela em que se verifica a total autonomia do prestador de serviços em relação a seu tomador. Verificando-se que o trabalhador não está subordinado de forma absoluta ao empregador, ao contrário, desde o nascimento da relação contratual quis a independência da relação jurídica que com ele manteve. Sendo assim, conservou esta autonomia por todo o período contratual, decidindo livremente manter-se nesta condição de autônomo, sem ter que se subordinar ao pesado poder de direção que norteia a relação empregatícia regulada pela CLT." Processo 0151000-40.2010.5.02.0382, 3ª T. Rel. Thereza Christina Nahas.

"TRABALHO SEMIDEPENDENTE. NEGATIVA DE RECONHECIMENTO DE VÍNCULO DE EMPREGO. Hipótese em que o trabalhador não esteve subordinado de forma absoluta ao empregador, ao contrário, desde o nascimento da relação contratual quis a independência da relação jurídica que com ele manteve. Nesse quadro, conserva a autonomia por todo o período contratual, decidindo o trabalhador livremente manter-se nesta condição de autônomo, sem ter que se subordinar ao pesado poder de direção que norteia a relação empregatícia regulada pela CLT, não há que se cogitar da existência de vinculo empregatício." Recurso Ordinário provido, no aspecto. Processo 0226100-54.2009.5.02.0020, 3ª T. rel. Thereza Christina Nahas.

Feitas tais considerações, considera-se de primordial importância o justo, adequado e correto direcionamento de a quem aplicar o direito do trabalho e a quem este ramo do direito deve, efetivamente, proteger diante das novas e diversas modalidades contratuais contemporâneas ao Terceiro Milênio.

BIBLIOGRAFIA

BARROS, Alice Monteiro de. *Curso de direito do trabalho*. São Paulo: LTr, 2005.

BARROS, Cassio Mesquita. Colaboração, coordenação e continuidade. Exposição oral em 29.6.2011, 7º Painel *Reconstrução Doutrinária da Teoria da Subordinação*, 51º Congresso Brasileiro de Direito do Trabalho promovido pela LTr.

BIAGI, Marco. *Instituzioni di diritto del lavoro*. Milão: Giuffrè, 2004.

DELGADO, Mauricio Godinho. *Revista de Direitos e Garantias Fundmentais*, n. 2, 2007.

GANTINO, Luisa. *Diritto del lavoro*. Torino: G. Giappichelli, 2001.

_____ . Direito ao trabalho e direito do trabalho no modelo comunitário. MANNRICH, Nelson. *Reforma do mercado de trabalho*. A experiência italiana. São Paulo: LTr, 2010.

MARTINEZ, Pedro Romano. *Direito do trabalho*. Lisboa: Almedina, 2006.

NAHAS, Thereza Christina. *Considerações a respeito da relação de trabalho*: a questão do trabalho semidependente.

NASCIMENTO, Amauri Mascaro. *Revista LTr*, v. 72, n. 9, set. 2008.

PERONE, Giancarlo. *Lineamenti di diritto del lavoro*. Torino: G. Giappichelli, 1999.

ROMITA, Arion Sayão. Os princípios do direito do trabalho ante a realidade. *Revista LTr*, v. 74, n. 9, set. 2010.

SILVA, Homero Batista Mateus da. *Curso de direito do trabalho aplicado*. Parte geral. Campus Jurídico, 2009.

XAVIER, Bernardo da Gama Lobo. *Iniciação do direito do trabalho*. Porto Alegre: Verbo, 2005.

A Proteção Trabalhista dos Altos Executivos

Jorge Cavalcanti Boucinhas Filho[(*)]

Introdução

A legislação trabalhista cuja espinha dorsal vigora até hoje foi construída, ou melhor, consolidada, para uma sociedade completamente diferente da atual. Não obstante a maior parte da população economicamente ativa do Brasil estivesse no campo, a legislação destinada ao trabalhador urbano surgiu antes da destinada ao rural[(1)]. Este, em verdade, foi expressamente excluído da esfera normativa da Consolidação das Leis do Trabalho, nos termos do art. 7º, "b" da CLT, e precisou esperar vinte anos para obter, com a promulgação da Lei n. 4.214/1963, o primeiro Estatuto do Trabalhador Rural, uma legislação destinada à proteção de seus direitos e interesses.

A legislação do trabalhador urbano, por sua vez, era flagrantemente voltada para apenas duas categorias de trabalhadores: os industriários e os comerciários. Evidenciando esta assertiva ha a redação do art. 2º da Consolidação das Leis do

---

(*) Mestre e Doutor em Direito do Trabalho pela USP. Professor de Direito do Trabalho e Processo do Trabalho em diversos cursos de graduação e pós-graduação. Membro pesquisador do Instituto Brasileiro de Direito Social Cesarino Júnior. Advogado militante. Autor de obras e artigos jurídicos.

(1) Como salientou Mozart Victor Russomano, apoiado nos ensinamentos de Buys de Barros, em texto publicado em 1957, "para uma nação que tem a lavoura e a pecuária como espinha dorsal de sua economia, não deixa de ser uma contradição toda proteção da lei e que os industriários e comerciários tenham toda proteção da lei e que os trabalhadores da terra, que constituem a maioria, fiquem esquecidos à beira do novo caminho" (RUSSOMANO, Mozart Victor. *Comentários à consolidação das leis do trabalho.* 4. ed. São Paulo: José Konfino, 1957. v. I, p. 69).

Trabalho que estatui que "Equiparam-se ao empregador, para os efeitos exclusivos da relação de emprego, os profissionais liberais, as instituições de beneficência, as associações recreativas ou outras instituições sem fins lucrativos, que admitirem trabalhadores como empregados". Ora, presentes os elementos da relação de emprego (pessoalidade, não eventualidade, onerosidade, subordinação e alteridade), aludidos entes são empregadores como outros qualquer. A única justificativa que há para eles terem sido incluídos no texto consolidado como empregadores por equiparação é o fato de as pessoas, naquele momento histórico, associarem demasiadamente a figura da relação de emprego à indústria e ao comércio.

Além de concentradas no setor secundário da economia e no comércio, que representa uma pequena parcela do setor terciário, as relações de emprego encontravam-se, à época, concentradas em empresas familiares. As relações eram piramidais e escalonadas, mas os escalões mais elevados estavam preenchidos por pessoas da família do empresário. Essa realidade se verificava inclusive em relação às sociedades anônimas. Após destacar que a concepção tradicional da estrutura administrativa das sociedades por ações espelha a organização política do Estado liberal capitalista, com assembleia soberana, dotada de poderes normativos, órgão executivo e órgão de controle e destacar as alterações impostas ao regime do Código Comercial pela Lei n. 2.267/1940, Octavio Bueno Magano destacou que "o esquema legislativo em foco correspondia bem ao modelo de sociedade por ações composta de reduzido número de acionistas e que, no Brasil, assumiu a forma predominante de sociedade familiar"[2]. Ponderou ainda que nesse modelo a posição dos órgãos societários era distorcida. Ao invés de subordinarem-se às assembleias de acionistas, geralmente investidores displicentes dos assuntos administrativos, a diretoria assumia a função de órgão dominador da sociedade e, com isso, se indentificavam com a pessoa jurídica empregadora, razão pela qual dificilmente seriam considerados beneficiários da legislação trabalhista[3].

Não é de se estranhar, portanto, que uma legislação elaborada nos idos de 1940 não tenha manifestado preocupação específica com a situação do Diretor Empregado. A realidade das relações corporativas, entretanto, mudou substancialmente desde então. O que se tem verificado é uma tendência a concentração de capital que fez com que as antigas empresas familiares fossem incorporadas pelos grandes conglomerados internacionais. Não são poucas as empresas que hoje apresentam faturamento bruto anual e patrimônio que as colocariam no primeiro escalão da economia mundial caso fossem um Estado Soberano e não um ente privado. Como bem salienta Adriana Calvo, citando Berle e Means, "o surgimento

---

(2) MAGANO, Octavio Bueno. *Manual de direito do trabalho*. 2. ed. São Paulo: LTr, 1980. p. 115-116.
(3) Como bem observou o Professor Magano: "Nessa visão distorcida da posição dos órgãos societários, é óbvio que os diretores dificilmente poderiam ser tidos como beneficiários da legislação trabalhista". Com eles mais do que com os próprios acionistas identificava-se a pessoa jurídica, da qual constituíam, em verdade, uma projeção física. Identificando-se, assim, com a empregadora, como poderiam ser considerados empregados subordinados? (*Ibidem*, p. 116).

da moderna Sociedade Anônima efetivou uma concentração de poder econômico que pode competir em pé de igualdade com o Estado moderno: poder econômico *versus* poder político, cada um forte em seu setor"[4].

Até mesmo em alguns setores da economia extremamente tradicionais, como o de comercialização de fármacos, passaram a ser dominados por grandes conglomerados. Nos grandes centros urbanos, as tradicionais drogarias familiares, nas quais comumente se encontrava o próprio empresário no balcão atendendo os clientes, foram paulatinamente substituídas por farmácias *megastore*. Em cidades como São Paulo e Rio de Janeiro, por exemplo, percebe-se hoje que este mercado está dominado por três ou quatro grandes empresas que disputam a liderança nas vendas do setor.

Situação similar pode ser identificada em relação às instituições financeiras. Em que pese algumas das maiores empresas do ramo serem até hoje associadas ou identificadas com alguma família, elas alcançaram um gigantismo tal que não poderiam jamais ser administradas sem o auxílio de um corpo de gestores profissionais. Sobretudo porque as que ainda sobrevivem com bandeira própria cresceram através de processos de incorporação e fusão em que acabaram assumindo o controle de outras empresas deste e de outros ramos.

Ricardo de Freitas Guimarães ressalta que o aumento na busca por profissionais que ocupam o topo da pirâmide empresarial — e não mais na linha de produção — para que desenvolvessem estratégias de negócios no intuito de melhorar a gestão, trouxe consigo uma alta exigência de formação para contratação de gerentes, supervisores, superintendentes, diretores e outros cargos[5]. Essa necessidade de profissionalização da gestão e de melhoria na formação de gestores justificou a criação e o paulatino desenvolvimento dos cursos de administração de empresas no Brasil, cujo foco consiste justamente na formação de gestores profissionais. O primeiro curso do gênero, inspirado no modelo do curso da *Graduate School of Business Administration* da Universidade de Harvard, data de 1941 e foi oferecido pela Escola Superior de Administração de Negócios — ESAN/SP. Em 1946 foi criada a Faculdade de Economia, Administração e Contabilidade da Universidade de São Paulo — FEA/USP, que ministrava cursos de Ciências Econômicas e de Ciências Contábeis, onde eram apresentadas algumas matérias ligadas à Administração. Já em 1952 surge a tradicional Escola Brasileira de Administração Pública e de Empresas, da Fundação Getúlio Vargas — EBAPE/FGV, no Rio de Janeiro, cuja primeira turma se formou em 1954, ano da criação da Escola Brasileira de Administração de Empresas de São Paulo — EAESP[6].

---

(4) CALVO, Adriana. *Diretor de sociedade anônima:* patrão-empregado? São Paulo: LTr, 2006. p. 108
(5) GUIMARÃES, Ricardo Pereira de Freitas. *Executivos vão à justiça do trabalho.* Disponível em: <http://www.freitasguimaraes.com.br/media/index.php?fn_mode=fullnews&fn_id=31> Acesso em: 9.10.2011.
(6) Fonte: sítio do Conselho Regional de Administração da Bahia na Rede Mundial de Computadores. Disponível em: <http://www.cra-ba.org.br/Pagina/58/Historico-dos-Cursos-de-Administracao-no-Brasil.aspx>.

A partir da década de 1960, a FGV passa a ministrar cursos de Pós-Graduação nas áreas de Economia, Administração Pública e de Empresas e em 1965 é regulamentada a profissão de técnico em Administração, com a promulgação da Lei n. 4.769, de 9 de setembro de 1965. A norma em questão, contudo, dedica a quase totalidade de seus 22 artigos a criar os Conselhos Regionais e o Conselho Federal dos Técnicos em Administração. Nada esclarece ou complementa acerca dos direitos trabalhistas dos altos executivos.

A realidade socioeconômica mudou, mas a legislação trabalhista pouco foi alterada. Dentre os poucos dispositivos visivelmente dedicados aos empregados com poder de gestão podemos citar o conhecido art. 62, II que exclui do capítulo dedicado à limitação da jornada de trabalho "os gerentes, assim considerados os exercentes de cargos de gestão, aos quais se equiparam, para efeito do disposto neste artigo, os diretores e chefes de departamento ou filial"[7]. Este preceito, que causa muito mais desconforto e prejuízo para o seu destinatário do que propriamente benefício, não se destina exclusivamente aos diretores, mas a qualquer empregado investido em cargo de gestão.

A falta de regras próprias poderia, em uma interpretação apressada, levar à conclusão de que os empregadores-gestores estariam excluídos da proteção da legislação trabalhista.

Felizmente, respeitáveis vozes adotaram entendimento oposto. Neste sentido cabe nova referência ao professor Octavio Bueno Magano que, após ponderar que o art. 146 da Lei n. 6.404/1976 exigia a qualidade de assionista para os membros do conselho de administração, mas não para os direitos, deles se lhes exigindo apenas que se distingam como técnicos capazes de administrar a sociedade, de acordo com a orientação geral traçada pelo conselho, ressaltou que

> "O que conta, pois, na investidura de alguém em cargo de diretor, são suas aptidões profissionais, é o trabalho que vai desempenhar. Como homens de trabalho, subordinado ao conselho de administração que os pode destituir a qualquer tempo, hão de ser necessariamente os diretores classificados como empregados, já que a coordenação é o traço característico do contrato de trabalho."[8]

A jurisprudência, em verdade, acabou criando uma distinção entre o chamado diretor estatutário, não subordinado, e o diretor subordinado. Ao prescrever que "O empregado eleito para ocupar cargo de diretor tem o respectivo contrato de trabalho suspenso, não se computando o tempo de serviço desse período, salvo se permanecer a subordinação jurídica inerente à relação de emprego", o verbete em

---

(7) A redação a que fizemos referência foi instituída pela Lei n. 8.966/1994. Até o advento da aludida norma vigorava a seguinte redação: "os gerentes, assim considerados os que investidos de mandato, em forma legal, exerçam encargos de gestão, e, pelo padrão mais elevado de vencimentos, só diferenciem aos demais empregados, ficando-lhes, entretanto, assegurado o descanso semanal".
(8) MAGANO, Octavio Bueno. *Manual de direito do trabalho*. 2. ed. São Paulo: LTr, 1980. p. 115-116.

questão acena com a possibilidade de o empregado manter esta condição apesar de alçado a um cargo de direção.

O reconhecimento da condição de empregado e a falta de normas próprias para tutelar as peculiaridades de sua relação de emprego fazem com que os diretores sujeitem-se às mesmas regras aplicadas aos empregados que integram a base da pirâmide hierárquica da empresa e, salvo honrosas exceções, desfrutem a mesma proteção legal. Esta conclusão, entretanto, foi, por muito tempo, rejeitada por juízes e tribunais trabalhistas que, possivelmente por se assustarem com o montante a que podem chegar as condenações relacionadas com pleitos formulados por estes empregados, adotaram critérios distintos daqueles que são adotados para os empregados menos bem remunerados. O presente trabalho, fruto de uma pesquisa na doutrina dedicada ao tema e nas principais decisões do Tribunal Superior do Trabalho sobre contratos de trabalho de altos executivos, identificou mudança na proteção trabalhista dos ocupantes dos cargos mais elevados das corporações.

1. Vicissitudes do contrato de trabalho dos altos executivos

Executivo, segundo o dicionário Houaiss, "é o indivíduo que ocupa cargo de direção ou de alta responsabilidade em organização comercial ou financeira"[9]. Embora não se encontre o termo executivo na legislação brasileira, é possível extrair o conceito de diretor de empresa do art. 16, da Lei do Fundo de Garantia do Tempo de Serviço, que assim dispõe:

> "Art. 16. Para efeito desta Lei, as empresas sujeitas ao regime da legislação trabalhista poderão equiparar seus diretores não empregados aos demais trabalhadores sujeitos ao regime do FGTS. Considera-se diretor aquele que exerça cargo de administração previsto em lei, estatuto ou contrato social, independente da denominação do cargo."

Segundo Paulo Emílio Ribeiro de Vilhena, ao referir o dispositivo a "diretores não empregados" tal colocação, se ela pressupõe, *a contrario* ou por exclusão, a existência de diretores empregados, estes certamente não exercem "cargo de administração previsto em lei, estatuto ou contrato social". A verdade é que o enfrentamento do tema, em linhas por se entrecruzarem ou paralelas tornou-se mais espinhoso, denotada a tendência legal declarada no art. 16 da Lei do FGTS, na específica direção por ela assumida. A prevalecer-se a taxatividade da lei, o princípio da exclusão não se oferece como uma peculiaridade da exegese corrente no direito de perfil latino-germânico, quando uma apenas ilustrativa vista d'olhos no Direito Americano mostra em paralelismo análogo que, desde que pura e simplesmente excluídos os "superintendentes da definição de empregados" (*supervisors are excluded from the definition of employee*), como faz o § 2º do NRLA (*National*

---

(9) *Dicionário Houaiss de língua portuguesa*. Rio de Janeiro: Objetiva, 2009. p. 855.

Labor Relations Act) pode o empregador obstar que participem das uniões sindicais e da atividade sindical sem maiores contemplações[10].

O gênero "executivos" é integrado por diversas espécies de empregados. O diretor executivo, diretor geral ou, como tem se tornado mais comum no mundo corporativo, *Chief executive officer* (CEO) é a pessoa com a mais alta responsabilidade ou autoridade numa organização. Apesar de ser teoricamente possível haver mais de um CEO numa empresa, geralmente o posto é ocupado por somente um indivíduo, temendo-se que tal compromisso crie conflito dentro da organização sobre quem tem o poder de decisão. Todos os outros executivos prestam contas ao CEO.

Logo abaixo do CEO há o chamado C-Level, que normalmente responde diretamente a ele. O Chefe do Setor Financeiro, diretor financeiro ou *Chief Financial Officer* (CFO,) é o responsável pela administração dos riscos e pelo planejamento financeiro de um negócio. O Diretor de marketing, ou *Chief Marketing Officer* (CMO), é um termo que designa o cargo do executivo que responde por todas as atividades relacionadas ao marketing de uma empresa. Por fim, há também o *Chief Technical Officer*, responsável pela infraestrutura da área de tecnologia. A ele cabe coordenar a execução de expansão e manutenção da infraestrutura de tecnologia da informação (TI) de uma organização.

Ainda dentro do gênero que recebe o nome de executivos podemos incluir o Diretor de Contabilidade *Chief Accounting Officer* (CAO); o Diretor Administrativo, ou *Chief Administrative Officer* (CAO); o Diretor de Análise ou *Chief Analytics Officer* (CAO); o Diretor de Qualidade ou *Chief Brand Officer* (CBO); o Diretor de Curso ou*Chief Channel Officer* (CCO); o Diretor de Comunicação ou *Chief Communication Officer* (CCO); o Diretor de Conformidade ou *Chief Compliance Officer* (CCO); o Diretor de Dados ou *Chief Data Officer* (CDO); Diretor de Recursos Humanos ou *Chief Human Resources Officer* (CHRO); Diretor de Informação ou *Chief Information Officer* (CIO); Diretor de Segurança da Informação ou *Chief Information Security Officer* (CISO); Diretor de Conhecimento ou *Chief Knowledge Officer* (CKO); Diretor de Aprendizagem ou*Chief Learning Officer* (CLO); Diretor Jurídico ou *Chief Legal Officer* (CLO); Diretor de Rede ou *Chief Networking Officer* (CNO); Diretor de Operações ou *Chief Operating Officer* (COO) ou *Chief Operations Officer*; Diretor de Compras ou *Chief Procurement Officer*(CPO); Diretor de Gerenciamento de Risco ou *Chief Risk Officer* (CRO)/*Chief Risk Management Officer*;Diretor de Ciências ou *Chief Science Officer* (CSO); Diretor de Segurança ou *Chief Security Officer* (CSO); Diretor de Estratégia ou *Chief Strategy Officer* (CSO); Diretor Técnico ou *Chief Technical Officer/Chief Technology Officer* (CTO); e Diretor Visionário ou *Chief Visionary Officer* (CVO).

Os executivos, qualquer que seja sua categoria, são, segundo ideia a ser desenvolvida neste trabalho, uma das figuras mais desprotegidas e mais negligenciadas

---

(10) VILHENA, Paulo Emílio Ribeiro de. *Relação de emprego:* estrutura legal e supostos. 3. ed. São Paulo: LTr, 2005. p. 681.

pelo Direito do Trabalho. Parcela significativa dos operadores do direito do trabalho defende a sua exclusão da proteção trabalhista.

Luiz Carlos Amorim Robortella considera inaceitável que um executivo, com elevado grau de independência e plena capacidade de negociação de seu contrato de trabalho, seja tratado como um humilde trabalhador. Em sua opinião uma proteção trabalhista homogênea que não reconhece a diferença entre os diversos prestadores de serviços, aplicada ao Diretor de uma Sociedade Anônima, atenta contra os princípios jurídicos elementares de qualquer ramo jurídico, em face de sua realidade concretamente desigual, criando uma "desigualdade mediante a igualdade". Para ele a generalidade da proteção, sem distinção entre seus destinatários, pode levar o Direito do Trabalho à perda de sua racionalidade como ordenamento protetor de situações de carência econômica e debilidade contratual[11].

Pede-se vênia, neste momento, para divergir da opinião do notável jurista, merecedor de todo respeito e admiração. Analisando com acuidade a relação de emprego dos executivos o que se contata é que tudo o que há de angustiante e desgastante na relação de emprego aumenta na proporção do aumento das responsabilidades e da remuneração. Alguns dos maiores causadores de desgaste emocional e angústias em uma relação de emprego são: 1) a instabilidade no emprego; 2) o temor do desemprego; 3) o excesso de trabalho e a falta de período de descanso e repouso adequados; 4) a pressão e o estresse relacionados com a necessidade de cumprimento de metas, por vezes inalcançáveis. Se estes fatores são ruins para os trabalhadores de menor hierarquia são seguramente muito piores para os altos executivos.

Primeiramente há que se destacar que, em regra, quanto maior o grau hierárquico, maior a instabilidade no emprego. A lógica é similar àquela de uma equipe de futebol. Quando os resultados não estão satisfatórios e se chega à conclusão de que alguma mudança se faz necessária, normalmente se demite o técnico. É mais fácil substituí-lo do que substituir todo o elenco. O mesmo se verifica nas grandes corporações. Quando as metas não são atingidas, as primeiras cabeças a rolar são aquelas dos escalões mais elevados.

O temor de desemprego está umbilicalmente relacionado com a insegurança sobre a qual já se referiu. Uma vez dispensado, o alto executivo enfrenta mais e maiores dificuldades do que os demais empregados para recolocação no mercado de trabalho. A uma porque não há tantas vagas de trabalho para altos executivos. A duas porque as notícias correm muito rapidamente no mundo corporativo e uma dispensa provocada por maus resultados seguramente afetará negativamente a imagem que o mercado tem de determinado executivo, reduzindo ainda mais suas possibilidades de contratação.

---

(11) ROBORTELLA, Luiz Carlos A. Direito de empresa e direito do trabalho. *Revista da AASP*, São Paulo, n. 70, jul. 2003, p. 61.

Essa realidade perversa é a grande responsável pelo reduzido número de ações ajuizadas por executivos. Ora, em uma profissão com pouca oferta de vagas e cuja seleção nunca é feita por análise curricular ou através de *sites* de emprego, mas sempre com o auxílio de *headhunters*[12], que investigarão com máxima acuidade o seu passado funcional, ou através de oferta financeiramente vantajosa para convencê-lo a sair do posto atualmente ocupado em empresa concorrente, ingressar com reclamação trabalhista é um suicídio profissional. Uma vez divulgada a informação no mercado, o que inevitavelmente acontece, a sua recolocação no mercado está completamente prejudicada. Não sem razão muitos jovens executivos deixam de reivindicar seus direitos para não ver a carreira precocemente interrompida. Não sem razão os executivos que ingressam na Justiça para reivindicar seus direitos são aqueles em final de carreira e já com poucas perspectivas de encontrar nova ocupação, e que desejam apenas receber o que lhe é devido de desfrutar de uma merecida aposentadoria; e aqueles que desejam deixar o mundo corporativo e, com o dinheiro que têm a receber, montar negócio próprio.

Quanto ao terceiro ponto é forçoso reconhecer que a jornada de trabalho dos altos executivos encontra-se entre as mais extenuantes e seus períodos de descanso entre os mais sofridos. Eles não têm controle algum de jornada, são verdadeiros escravos de seus *smartphones*, os grilhões dos novos tempos. Acessam seus *e-mails* e mensagens o tempo todo e a todo tempo, inclusive em seus períodos de descanso. Mesmo quando distantes da empresa, para desfrutar férias, por exemplo, precisam manter contato constante com seu substituto para que nada de inesperado venha a ocorrer. Precisam estar prestes a interromper ou cancelar seu descanso, caso percebam que o seu afastamento naquele momento poderá interferir nos resultados da empresa. Se não o fizerem, correrão o risco de ser responsabilizados por haver escolhido gozar suas férias em momento inadequado.

Nos poucos casos em que decide enfrentar o risco de não obter sua recolocação no mercado de trabalho e ingressar com ação no judiciário, o executivo depara-se com uma forma diferente de preconceito, recebendo de diversos juízes tratamento diferente daquele que seria dado a um trabalhador que enfrentasse problema absolutamente idêntico, mas percebesse salário bastante inferior. Parece que a lei que se lhes é aplicável é diferente da lei aplicável a outros trabalhadores.

As justificativas para esta disparidade de tratamento são as mais diversas. Muitos juízes a fundamentam na equivocada conclusão de que, em razão de sua posição social e seu elevado salário, o executivo não pode ou não deve ser considerado hipossuficiente. Esquecem-se, porém, que a hipossuficiência em questão

---

[12] Segundo o sítio Brasil Profissões, "O headhunter é o profissional que presta consultoria a empresas caçando talentos, ou seja, procurando profissionais específicos para cargos altos ou gestores de empresas. O headhunter analisa as características de cada empresa, identifica as necessidades concretas e o perfil do executivo necessário, planeja o quadro de funcionários e sai em busca de talentos que preencham as expectativas dos contratantes". Disponível em: <http://www.brasilprofissoes.com.br/profissoes/headhunter>.

é um conceito jurídico e não meramente econômico. Ela é fruto da subordinação que nada mais é do que a sujeição espontânea, ainda que muitas vezes justificadas por uma preemente necessidade econômica do empregado ao poder diretivo do empregador. Ao ingressar em uma relação de emprego o trabalhador renuncia espontaneamente a uma parcela significativa de sua liberdade em prol de uma contraprestação pecuniária. Ele passa a não ter mais liberdade para acordar a hora que quiser, porque passará a ter horário a cumprir. Passa a não ter mais a liberdade de fazer o que quiser e o que entende adequado para cada situação porque terá que cumprir ordens. É a essa renúncia a uma parcela considerável de liberdade que chamamos de subordinação. Ainda que se possa ponderar que o estado de sujeição do empregado ao poder diretivo do empregador varie conforme a sua posição hierárquica dentro da empresa, não há como afastar a inevitável constatação de que a subordinação existe e é própria de todo vínculo empregatício, seja o trabalhador de baixo ou de alto escalão.

Outra justificativa usualmente apresentada para a diferença de tratamento outorgada aos altos executivos decorre do fato de as condenações impostas ao empregador nas ações ajuizadas pelos altos executivos serem sempre elevadas por terem como base de cálculo seus altos salários. Receia-se que a empresa acabe dire-cionando todo o remanescente de seu patrimônio para pagar este único débito, faltando-lhe recursos para a quitação dos débitos dos trabalhadores que auferiam menores salários. Essa preocupação é legítima e a circunstância não pode ser desprezada. Deve ser ponderada, por exemplo, com o próprio executivo no momento da tentativa de solução consensual. Um forte argumento é o de que o elevado valor tornará a condenação muito arriscada para a empresa, o que a levará a recorrer até a última instância em busca de reforma. Essa preocupação não pode, porém, justificar que a lei seja desconsiderada porque o alto salário do executivo pode acabar deixando a empresa sem recursos para pagar os demais trabalhadores. Imaginar que o direito de um diretor ao cumprimento do pactuado é menor do que o direito do auxiliar de serviços gerais de ver os termos de seu contrato de trabalho cumpridos implica flagrante violação ao princípio da isonomia, sendo, por esta razão, inadmissível.

Em verdade, além de violar o princípio da isonomia, deixar de assegurar ao executivo a mesma proteção conferida aos trabalhadores dos escalões inferiores implica inadmissível retorno à filosofia da patrimonialização das relações de trabalho. Implica a inaceitável conclusão de que a saúde, o sossego e a dignidade desses trabalhadores estão à venda.

2. Os altos executivos e o acesso à Justiça do Trabalho

A despeito de tudo o que fora ponderado no item anterior, a frequência com que os empregados do mais alto escalão têm ingressado na Justiça do Trabalho vem aumentando. Ricardo de Freitas Guimarães chega a afirmar que o embate empresa *versus* executivo deixou de ser incomum na Justiça do Trabalho, podendo, inclusive, já ser considerado algo corriqueiro[13].

Em sua análise, entre os possíveis motivos que levam um alto Executivo a buscar socorro no Poder Judiciário, podem-se destacar: alteração na proteção legislativa, mudança da forma de trabalho, o despreparo das empresas e do seu departamento de recursos humanos no trato com os executivos e as exigências maiores dos empregados que ocupam outro ponto da pirâmide da estrutura empresarial[14].

Guimarães destaca ainda que o tratamento outrora endereçado para os funcionários antes denominados "de chão de fábrica", com enorme cobrança, jornadas de trabalho exageradas, exigência de resultados, se transferiu também ao topo da pirâmide: empregado com maior nível acadêmico e hierárquico e seu empregador[15]. Essa mudança teria provocado um enorme crescimento no número de ações trabalhistas entre executivos empregados ou prestadores de serviços contra o empregador. Esses profissionais de gestão, em razão do aquecimento do mercado, teriam perdido o medo de propor ações, sobretudo pelo tratamento rigoroso que essa mesma Justiça do Trabalho tem dado às listas negras — nome dado às listas criadas por certas empresas de ex-empregados que processam seus ex-empregadores[16].

Significativa parte dessas ações envolvem discussões acerca do fenômeno chamado "pejotização", situação em que reais empregados são contratados por meio de empresa constituída pelo empregado para a prestação de serviços. Nesses contratos, não obstante exista uma única vantagem para o prestador de serviços, qual seja, recolhimento menor do Imposto de Renda, aumentando a liquidez do valor mensal recebido, tais executivos não têm direito a nenhum direito previsto na CLT como: FGTS, proteção de algumas garantias financeiras em razão de dispensa, aplicação nas normas coletivas, 13º salários, férias etc.[17]

Outro fator que, segundo aludido autor, contribui para o aumento no número de ações com este fundamento é a falta de habilidade das empresas na hora da dispensa desses executivos. Isso porque, muitas vezes, infelizmente, são retirados de um patamar de senhores, com muitas pessoas subordinadas, para simplesmente serem tratados como números. Eles acabam sendo dispensados, muitas vezes, com doenças como pânico, depressão e outras, originárias em algumas situações, da própria pressão sofrida na empresa[18].

---

(13) GUIMARÃES, Ricardo Pereira de Freitas. *Executivos vão à justiça do trabalho*. Disponível em: <http://www.freitasguimaraes.com.br/media/index.php?fn_mode=fullnews&fn_id=31> Acesso em: 9.10.2011.
(14) *Idem.*
(15) *Idem.*
(16) *Idem.*
(17) *Idem.*
(18) *Idem.*

2.1. Evolução na interpretação legislativa

Demonstrando evolução na interpretação legislativa em direção a uma maior proteção dos trabalhadores dos postos mais elevados, a 3ª Turma do Tribunal Superior do Trabalho, em acórdão relatado pelo Ministro Horácio Senna Pires[19], conheceu do recurso interposto por um executivo surpreendido com sua demissão durante viagem à sede da empresa na Alemanha para discutir assuntos relacionados ao gerenciamento da filial no Brasil, e lhe deu provimento para restabelecer a condenação em R$ 60.000,00 (sessenta mil reais) fixada em primeira instância. A cessão do contrato de trabalho, ainda durante a viagem, causou-lhe inúmeros transtornos. O trabalhador precisou devolver o celular funcional e o cartão de crédito corporativo, o que dificultou seu contato com a família e até mesmo o seu retorno para o Brasil.

Além de ressaltar que, por se tratar de viagem a serviço, "seu retorno deveria ocorrer com as garantias de segurança representadas pelo direito de comunicação e, ainda, de satisfação de despesas da viagem — estadia, alimentação e deslocamentos terrestres, além da passagem de retorno", a 3ª Turma do Tribunal Superior do Trabalho ateve-se, para restabelecer a condenação da empresa no pagamento de indenização por dano moral, no fato de o presidente da reclamada, ao chegar ao Brasil no mesmo dia da demissão, haver promovido na filial brasileira uma busca de documentos ou indícios que o incriminassem[20].

O Ministro relator deste caso enfatizou que não se estava diante de reexame de fatos e provas, mas de reenquadramento dos fatos analisados pelo Tribunal

---

(19) RECURSO DE REVISTA. INDENIZAÇÃO POR DANO MORAL. IMAGEM E HONRA. NOVA CLASSIFICAÇÃO JURÍDICA DOS FATOS MINISTRADOS PELO JULGADO *A QUO*, SEM OFENSA À DIRETRIZ DA SÚMULA-TST N. 126. A análise dos fatos relatados na decisão regional enseja entendimento diverso do endossado por aquela Corte, no que diz respeito à configuração do dano moral sofrido pelo reclamante, uma vez que ficou demonstrado o seu deslocamento ao exterior quando foi surpreendido pela rescisão contratual, confisco instantâneo de telefone celular funcional e cartão de crédito corporativo, o que dificultou seu retorno ao Brasil. Concomitantemente procedeu-se a — varredura — em seu computador de trabalho — interrogatório — dos demais empregados e abertura de sua correspondência diante dos colegas, bem como a exibição nos autos de sua correspondência eletrônica. A tudo acresce que, apesar dessa — operação policialesca —, o reclamante foi despedido sem justa causa, como incontroverso nos autos. Recurso de revista parcialmente conhecido e provido (TST, 3ª Turma. RR 1328-42.2010.5.09.0000, Relator Ministro Horácio Raymundo de Senna Pires. Decisão publicada em 23.9.2011).

(20) Consignou o Ministro Horácio Senna Pires em seu voto: "É equivocado afirmar-se que não houve excesso do exercício do direito de propriedade tomando-se por base apenas a — varredura — em computador e a troca de fechaduras. Deve ser considerada a abertura de correspondências endereçadas ao reclamante — efetuadas na presença da testemunha e de outros empregados — e das mensagens eletrônicas, sendo irrelevante o fato de o autor não haver denunciado violação de correspondência pessoal — até porque a ré providenciou para que ele não estivesse presente. Contudo, a lesão a sua imagem se concretizara exatamente porque ele fora exposto mediante o procedimento de — varredura — e – interrogatório — e, até mesmo de — investigação — de relações extralaborais entre os próprios empregados. Ademais, o Tribunal Regional, ao considerar a atitude da ré como exercício do direito de propriedade, olvidou-se de considerar a presunção de boa-fé de que gozava o autor, a teor do art. 187 do NCCB, já que não houve registro de efetiva atitude anterior que o desabonasse a ponto de justificar dita operação".

a quo[21]. O fato de o Tribunal Superior do Trabalho haver superado hermeneuticamente a vedação do reexame de fatos e provas para restabelecer a condenação em questão demonstra a nova inclinação da jurisprudência trabalhista que cada vez mais demonstra preocupação com as violações contratuais e dos danos provocados aos altos executivos.

Em outra decisão paradigmática, o ministro Vieira de Mello Filho, relator do processo na Primeira Turma do TST, manteve decisão do TRT da 1ª Região que condenou uma empresa a pagar a um ex-executivo que prestou serviço de forma "transitória" fora do país o valor correspondente ao recolhimento do seu FGTS (Fundo de Garantia do Tempo de Serviço), e as diferenças na indenização de 40%, que passou a apresentar como base de cálculo o salário recebido no exterior[22].

---

(21) Consignou o voto vitorioso: "Assim, a análise dos fatos relatados na decisão regional enseja entendimento diverso do endossado por aquela Corte, no que diz respeito à configuração do dano moral sofrido pelo reclamante, pois certo que ficou demonstrado o seu deslocamento ao exterior para a sua despedida, o confisco instantâneo de telefone celular funcional e do cartão de crédito corporativo a dificultar-lhe o retorno ao Brasil. Concomitantemente deu-se — varredura — em seu computador de trabalho — interrogatório — dos demais empregados e abertura de sua correspondência diante dos colegas, bem como a exibição nos autos de sua correspondência eletrônica. Cumpre destacar que as suspeitas patronais, quaisquer que sejam, não justificam expor o empregado a situação constrangedora. Esta prática foi abusiva e excedeu o poder diretivo do empregador, tanto mais que, como restou incontroverso, o reclamante foi despedido sem justa causa. Deixo claro, por fim, que aqui não se fez revisão de prova. Tão somente se procedeu a reenquadramento jurídico dos fatos ministrados pelo julgado *a quo*, sem qualquer ofensa à diretriz da Súmula-TST n. 126. Desse modo, a pecha instalada sobre a imagem e a honra do reclamante configura, pois, a violação do art. 5º, X, da Carta Magna, razão pela qual conheço do recurso de revista, no tópico.
(22) RECURSO DE REVISTA — CONFLITO DE LEIS NO ESPAÇO — CONTRATO INTERNACIONAL DE TRABALHO. A discussão sobre o mecanismo de solução do conflito de leis no espaço ganha relevo no ponto de desenvolvimento do capitalismo brasileiro, em que as empresas nacionais ou transnacionais, cada vez mais, expandem seus negócios além das fronteiras, fazendo com que empregados brasileiros tenham seus contratos de trabalho executados, parcial ou totalmente, em outros países. Essa tendência crescente leva à reflexão se os modelos tradicionais de solução atendem a essa realidade complexa e em contínua mutação. Tradicionalmente, os modelos clássicos de solução de conflito de leis no espaço têm seguido dois enfoques: i) norma do art. 9º da Lei de Introdução ao Código Civil, pela qual as obrigações são qualificadas e regidas pela lei do país em que se constitui o contrato; (ii) norma do art. 198 do Código de Bustamante e consagrado na Súmula n. 207 do TST, que adota o princípio da territorialidade e estabelece a *lex loci executionis*, na qual se pressupõe que o contrato de trabalho seja pactuado para a prestação dos serviços em país diverso do país onde efetuada a contratação, adotando-se as regras integrais daquele em detrimento das deste. Mais recentemente, por construção jurisprudencial, tem sido, ainda, aplicada a norma do art. 3º da Lei n. 7.064/1982, inicialmente prevista para os trabalhadores do ramo de engenharia civil, que relativiza a regra do art. 198 do Código de Bustamante, determinando a observação da lei brasileira, quando mais favorável do que a legislação territorial no conjunto de normas em relação à matéria. Aponta-se, ainda, como novo mecanismo de solução de conflitos o método unilateral, segundo o qual não se busca de maneira objetiva a lei aplicável, mas sim a norma aplicável que melhor solucione o litígio a partir de fatores relevantes, consagrado no direito americano no — *Restatement Second of Conflict of Law* —, também concebido como princípio da proximidade ou da relação mais significativa. Verifica-se que a situação do autor, contratado no Brasil, tendo aqui prestado serviços e, posterior e sucessivamente, sido transferido a dois outros países, mas com manutenção do contrato de trabalho no Brasil, inclusive com depósitos na conta vinculado do FGTS, o que indiscutivelmente concede a expectativa de retorno, confirmada pela conclusão do contrato de trabalho em território brasileiro, aponta uma dessas situações em que, pela unicidade contratual, não há elemento de conexão capaz

O trabalhador ingressou na empresa em janeiro de 1973, rescindiu o seu contrato de emprego para realização de mestrado na Inglaterra e, ao retornar ao Brasil, teve o seu liame empregatício restabelecido em janeiro de 1978. Desde então passou por sucessivas transferências provisórias. Em junho de 1980 foi transferido para a Inglaterra, de onde voltou em 1983. Em 1991 foi transferido para o Chile, onde permaneceu até 1995, ano em que retornou à Inglaterra e lá permaneceu até julho de 2003 e novamente retornou ao Brasil, quando terminou o contrato com a Shell.

O ministro Vieira de Mello Filho manteve a decisão do Regional, em que se adotou a regra do art. 3º da Lei n. 7.064/1982, que estatui que a empresa assegurará a aplicação da legislação brasileira de proteção ao trabalho "quando mais favorável do que a legislação territorial", garantindo ao trabalhador direito aos depósitos do FGTS, calculados sobre seus últimos salários, que foram no exterior, e não sobre a última remuneração no Brasil, como fez a empresa no caso. O ministro relator considerou que essa decisão não contrariou a Súmula n. 207 do TST porque o trabalhador foi "contratado no Brasil, tendo aqui prestado serviços e (...) sido transferido a dois outros países, mas com manutenção do contrato de trabalho no Brasil (...) aponta uma dessas situações em que, pela unicidade contratual, não há elemento de conexão capaz de abranger a complexidade da contingência". Esta circunstância afastaria os enfoques clássicos de solução.

2.2. Foro de eleição e juízo arbitral

O fato de o ingresso na Justiça do Trabalhor implicar, para o empregado dos escalões mais elevados, risco de alijamento do mercado de trabalho faz com que o recurso a solução arbitral se torne uma interessante alternativa. Sendo o juízo arbitral escolhido pelas partes, de forma consensual, é natural que o recurso a ela cause impacto menos negativo do que o ajuizamento de uma ação judicial. É forçoso reconhecer, entretanto, que o Judiciário brasileiro ainda é reticente quanto a aceitação da solução arbitral nos conflitos individuais de trabalho. Muitos órgãos do Judiciário Trabalhista ainda consideram que os direitos individuais trabalhistas são indisponíveis e, portanto, insuscetíveis de solução pela via arbitral.

A Quinta Turma do Tribunal Superior do Trabalho considerou inválida cláusula de arbitragem firmada entre empregado estrangeiro e a Optiglobe do Brasil Ltda. Estipulando o foro do estado norte-americano de Maryland para solução de eventual conflito trabalhista por entender que o acordo assinado entre as partes não poderia excluir a competência do Judiciário brasileiro de apreciar qualquer reivindicação

---

de abranger a complexidade da contingência, fugindo aos enfoques clássicos de solução. Nessa medida, a decisão da Corte Regional em que se adotou a regra do art. 3º da Lei n. 7.064/1982 não contraria a Súmula n. 207 do TST. Recurso de revista não conhecido (TST, 1ª Turma. RR n. 186000-18.2004.5.01.0034, Relator Min. Luiz Philippe Vieira de Mello Filho, Publicado em 15.10.2010).

existente em relação à quitação contratual, como ocorreu no caso[23]. Entendeu-se na ocasião que a eleição de foro no estrangeiro para solução de controvérsias, com a participação de árbitro não vinculado à legislação trabalhista brasileira, desrespeita os princípios de ordem pública, contrariando, inclusive, a própria Lei n. 9.307/1996, que veda a arbitragem em caso de ofensa à ordem pública.

Segundo a redatora designada do voto, a legislação nacional estabelece que a autoridade brasileira é competente quando a obrigação for cumprida no País. No caso, o empregado, de nacionalidade britânica, foi contratado para trabalhar no Brasil na função de presidente da empresa.

Este caso mostra-se assaz interessante em razão da reviravolta verificada no final do processo. Após a sentença de primeiro grau e o acórdão do Tribunal do Trabalho da 2ª Região (SP) extinguirem a reclamação trabalhista do ex-executivo, sem análise do mérito da ação com fundamento na cláusula do acordo de rescisão contratual pactuado que estipulava juízo arbitral no exterior, o relator inicial e presidente do colegiado, ministro João Batista Brito Pereira, redigiu voto não conhecendo do recurso de revista do empregado. Entendeu na ocasião inexistir ofensa aos dispositivos legais e constitucionais apontados pelo trabalhador e considerou que o exemplo de julgado apresentado não tratava especificamente do tema em debate para permitir o confronto de teses no TST.

A ministra Kátia Arruda, contudo, divergiu sustentando que o recurso poderia ser conhecido por violação da lei de arbitragem e por contrariedade à Súmula n. 207 do TST, que trata da aplicação das leis brasileiras nas relações jurídicas trabalhistas, tese também acolhida pelo ministro Emmanoel Pereira. O voto vitorioso consignou expressamente que mesmo que não estivesse em discussão a hipossuficiência do reclamante, a jurisprudência do TST entende que o juízo arbitral não se aplica ao direito individual do trabalho, justamente por causa da desigualdade entre as partes no Direito do Trabalho.

---

(23) RECURSO DE REVISTA. CLÁUSULA DE ARBITRAGEM. INVALIDADE. Discute-se nos autos a validade de cláusula de arbitragem inserida em "acordo de rescisão e quitação geral" do contrato do reclamante, segundo a qual eventual conflito decorrente do acordo deveria ser "em todos os aspectos interpretado, executado e regido segundo as leis do Estado de Maryland" (EUA). Ocorre que a própria Lei n. 9.307/1996 veda a estipulação de arbitragem quando haja violação à ordem pública (art. 2º, § 1º), sendo isso o que se verifica na hipótese dos autos, em que embora a prestação de serviços tenha ocorrido no Brasil, houve eleição de foro para decidir acerca de matéria de índole trabalhista em outro país, sem observância da legislação trabalhista brasileira. Com efeito, a cláusula foi elaborada sem a observância do disposto no art. 651 da CLT, que delimita a competência para o exame da lide trabalhista pelo local da prestação dos serviços, bem como da Súmula n. 207 do TST, na qual foi consagrado o entendimento de que "a relação jurídica trabalhista é regida pelas leis vigentes no país da prestação de serviço e não por aquelas do local da contratação". No caso concreto, não se está a discutir a hipossuficiência do reclamante, alto executivo internacional, e sim a aplicação da legislação brasileira e sua efetividade, sendo certo que o art. 17 da Lei de Introdução do Código Civil dispõe que não terão eficácia no Brasil quaisquer declarações de vontade que ofenderem a soberania nacional, a ordem pública e os bons costumes. Recurso de revista de que se conhece e a que se dá provimento (RR n. 282000-61.2001.5.02.0033, Redatora Ministra: Kátia Magalhães Arruda, Data de Julgamento: 30.9.2009, 5ª Turma, Data de Publicação: 5.3.2010).

2.3. Justiça gratuita

O art. 790, § 3º, faculta aos juízes, órgãos julgadores e presidentes dos tribunais do trabalho de qualquer instância conceder, a requerimento ou de ofício, o benefício da justiça gratuita, inclusive quanto a traslados e instrumentos, àqueles que perceberem salário igual ou inferior ao dobro do mínimo legal, ou declararem, sob as penas da lei, que não estão em condições de pagar as custas do processo sem prejuízo do sustento próprio ou de sua família. O texto legal não poderia ser mais claro. Há duas formas de se obter, em juízo, o benefício da Justiça Gratuita. A primeira é demonstrando que recebe menos do que o dobro do mínimo legal. A segunda é declarando, sob as penas da lei, que não está em condições de pagar as custas do processo sem prejuízo do sustento próprio ou de sua família.

Para que a segunda hipótese se configura pouco importa o salário real do trabalhador. Havendo a declaração sob as penas da lei, preenchido estará o requisito. Trata-se de presunção que não comporta prova em contrário[24]. E a declaração em questão não é de pobreza, mas sim de que não pode litigar sem prejuízo do sustento próprio ou de sua família. E o alto executivo também pode se enquadrar nessa situação. Com efeito, a correspondência monetária de seus pedidos, dado o expressivo valor de seus pedidos, impossibilita, em muitos casos, o seu acesso ao segundo grau de jurisdição.

Imagine a seguinte hipótese. Determinado empregado que percebe elevado salário durante a constância do vínculo empregatício decide ingressar em juízo para cobrar gratificação com base nele fixada. O valor da gratificação, fixada em meses de remuneração, atinge o expressivo montante de R$ R$ 1.431.280,00 (um milhão quatrocentos e trinta e um mil duzentos e oitenta reais). Caso a ação seja julgada improcedente em primeiro grau de jurisdição, o autor terá que desembolsar a elevada quantia de R$ 28.625,60 (vinte e oito mil seiscentos e vinte e cinco reais

---

(24) Há, contudo, entendimento contrário. Uma Juíza substituta em passagem pela 55ª Vara do Trabalho de São Paulo, indeferiu, nos autos do Processo n. 0274800-19.2010.5.02.0055, o pedido de justiça gratuita de uma médica aduzindo que: "A declaração firmada pelo obreiro ou por seu advogado, goza de presunção "juris tantum" de validade e é suficiente para a concessão das benesses da gratuidade da justiça. Contudo, tal presunção admite prova em contrário". Considerando que em depoimento pessoal a autora, uma médica, afirmou trabalhar em determinado hospital e ser sócia de um laboratório farmacêutico, a magistrada entendeu que a autora não preenche os requisitos do § 3º do art. 790 da CLT, alterado por força da Lei n. 10.537, de 27.8.2002, e indeferiu o pedido de concessão da justiça gratuita. Não há, contudo, como se concordar com essa decisão. A uma porque não é verdade que a declaração não faz prova *juris tantum*. A declaração é, em verdade, o único requisito para a concessão do benefício da Justiça Gratuita. Juntada ele, deverá ele ser concedido. A duas porque o fato de em depoimento pessoal uma médica afirmar trabalhar atualmente em um hospital, sem que haja nos autos a indicação o valor de seu salário, e ser sócia de uma empresa, não conduz à conclusão de que não esteja impossibilitada de litigar sem prejuízo de seu sustento próprio ou de sua família. Há trabalho em hospital que não é bem remunerado e empresas que não apresentam *superavit*, mas déficit. A falsidade da declaração de pobreza ou de impossibilidade de litigar sem prejuízo do sustento próprio ou da família deve ser investigada para fins de investigação criminal, não para fins de isenção de custas processuais.

e sessenta centavos) no prazo de oito dias para poder ter acesso ao segundo grau de jurisdição. Por melhor que fosse sua remuneração enquanto empregado, ou mesmo por melhor que seja sua remuneração no atual emprego, não são muitos os que podem dispor de tão elevada quantia, em um prazo tão curto, apenas para obter acesso ao duplo grau de jurisdição.

A não concessão do benefício da Justiça Gratuita ao alto executivo, mediante declaração, sob as penas da lei, de que não pode litigar sem prejuízo do sustento próprio ou de sua família, o levará, em muitos casos, a destistir de reivindicar o seu direito. Não se lhe sendo outorgado o benefício em questão, ele passará a praticamente dispor de apenas uma possibilidade de apreciação de seu pedido, pois se não lograr êxito não terá o recurso necessário para acceder ao Tribunal.

3. REMUNERAÇÃO

O Professor Octavio Bueno Magano denominou verba de representação "a indenização de despesas efetuadas com a promoção dos interesses comerciais do empregador, através de aparato no exercício do cargo". Aludido aparato poderia, em sua opinião, tomar inúmeras feições, como moradia luxuosa, disponibilidade de veículos, manutenção de motorista, vinculação a clubes sociais, oferecimento de almoços e jantares, etc. Após observar que a verba em tela é geralmente atribuída a empregados ocupantes de cargos elevados, o eminente professor destaca que sua finalidade é a de cobrir despesas efetuadas no interesse do empregador, o que justificaria a sua tipificação como parcela de natureza indenizatória e não salarial[25].

Este entendimento acaba impedindo que o valor das utilidades concedidas aos altos executivos seja considerado salário *in natura*, na forma do art. 458 da Consolidação das Leis do Trabalho. Esta solução, que tem nítida preocupação de evitar que o efeito circular e expansivo dos salários acabe agigantando demasiadamente o valor da condenação a ser paga ao executivo, não encontra amparo legal. Como salientado na breve nota introdutória, os únicos dispositivos da legislação brasileira que não são aplicáveis aos alto executivos são aqueles atinentes à jornada de trabalho.

A SDI-1 do Tribunal Superior do Trabalho reconheceu a um alto executivo da Companhia Vale do Rio Doce o direito à incorporação ao salário de uma parcela paga a título de verba de representação[26]. O caso é bastante peculiar e requer

---

(25) *Op. cit.*, p. 202. Carlos Henrique Zangrando, por sua vez, opta por utilizar um estrangeirismo para designar a parcela chamada pelo professor Magano de verba de representação. Em sua obra ele assevera que "Como *fringe benefits* se encontram os benefícios extralegais concedidos aos altos empregados, como uso de automóvel, pagamento de alugueres e/ou contas, viagens, cursos, etc." (ZANGRANDO, Carlos Henrique da Silva. *Curso de direito do trabalho*. São Paulo: LTr, t. II, p. 682).
(26) EMBARGOS SUJEITOS À LEI N. 11.496/2007 — PRELIMINAR — ARGUIÇÃO DE INCONSTITUCIONALIDADE DA LEI N. 11.496/2007. A nova redação do art. 894, II, da CLT, dada pela Lei n. 11.496/2007, não padece de inconstitucionalidade, porquanto não impede o acesso à adequada

diversos esclarecimentos para sua adequada compreensão. Antes da privatização da empresa em questão, em maio de 1997, o superintendente de Recursos Humanos, com ato ratificado pelo presidente demissionário, alterou a natureza da parcela, de indenizatória para salarial, mudando-lhe o nome de verba de representação para gratificação de confiança. Meses depois, em agosto, a alteração contratual foi cancelada pela própria empresa, alegando nulidade do ato anterior, pois somente o Conselho de Administração poderia deliberar sobre remuneração de pessoal. Segundo a empresa a modificação da denominação e da natureza da parcela teria sido feita com vistas a beneficiar os altos executivos da empresa, que tentaram aproveitar o momento anterior à sua privatização para garantir a si mesmos algumas vantagens. Inconformado com a revogação do ato que integrava a parcela ao seu salário, o executivo, então, questionou na Justiça do Trabalho a supressão do benefício, requerendo as diferenças decorrentes da integração da verba de representação ao seu salário. Enquanto o Tribunal Regional do Trabalho da 1ª Região (RJ) entendeu que o trabalhador tinha direito às diferenças, a Sétima Turma do TST, ao julgar recurso de revista da empresa, julgou improcedente o pedido. O argumento então veiculado pela Sétima Turma do c. TST foi que a verba de representação, na antiga estatal, era paga com caráter indenizatório, porque tinha que ser observado o teto constitucional quanto à remuneração dos executivos das empresas estatais. Registrou-se no julgado que "A forma de poder contar com bons quadros nas estatais era, até a promulgação da Emenda Constitucional n. 19/1998, o pagamento da verba de representação, sem repercussão nas demais parcelas de natureza salarial".

A Sétima Turma considerou a alteração da verba de representação efetuada pelo superintendente de RH inválida, não gerando direito adquirido, também por

---

prestação jurisdicional, apenas restringindo o cabimento de uma espécie recursal. Em harmonia com este entendimento, o Eg. TST tem aplicado a nova redação do art. 894 da CLT e já se pronunciou expressamente sobre a constitucionalidade desse diploma legal. Precedente da C. SBDI-1. NULIDADE DO ACÓRDÃO EMBARGADO POR NEGATIVA DE PRESTAÇÃO JURISDICIONAL. Os presentes Embargos sujeitam-se à nova redação do artigo 894, inciso II, da CLT, uma vez que o acórdão embargado foi publicado posteriormente ao início da vigência da Lei n. 11.496/2007. A impugnação contra eventual deficiência de fundamentação de decisão não se insere no novo âmbito de competência desta C. Subseção, que se dirige exclusivamente à uniformização da jurisprudência. INOVAÇÃO À LIDE — ALEGAÇÃO DE DESFUNDAMENTAÇÃO DO AGRAVO DE INSTRUMENTO — PRETENSÃO DE REEXAME DA ADMISSIBILIDADE DO AGRAVO DE INSTRUMENTO. O recurso não atende aos requisitos estabelecidos no art. 894, II, da CLT. CVRD — TRANSFORMAÇÃO DA VERBA DE REPRESENTAÇÃO EM GRATIFICAÇÃO DE FUNÇÃO — ALTERAÇÃO DA NATUREZA JURÍDICA DA PARCELA PREJUDICIAL AO EMPREGADO — ILICITUDE — SÚMULA N. 51, I, DO TST. A revogação do ato que alterou a verba representação, conferindo natureza salarial à parcela e alterando sua denominação, foi motivada na suposta incompetência do Superintendente de RH para praticar o ato. Essa circunstância, contudo, diz respeito única e exclusivamente à administração da empresa, não podendo afetar negativamente o contrato de trabalho. A única a suportar os riscos das decisões administrativas de seus empregados é a própria empresa. Ressalte-se ainda que, uma vez praticada a alteração contratual benéfica, sua supressão somente pode atingir os empregados contratados posteriormente à revogação, nos termos do item I da Súmula n. 51 do TST. Embargos parcialmente conhecidos e providos (TST, 7ª Turma, TST-E-ED-RR n. 179640-71.1999.5.01.0057, Relatora Maria Cristina Irigoyen Peduzzi, acórdão publicado em 3.9.2010).

não se haver consumado como ato jurídico perfeito. Entendeu que para tanto a decisão precisaria ter sido efetivada pelo Conselho Deliberativo da companhia, único órgão que detinha a competência para proceder à alteração. Segundo a Turma, "a alteração posterior, efetuada logo que constatada a irregularidade, apenas recolocou a relação contratual trabalhista em seus trilhos originais, não alterados a favor dos empregados na forma regular e pelo agente competente para fazê-lo".

Interposto recurso de embargos pelo reclamante, a discussão chegou até a SDI-1. Para a relatora dos embargos, ministra Maria Cristina Irigoyen Peduzzi, a revogação do ato com a primeira alteração contratual foi motivada pela suposta incompetência do superintendente de RH para a prática do ato. No entanto, explicou a relatora, "essa circunstância diz respeito única e exclusivamente à administração da empresa, não podendo afetar negativamente o contrato de trabalho". A ministra Peduzzi ressaltou ainda, citando os arts. 2º e 10 da CLT, que o empregador assume todos os riscos próprios da atividade econômica e que o Direito do Trabalho não admite que o empregado suporte nenhuma consequência negativa das alterações na estrutura administrativa da empresa. E consignou que "os reflexos das decisões administrativas da empresa devem ser suportados única e exclusivamente pelo empregador".

Determinou, por fim, a reforma do acórdão da Sétima Turma, restabelecendo, quanto ao tema, o acórdão regional, em que foi determinado o pagamento das diferenças salariais, considerando a incorporação da parcela verba de representação ao salário do trabalhador. Foi acompanhada pela maioria dos integrantes da SDI-1, tendo o ministro Milton de Moura França, que ressaltou o aspecto de fraude do ato que mudou a natureza indenizatória para remuneratória da parcela, restado vencido.

Como se pode perceber, referido acórdão não refutou a natureza indenizatória da verba de representação. Muito pelo contrário, reafirmou-a em diversas passagens. Todavia, ao ressaltar a invalidade das alterações contratuais lesivas perpetradas[27]

---

(27) Consignou a ilustre ministra relatora: "O Direito do Trabalho não é infenso às normas gerais aplicáveis aos atos jurídicos, que exigem agente capaz, objeto lícito e forma prescrita ou não defesa em lei (CC, art. 104). Assim, a alteração contratual em relação trabalhista constitui modalidade de ato jurídico que, além das regras gerais, dispõe de regramento específico: bilateralidade e não prejudicialidade ao trabalhador (CLT, art. 468). No presente feito, dois atos jurídicos estão em discussão: a transformação da verba de representação em gratificação de função (maio/1997) e a sua posterior reversão à situação original (agosto/1997). Os dois atos constituíram alteração contratual, razão pela qual a ambos devem ser aplicadas as regras gerais e específicas do negócio jurídico de natureza trabalhista. Se o segundo ato esbarraria no óbice do art. 468 da CLT (unilateralidade e prejudicialidade), o primeiro já havia tropeçado no óbice do art. 104 do CC (agente incapaz). Com efeito, conforme reconhecido pelo próprio Regional (que, no entanto, não deu relevância jurídica ao fato), a alteração da verba de representação foi efetuada pelo Superintendente de RH e pelo Diretor Presidente demissionário da Reclamada, e não pelo Conselho Deliberativo da Companhia, que detinha a competência para proceder à alteração. Nesse sentido, a primeira alteração era inválida, não gerando direito adquirido, pois não se consumou como ato jurídico perfeito. Portanto, a alteração posterior, efetuada logo que constatada a irregularidade, apenas recolocou a relação contratual trabalhista em seus trilhos originais, não alterados a favor dos empregados na forma regular e pelo agente competente para fazê-lo. A tese regional, no entanto, foi a de que, em realidade,

e que as consequências de eventual irregularidade formal no ato de alteração do regulamento da empresa deveriam ser suportadas por ela com exclusividade vez que os riscos da atividade econômica não podem ser transferidos para o empregador[28], a SDI-1 do TST findou por demonstrar grande sensibilidade com a situação do alto executivo. Solução similar foi adotada em hipótese análoga pela 4ª Turma do mesmo Tribunal Superior do Trabalho[29].

---

não houve alteração substancial, já que tanto uma verba quanto a outra tinham a mesma natureza salarial. Ora, se, como aduziu o Regional, tanto a verba de representação quanto a gratificação de função tinham a mesma natureza salarial, qual a razão de a Superintendência de RH da CVRD ter promovido a alteração nominal das verbas? Se efetivamente fossem a mesma coisa, não haveria justificativa para a mudança. Sabe-se que a verba de representação, no âmbito da antiga estatal, era paga com nítido caráter indenizatório, em face do teto constitucional a ser observado quanto à remuneração dos executivos das empresas estatais (CF, art. 37, XI). Assim, a forma de poder contar com bons quadros nas estatais era, até a promulgação da EC n. 19/1998, o pagamento da verba de representação, sem repercussão nas demais parcelas de natureza salarial. A alteração contratual efetuada justamente às vésperas da privatização da Companhia, transformando a verba de representação em gratificação de função, somente é compreensível pelo intuito de mudar-lhe a natureza, de indenizatória para salarial, com o fim de repercutir em todas as demais parcelas remuneratórias. Portanto, inválida a primeira alteração, não há que se pretender manter incólume apenas a segunda".

(28) Consoante consta do voto vitorioso: "A revogação do ato que alterou a verba representação, conferindo natureza salarial à parcela e alterando sua denominação, foi motivada na suposta incompetência do superintendente de RH para praticar o ato. Essa circunstância, contudo, diz respeito única e exclusivamente à administração da empresa, não podendo afetar negativamente o contrato de trabalho. A única a suportar os riscos das decisões administrativas de seus empregados é a própria empresa".

(29) DIFERENÇAS RESCISÓRIAS PELA INCIDÊNCIA DA VERBA DE REPRESENTAÇÃO — NULIDADE DO ATO DOS DIRETORES DA RECLAMADA QUE TRANSFORMOU A VERBA DE REPRESENTAÇÃO EM GRATIFICAÇÃO DE CONFIANÇA — NATUREZA DA PARCELA. I — Insurge-se a recorrente contra o deferimento pelo Tribunal Regional de origem do pedido de diferenças rescisórias decorrentes da incidência da verba de representação, a qual, em junho de 1997, foi transformada em gratificação de confiança, com nítida natureza salarial, pela Diretoria da reclamada nas pessoas dos Diretores Presidente e Vice-Presidente, ato que, tão logo verificado pela empresa, foi suprimido pelo Conselho de Administração da reclamada. II — Antes de se discutir a lesividade da medida tomada pelo Conselho, é imperioso analisar a licitude do ato praticado pelos Diretores Presidente e Vice-Presidente da Companhia, sendo que, somente após a verificação da regularidade dos atos, é que poderão ser examinados os seus efeitos. III — O cerne da controvérsia cinge-se em saber se a Diretoria da empresa (Presidente e Vice-Presidente) poderia, por ato singular, determinar a alteração da nomenclatura e da natureza jurídica da verba de representação. IV — Embora seja inusual em sede de recurso de revista, extrai-se da sentença que a Diretoria não detinha poderes para deliberar sobre a remuneração de pessoal, pois naquela decisão restou consignado que, conforme o art. 15, IX, do Estatuto, competia privativamente ao Conselho de Administração "... estabelecer a política geral de pessoal da sociedade e os critérios relativos à remuneração, direitos e vantagens dos empregados, fixando as respectivas despesas". Na referida sentença também consta que, segundo o art. 19 do Estatuto, cumpria à Diretoria como órgão colegiado — "... em consonância com a orientação geral estabelecida pelo Conselho de Administração: ... II — aprovar as normas de pessoal da sociedade, inclusive as relativas à fixação de quadro de remuneração, direitos e vantagens". V — Frise-se, ademais, que a Diretoria é o órgão de representação legal da companhia, a quem incumbe a execução das deliberações da Assembleia-Geral e do Conselho de Administração, não detendo aquele órgão autonomia para dispor sobre remuneração de pessoal, especialmente sobre a alteração da verba de representação para gratificação de confiança. VII — Recurso provido (TST-RR n. 1.712/1999-030-01-00.6, Rel. Min. Barros Levenhagen, 4ª Turma, DJ 3.8.2007).

Em outra relevante decisão acerca da remuneração do alto executivo e da natureza dos benefícios a ele concedido, a 4ª Turma do Tribunal Superior do Trabalho, rejeitou recurso de revista de empresa do setor de energia, reconhecendo, com base em uma mensagem de *e-mail* encaminhada pela empregadora, que um *leasing* de quase R$ 4 mil, por dois anos, era uma forma de complementar o baixo salário de um diretor da empresa, e reconheceu a natureza salarial da aludida parcela.

A empresa passou um *leasing* mensal de um automóvel Blazer, no valor de R$ 3.967,36 para o executivo, admitido em junho de 1999 como controlador e responsável pela supervisão contábil, administrativa e financeira da Itiquira. Em abril de 2004, a empresa, visando majorar o salarial do reclamante sem aumento excessivo dos encargos sociais, pactuou com o reclamante que ao fim do pagamento das parcelas, previsto para março de 2006, o empregado poderia adquirir o veículo pelo valor simbólico de 1%, correspondente ao saldo residual do *leasing*. A opção em questão acabou não se concretizando porque o diretor foi dispensado sem justa causa em janeiro de 2006, quando recebia salário de R$ 15 mil, e não pôde ficar com o carro, pois o pagamento das parcelas ainda não havia terminado.

Nos autos da reclamação em que pleiteara, entre outros itens, o pagamento de diferenças de verbas rescisórias considerando a integração do *leasing* e o combustível do veículo, pagos pela empresa, ao salário, a 20ª Vara do Trabalho de Curitiba (PR) concedeu a diferença parcialmente, com a integração do valor na proporção em que o veículo era utilizado para atividades particulares. Empresa e trabalhador recorreram ao Tribunal Regional do Trabalho da 9ª Região (PR), que proveu o recurso deste determinando a integração do valor total porque o montante foi reconhecido pela defesa da empresa, e, também, porque, numa troca de *e-mails*, empregados da Itiquira reconheciam expressamente o caráter salarial da parcela. Na aludida mensagem, tida pelo TRT, como prova cabal de que o *leasing* fazia parte do salário restou esclarecido que o *leasing* "foi feito devido ao baixo salário dele e devido ao fato de que, como diretor da empresa, ele deveria ganhar um salário maior, e esta foi a forma que encontramos de equilibrar seus ganhos na Itiquira"[30].

---

(30) Conforme consignou o acórdão regional: "Contudo, a Douta maioria desta Colenda Quarta Turma decidiu acompanhar o posicionamento adotado pela MM. Juíza Márcia Domingues, Revisora, que assim se expressou: 'Entendo perfeitamente possível determinar-se a integração do valor total de *leasing*, de R$ 3.967,36, pois este foi o montante da prestação mensal paga pela reclamada, como reconhecido em defesa às fls. 149/153. Portanto, no caso concreto, não há que falar em razoabilidade ou valor justo, entretanto, em importância paga mensalmente. Ademais, por meio do documento de fl. 11', e — maio encaminhado por empregados da reclamada, é reconhecido expressamente o caráter salarial da parcela, prova cabal tratar-se de um plus salarial. Transcrevo: 'No caso do Lafayette, ficou acertado entre o Guy Smith, e o Lafayette que o Lafa teria um *leasing* nas mesmas condições do meu, com um contrato que terminaria em 2 anos e que ele teria a opção de compra, ao final deste período. Isto foi feito devido ao baixo salário dele e devido ao fato de que como Diretor da empresa, ele deveria ganhar um salário maior, e esta foi a forma que encontramos de equilibrarmos seus ganhos na Itiquira. Portanto, não foi um benefício e sim um complemento de salário através de *leasing*.

A empresa recorreu ao TST, mas o relator do recurso de revista, ministro Barros Levenhagen, não conheceu do recurso "por ter sido dirimida a controvérsia ao restante do universo probatório, sabidamente infenso ao reexame do TST, a teor da Súmula n. 126"[31].

---

destaquei. O salário mensal remunera todos os dias do mês, não se excluindo sábados, domingos e feriados, razão pela qual determino a integração ao salário para todos os efeitos legais, do valor total da parcela de *leasing*". No julgamento dos embargos de declaração restou consignado o seguinte: "Acolho o argumento de omissão, pois, de fato não houve referência às disposições invocadas. Ocorre que da conclusão alcançada, extrai-se que a própria Reclamada reconheceu em defesa às fls. 149/153, ter repassado a prestação mensal de leasing no valor total de R$ 3.967,36. E mais, restou fundamentado na decisão que a importância paga mensalmente e reconhecida pela Ré, afastou o princípio da razoabilidade e do valor justo. Ou seja, rejeitou-se a aplicação do disposto no § 1º do art. 458 da CLT. Da mesma forma, em relação à natureza da parcela, a decisão levou em conta prova documental, segundo a qual restou demonstrado o caráter salarial da parcela. Logo, extrai-se daqueles fundamentos que se afastou também a aplicação do disposto na Súmula n. 367, inciso I, do C. TST, porque a Ré atribuiu natureza salarial à parcela".
(31) RECURSO DE REVISTA DA RECLAMADA. I — SALÁRIO *IN NATURA* E RESPECTIVA FIXAÇÃO DO VALOR. MATÉRIA ESTRITAMENTE FÁTICA. I — Observa-se tanto do acórdão recorrido quanto do acórdão dos embargos de declaração que o Regional extraiu a natureza salarial do leasing do veículo fornecido ao recorrido do contexto fático-probatório, emblemático da versão de que ele o fora como complemento salarial, em face do valor reconhecidamente baixo do salário que lhe era pago como diretor da empresa. II — A par de se achar subjacente à decisão impugnada ter o Colegiado de origem se orientado pelo princípio da persuasão racional do art. 131 do CPC, dela se constata ter sido dirimida a controvérsia ao rés do universo probatório, sabidamente infenso ao reexame do TST, a teor da Súmula n. 126. III — Por conta dessa singularidade factual do acórdão recorrido, não se divisa a pretendida contrariedade à Súmula n. 367, I, do TST, em virtude de ela não cogitar da circunstância que ali o fora de o *leasing* do veículo fornecido ao recorrido ter visado complementar o baixo salário que lhe era pago. IV — De outro lado, já se encontra pacificado nesta Corte, por meio da Súmula n. 258 do TST, o entendimento de que os percentuais fixados em lei relativos ao salário *in natura* apenas se referem à hipótese em que o empregado percebe salário mínimo, apurando-se, no caso de ele perceber salário superior ao mínimo legal, o real valor da utilidade, pelo que não se visualiza a ofensa ao art. 458, § 1º, da CLT, por injunção do art. 896, § 5º, da CLT. V — Recurso não conhecido. FÉRIAS. ÔNUS DA PROVA. VIOLAÇÃO DOS ARTS. 818 DA CLT E 333, I, DO CPC. NÃO OCORRÊNCIA. INTELIGÊNCIA DO ART. 131 DO CPC. I — O Regional reconhecera que o contexto probatório fora conclusivo sobre a não fruição das férias, tendo consignado ainda tratar-se de inovação recursal o argumento de que o autor assinava a documentação com antecedência, além de reportar-se ao depoimento do preposto, que alertou não soubera explicar o motivo de ele ter assinado os mencionados documentos em data em que deveria estar usufruindo férias. II — Em outras palavras, a decisão do Colegiado foi exarada após exame do universo probatório, insuscetível de reapreciação no âmbito da cognição extraordinária do recurso de revista, a teor da Súmula n. 126 do TST, estando aí subentendido ter-se orientado pelo art. 131 do CPC, a partir do qual depara-se com a impertinência da invocação dos arts. 818 da CLT e 333, I, do CPC, em virtude de eles se limitarem a traçar regras alusivas ao ônus subjetivo da prova. III — Recurso não conhecido. RECURSO ADESIVO DO RECLAMANTE. I — Não conhecido o recurso de revista principal da reclamada, mesmo que o tenha sido no âmbito dos requisitos intrínsecos de admissibilidade, impõe-se o não conhecimento do recurso de revista adesivo do reclamante, a teor do art. 500, *caput* e inciso III, do CPC, e na esteira dos precedentes desta Corte. II — Recurso não conhecido (TST, 4ª Turma, TST-RR n. 7595/2006-029-09-00.0. Relator Ministro Barros Levenhagen. Decisão proferida em 11.6.2008).

CONSIDERAÇÕES FINAIS

A pesquisa que resultou no texto ora apresentado demonstra que a grande resistência do Judiciário Brasileiro em aplicar a legislação trabalhista para proteger também os altos executivos está paulatinamente acabando. Em alguns recentes julgados, o Tribunal Superior do Trabalho mostrou-se bastante sensível à peculiar situação dos trabalhadores do mais elevado escalão das corporações, reconhecendo que apesar de seus elevados salários eles também fazem *jus* à proteção legal. Nada mais acertado. Imaginar que os elevados salários pagos aos executivos justificaria o afastamento da tutela legal equivaleria a admitir a hoje inaceitável patrimonialização da dignidade do trabalhador.

Desconstruindo e Construindo Paradigmas na Relação de Trabalho

Jorge Pinheiro Castelo[(*)]

1. Da pós-modernidade empresarial

Na sociedade pós-moderna, as situações jurídicas enfrentadas pelas empresas no desenvolvimento das suas atividades tornaram-se, essencialmente, multidisciplinares: entrelaçam-se as questões que envolvem as relações trabalhistas, civis, comerciais, societárias, previdenciárias e fiscais.

A atual perspectiva da gestão jurídica empresarial exige, portanto, soluções abrangentes, que envolvam vários enfoques em regime de harmoniosa complementariedade.

Para tanto, é necessário que a empresa opere por meio de talentos multidisciplinares, tendo sempre em vista a compatibilização de todas as circunstâncias caracterizadoras da administração empresarial específica (governança, finanças, contabilidade, economia e mercado).

2. Das limitações empresariais na pós-modernidade e a proteção do seu core business em face do novo posicionamento do Estado: o enfoque coletivo

Além das limitações financeiras, tecnológicas e mercadológicas, a empresa enfrenta uma nova limitação no desenvolvimento de sua atividade, de curto prazo, decorrente do novo posicionamento do Estado e das limitações legais.

(*) Advogado (sócio da Palermo e Castelo Advogados). Especialista (pós-graduação). Mestre. Doutor e livre-docente pela Faculdade de Direito da Universidade de São Paulo. É o autor dos livros: *O Direito Processual do Trabalho na Moderna Teoria Geral do Processo; Tutela Antecipada na Teoria Geral do Processo; Tutela Antecipada no Processo do Trabalho* e *O Direito Material e Processual do Trabalho e a Pós-Moderni-dade: A CLT, o CDC e as repercussões do novo Código Civil*, todos publicados pela LTr Editora.

Limitações Legais: Desconsideração da Personalidade Jurídica de forma Coletiva, pelos diferentes agentes estatais e Responsabilidade dos Administradores: — Limitações que podem impactar e afetar de maneira importante o negócio a curto, médio e longo prazo.

Não que não existissem limitações legais.

Ocorre que o Estado se posicionou com um arsenal e instrumental no trato das questões legais, que essas se tornaram a principal limitação em face do risco e do impacto que têm no negócio, não mais a médio e longo prazo, mas a curto prazo.

Como as situações anacrônicas já vêm se desenvolvendo a médio e longo prazo, o seu impacto se dará a curto prazo, particularmente em face do reposicionamento do Estado para o enfoque coletivo.

3. DA (PÓS-MODERNA) TUTELA COLETIVA E MULTIDISCIPLINAR DO ESTADO NO TOCANTE ÀS SUPOSTAS INFRAÇÕES PRATICADAS

A atuação do Estado na defesa de seus interesses, justos ou injustos, legais ou ilegais, na pós-modernidade, foi totalmente remodelada e atualizada.

Deixou-se de lado o enfoque individual e particularizado, tanto no que diz respeito ao caso específico, quanto ao ramo que o envolve.

O "ataque" estatal passou a se dar no âmbito coletivo, na multidisciplinaridade do direito e das diferentes esferas de competência, patrocinada por diferentes organismos.

Noutras palavras, a atuação estatal, na pós-modernidade, deixou o "varejo" e passou a atuar no "mercado do atacado".

Vejamos.

A) DAS AÇÕES CIVIS PÚBLICAS

As ações civis públicas abriram esse novo panorama pós-moderno, sob várias frentes.

A.1) DO MINISTÉRIO PÚBLICO

Primeiro, por meio da forte atuação do Ministério Público, inclusive do Trabalho.

Mediante a utilização de Procedimentos Preparatórios, Inquéritos Civis e Ações Civis Públicas, o Ministério Público do Trabalho passou a questionar situações relacio-nadas à jornada de trabalho especial, posturas e tratamento com os empregados, registro profissional, meio ambiente do trabalho, etc.

Também, a atuação Ministerial direcionou-se no tocante ao mérito das contratações, questionando a terceirização de atividade-meio (e atividade-fim) e para a própria contratação de pessoas jurídicas.

Instrumentalizaram-se Ações Civis Públicas regionais, ou, mesmo no âmbito nacional, que podem resultar na implosão — sem o cálculo do dissenso do ponderável — do sistema de contratações vigentes.

A.2) Dos sindicatos

Em segundo lugar, através da ampliação da legitimação extraordinária dos Sindicatos para postular direitos coletivos, individuais homogêneos e mesmo individuais, quer através de Ações Civis Públicas (Ações Coletivas Trabalhistas), quer através de Ações de Cumprimento plúrimas.

O Supremo Tribunal Federal entendeu que o art. 8º da CF estabeleceu esse novo parâmetro e papel de atuação dos Sindicatos.

B) Da super-receita

A chamada super-receita é a última geração desse complexo sistema e múltiplo arsenal.

A unificação da atuação da previdência social, com os agentes fiscais da Receita do Brasil, parte para o "ataque" em duas direções, o que, até então, só era passível numa direção, pelo menos, por vez.

O que cria problemas, mas, impõe mudança do padrão das relações e mudança do comportamento e mesmo da cultura do mercado (das partes contratantes), visto que ambas, agora, passam a ficar "na mira" do Estado.

4. Dos contratados formatados sem a perspectiva multilateral e pós-moderna

Interessante constatar que, normalmente, as empresas apresentam um discurso pós-moderno: sociedade em rede, rede de empresas, novas relações de produção, comércio e trabalho.

No entanto, em sua grande maioria, as empresas e seus parceiros mantêm uma prática anacrônica em quase todos os aspectos da relação contratual, de relacionamento e de mercado, e, especialmente, no quesito do gerenciamento das reais práticas contratuais e mesmo societárias que estão criando de fato.

Destaque-se que as práticas contratuais e societárias muitas vezes estão sendo criadas e/ou desenvolvidas, no plano da realidade, observando novas fórmulas e formas, sem que os atores sociais compreendam os novos paradigmas e, por isso, deixam de formatar, juridicamente, essas novas relações dentro de novos modelos e paradigmas contratuais e societários, nos quais, no plano dos fatos, já se desenrolam as relações jurídicas e continuam a utilizar modelos superados.

Noutras palavras, as práticas foram remodeladas, de fato, pelas partes. Porém, o arcabouço jurídico utilizado não corresponde à instrumentalização da novidade, pois segue o velho padrão/modelo formal.

Dessa forma, o contrato formatado sob o prisma do velho paradigma não revela a pós-modernidade das práticas e expõe a empresa contratante a riscos de maneira exponencial, tornando-a vulnerável nas diversas esferas e áreas legais.

Nesse ponto, constatado o anacronismo que se verifica no comportamento empresarial, com relação às práticas de mercado e da instrumentalização dos negócios do ponto de vista jurídico, para uma melhor compreensão do fenômeno, convém tratar rapidamente da teoria geral dos contratos.

5. O SISTEMA TRADICIONAL DOS CONTRATOS

1. DOS CONTRATOS TRABALHISTAS

a) A CLT descreve e estabelece em seus arts. 2º e 3º os elementos caracterizadores da relação de emprego, da seguinte forma:

> "Art. 2º Considera-se empregador a empresa, individual ou coletiva, que, assumindo os riscos da atividade econômica, admite, assalaria e dirige a prestação pessoal de serviço."

Do referido dispositivo da CLT, extrai-se o Poder Diretivo que é a faculdade atribuída ao empregador de organizar a atividade do empregado: determinar/distribuir o serviço, fiscalizar o trabalho e poder de punição (admoestar/advertir/suspender).

b) Do mencionado preceito legal, também, se identifica a alteridade na prestação de serviços, como característica própria do contrato de trabalho.

Primeiro, a alteridade consiste na prestação de serviços por conta alheia.

Nessa situação, o empregado não ostenta individualidade própria, que é condição *sine qua non* do contrato entre empresas (pessoas jurídicas) ou com autônomo.

Não existe juridicamente a figura de uma empresa que integra a estrutura empresarial de outra pessoa jurídica que lhe comanda e dirige a prestação de serviços em benefício patronal.

Segundo, do conceito da alteridade, também, se extrai a ideia da "mais valia": é a quantidade não paga do valor produtivo, da qual é privado o trabalhador.

Assim, a empresa aufere lucro sobre a atividade e labor do empregado, "mais valia" empresarial inerente e extraída apenas de um contrato de trabalho.

Já o inverso não acontece.

O empregado não recebe sobre a prestação de serviços (atividade) da empregadora e nem mesmo dos serviços prestados por outros trabalhadores da ré, que não contavam com a participação dela, ou seja, sobre os serviços cobrados à clientela da empresa quando atendida sem a coadjuvação da atividade do empregado. Portanto, o trabalhador somente recebe pelo seu próprio labor.

Terceiro, a alteridade significa, ainda, que a relação de emprego constitui trabalho prestado sem risco, risco este que se transfere para o empregador.

c) E no art. 3º a CLT estabelece:

"Art. 3º Considera-se empregado toda pessoa física que prestar serviços de natureza não eventual a empregador, sob dependência deste e mediante salário."

Correlato ao Poder Diretivo do empregador, extrai-se a subordinação do empregado.

A subordinação caracteriza-se pela prestação de serviços de uma pessoa física, sob ordens da empregadora.

Na relação de emprego consta a presença da determinação e a fiscalização do *modus operandi* da atividade por conta alheia (subordinação) e a inexistência de individualidade própria.

A pessoalidade é elemento essencial da relação de emprego. Não admite substituição.

2. Dos contratos civis/comerciais

a) Os contratos civis e comerciais envolvendo atividade e estabelecendo relação jurídica entre pessoas jurídicas ou com autônomos, normalmente, exigem a presença dos seguintes elementos: idoneidade própria em face da empresa empreendedora, estrutura própria, autonomia do *modus operandi* da prestação de serviços, além da observância de requisitos/elementos formais, em se tratando de atividade regulamentada.

Importante salientar que o autônomo ou a pessoa jurídica no desempenho de suas atividades deverá ter liberdade, não podendo o contratante, ingerir em seu negócio impondo formas e métodos de procedimento interno.

b) Importante a presença da ostentação e individualidade e estrutura própria, que é condição para o estabelecimento de contrato entre empresas ou com autônomo.

A existência de elementos próprios ou partilhados relativos a produção e a infraestrutura operacional e de pessoal próprios da empresa contratada são indicadores do contrato civil/comercial.

c) Por exemplo, a ocorrência da compra do horário, da produção ou comercialização de programas, ou mesmo o recebimento de valores pelos intervalos comerciais veiculados durante a programação ou pelo *merchandising* são indicativos do contrato civil ou comercial.

Ou seja, se os proventos obtidos pela exibição do programa, a renda advinda da comercialização dos intervalos comerciais (lucros partilhados), assim como o compartilhamento da produção e da infraestrutura operacional e de pessoal forem de alguma forma da empresa contratada (risco do negócio e idoneidade/estrutura própria), têm-se indicadores de contratos civis/comerciais.

O recebimento sobre o lucro do empreendimento da empresa contratante, mediante remuneração e participação nas receitas ou proventos da empresa obtidos, *v. g.*, com a comercialização de intervalos comerciais ou com a exibição do programa são indicativos de contratos civis/comerciais.

d) No desenvolvimento da prestação de serviços, deve-se verificar a ostentação da individualidade própria e autonomia em face do complexo empresarial e autonomia com relação ao seu *modus operandi*.

Tanto o autônomo ou uma pessoa jurídica autônoma arcam com o risco de sua atividade. Ou seja, com as despesas relativas ao desenvolvimento de sua atividade.

e) Depois de mencionar os padrões de trabalho tradicional cabe destacar algumas novas formas disfuncionais ao modelo legal observadas na pós-modernidade.

6. Relação de trabalho na pós-modernidade: subordinação, parassubordinação e coordenação — distintos grau de ingerência, unilateral/bilateral e de integração na organização empresarial

1. Prestação de serviços dirigida: alto grau de ingerência e intensa integração do prestador na organização empresarial do tomador — relação de emprego.

Subordinação *strictu sensu*: prestação de serviços dirigida (**poder** patronal de distribuição, fiscalização e disciplinar sobre a atividade).

2. Prestação de serviços "não dirigida": médio padrão de intensidade e ingerência e interpenetração.

a) Coordenação: Trabalho pessoal e contínuo, *mediante coordenação, acordada bilateralmente, da atividade por parte de outrem quanto ao tempo, modo e conteúdo da prestação de serviços, v. g.: representação comercial.*

b) Parassubordinação: *prestação de serviço por trabalhador dependente econômico, por prazo indeterminado, ou pela sua extensão no tempo e pelo fato* *de ser destinada de maneira exclusiva ou determinante a uma empresa* — caráter continuativo e prevalentemente exclusivo da prestação de serviços em benefício de único tomador — Prestador exposto ao mercado e as fontes geradoras de dependência econômica e sujeição social: *diversos tipos de profissionais liberais.*

3. Prestação de serviços não dirigida — empresarial: baixo grau de ingerência do mercado/contratante da atividade.

a) Autônomo: ostenta individualidade própria: organiza sua própria atividade, não submete à direção nem à coordenação da sua atividade por outra pessoa, não se sujeita ao poder de controle e disciplinar de outrem. E tem estrutura própria.

b) Atividade Empresarial: Empresa/Empresário ostenta individualidade e estrutura própria e define sua estratégia de atuação e operação, ou seu *modus operandi.*

4. Neste ponto, depois de mencionarmos algumas formas de trabalho disfuncional ao modelo legal tradicional cumpre destacar qual é a mercadoria mais importante e disfuncional na sociedade pós-moderna.

7. Mercadoria mais importante da sociedade da pós-modernidade e da sociedade do conhecimento/criação

Lester Thurow fala que, na pós-modernidade, do capitalismo cerebral, as nações e as empresas tem que construir a riqueza baseada no conhecimento.

Na nova economia, o conhecimento passa a ser a principal fonte de vantagem estratégica sustentável.

O conhecimento é a mercadoria mais importante da nova Era.

O conhecimento é aqui entendido como gênero que abrange a criação, a invenção, a interpretação, *know how,* expertise, a propriedade industrial (marcas e patentes), o direito autoral (do autor e conexo — executantes), o direito de imagem, o direito de arena, etc.

As novas figuras de trabalho anteriormente vistas e a nova mercadoria mais importante e disfuncional na sociedade pós-moderna impuseram novas realidades contratuais, remodelando o objeto dos contratos de forma, também, disfuncional e extravagante ao modelo tradicional.

8. Nova mercadoria e novas realidade contratuais

1. Introdução

a) Nessa nova Era do capitalismo ancorado no poder cerebral, surgem novas realidades contratuais, inclusive, no âmbito do trabalho e, até, do não trabalho enquanto direito e não serviço.

Os contratos e os pagamentos dessa nova realidade são disfuncionais e extravagantes com o sistema de contratos pautado no contrato de prestação de serviço e os pagamentos a ele relacionados.

b) Normalmente, quando se pensa em contrato de trabalho e remuneração, tem-se em vista o pagamento de salários como contraprestação do serviço e ou pagamento de indenizações trabalhistas.

c) No entanto, o conhecimento passou a ser a mercadoria mais valiosa e ativa no mercado do que os serviços.

Nesse sentido, o contrato e o pagamento de direitos autorais, de imagem, de propriedade intelectual, da expertise, da confidencialidade, dos segredos industriais, etc.

Por exemplo, quando se compra uma novela, o que se compra é o direito autoral, e não o serviço. Não se tem em vista, como prioridade, o serviço ou o modo pelo qual o serviço será realizado, mas, sim, a encomenda realizada.

No caso de artistas, também, muitas vezes, mais relevante do que a própria prestação de serviços é a cessão da imagem dele.

É o que ocorre com os jogadores de futebol e o direito de arena.

Ou do pagamento de *royalties* para propriedade industrial.

Ora, se não há serviço, não há relação de trabalho de nenhuma natureza, nem de emprego nem pagamento de salário.

2. CONCEITO DE OBRA INTELECTUAL

a) O art. 1º da Lei n. 9.610/1998 estabelece que: "Esta Lei regula os direitos autorais, entendendo-se sob esta denominação os direitos de autor e os que lhes são conexos".

Entendem-se, pois, como direitos autorais tanto os direitos do autor quanto os direitos conexos aos do autor.

b) Entre os direitos autorais estão disciplinadas as obras intelectuais, assim, definidas pelo art. 7º da Lei n. 9.610/1998: "São obras intelectuais protegidas as criações de espírito, expressas por qualquer meio ou fixadas em qualquer suporte, tangível ou intangível, conhecido ou que se invente no futuro, tais como: I — textos literários, artísticos ou científicos...".

c) Já o art. 8º da Lei n. 9.610/1998 estabelece que: "Não são objeto de proteção como direitos autorais de que trata esta lei: I — as ideias, os procedimentos normativos, sistemas, métodos, projetos...".

Aqui, o que interessa é que resta claro que, embora não protegidos como direitos autorais, outros conhecimentos (ideias/criações/invenções) são direitos e não serviço.

d) O art. 3º da Lei n. 9.610/1998, estabelece, expressamente, que: "Os direitos autorais reputam-se, para os efeitos legais, bens móveis".

Assim, os direitos autorais, como outros direitos, são bens móveis ou direitos de titularidade de pessoas e os atos que deles decorrem correspondem à fruição de um título que, geneticamente, não se manifesta como atividade humana.

Até porque, direitos e bens móveis não correspondem a obrigação de fazer (ou a prestação de serviços).

Não se remunera a prestação de serviços autorais, mas sim a utilização/cessão deles.

e) Por sua própria natureza, direitos autorais são direitos de titularidade de pessoas e, por elas, apropriados e cedidos como qualquer bem móvel. Nesse sentido, estabelece o art. 49 da Lei n. 9.610/1998.

3. Direito conexo ou direito de imagem e voz artística

O art. 89 da Lei n. 9.610/1998, ao tratar dos direitos conexos ao do autor, estabelece que: "As normas relativas aos direitos do autor aplicam-se no couber, aos direitos dos artistas intérpretes ou executantes, dos produtores fonográficos e das empresas de radiodifusão".

E, mais, o § 2º do art. 90 da Lei n. 9.610/1998, fixa: "A proteção aos artistas intérpretes ou executantes estende-se à reprodução da voz e imagem, quando associadas às suas atuações".

4. Direito de arena — imagem de espetáculo desportivo

a) A imagem e a voz humana quando não relacionadas à interpretação ou execução de uma atuação, ou seja, quando situadas enquanto atributos próprios da pessoa humana e não associadas a sua imagem artística ou do personagem que interpreta, representa puro direito da personalidade constitucionalmente protegido (incs. X e XXVIII ("a") do art. 5º da CF).

b) Portanto, inaplicável a proteção dos atletas profissionais, fixada pela Lei n. 9.610/1998, que trata dos direitos conexos ao do autor, e, especialmente, o § 2º do art. 90 da referida lei: "A proteção aos artistas intérpretes ou executantes estende-se à reprodução da voz e imagem, quando associadas às suas atuações".

c) Por não se tratar de direito autoral, passou o direito de arena a ser disciplinado pelo art. 42 da Lei n. 9.610/1998: "Às entidades de prática desportiva pertence o direito de negociar, autorizar e proibir a fixação, a transmissão ou retransmissão de imagem de espetáculo ou eventos desportivos de que participem".

E, ainda pelo § 1º do art. 42 da Lei n. 9.610/1998: "Salvo convenção em contrário, 20% (vinte por cento) do preço total da autorização, como mínimo, será distribuído, em partes iguais, aos atletas profissionais participantes do espetáculo ou evento".

d) De qualquer forma, reitera-se, seja gênero de direitos conexos, ou, apenas, direitos da personalidade, a remuneração pertinente a imagem e voz, sempre, configurará pagamento de direitos (bens/títulos) e não de prestação de serviços.

Por último, a Lei n. 12.395/2011, alterando e acrescentando o art. 87-A à Lei n. 9.610/1998, estabeleceu claramente que "o direito ao uso da imagem do atleta pode ser por ele cedido ou explorado, mediante ajuste contratual de natureza civil e com a fixação de direitos e deveres e condições inconfundíveis com o contrato especial de trabalho desportivo".

e) Portanto, ilegal e injustificável se elaborar o direito de arena como situação jurídica análoga à gorjeta — como incorretamente faz parte da doutrina e jurisprudência trabalhista.

Isto porque a gorjeta, ainda que seja um pagamento indireto, por ser feito através de terceiro, está a remunerar o serviço prestado. O cliente, aliás, remunera o bom serviço prestado.

f) No caso da imagem e voz, o que ocorre é um pagamento de um título de personalidade (bem móvel) que é cedido.

Não se remunera, por óbvio, a prestação de serviços de imagem que não existe. Porém, remunera-se a utilização ou o direito de uso da imagem do atleta profissional, que, genética e legalmente, não é serviço.

Ora, se não há remuneração do serviço, mas sim a remuneração da cessão de direitos da personalidade, não se trata de pagamento de salário, e sim de direitos (bens de titularidade do atleta).

Nesse sentido, e encerrando qualquer discussão a respeito da questão, o novo art. 87-A da Lei n. 9.610/1998 (com a alteração dada pela Lei n. 12.395/2011).[1]

9. Conclusão: novas realidades contratuais — racionalidade disfucional e consequências imediatas

a) A nova realidade é disfucional ao método de pensamento tradicional e isso traz consequências imediatas para a operação da fiscalização, quer seja pela DRT,

---

(1) Já sustentávamos esse entendimento, desde 2007, cf. artigo publicado na *Revista LTr*, 71-05/533, maio 2007.

Super-receita, Ministério Público e ao Judiciário, não se admitindo presumir que tudo é fraude sem maior dilação jurídica e probatória da realidade que se apresenta.

b) É preciso, pois, que o operador do direito mude seu modo de pensar no exame das novas realidades e possibilidades jurídicas que o mundo pós-moderno e o ordenamento jurídico passaram a apresentar e oferecer.

Isto porque, muitas vezes, nem sequer de serviços estar-se-á cuidando quando se manifesta um contrato de natureza intelectual entre pessoas jurídicas (e mesmo físicas).

A verificação e a prova dessa realidade devem atentar a novos métodos e ampla e individualizada prova de que os velhos modelos de fiscalização, com base em prova de amostragem ou indireta de fatos que envolvem situações heterogêneas e multitudinárias, não são mais aceitáveis juridicamente.

Finalmente, também, as empresas precisam encarar para valer essa nova realidade da pós-modernidade e deixar de lado velhas práticas de mercado, de relacionamento e de fórmulas contratuais para adotar outros modelos de relacionamento, contratuais, de direitos e societários mais sofisticados que retratem o que está ocorrendo e externem esse conteúdo disfuncional e diferenciado da contratação.

A Construção da Concepção Tricotômica: Autonomia, Subordinação e Parassubordinação

Otávio Pinto e Silva[(*)]

Introdução

Foi com muita satisfação que recebi o convite para escrever algumas reflexões a fim de compor o presente livro, em justa e merecida homenagem ao advogado e professor Ari Possidônio Beltran.

Essa é mais uma forma de eternizar a lembrança da dedicação do nosso ilustre homenageado às atividades profissionais no direito do trabalho (o que, registre-se, já foi em boa hora reconhecido pelos seus colegas da advocacia, por ocasião do XXX Congresso dos Advogados Trabalhistas de São Paulo, organizado em setembro de 2011, em Maresias, pela sempre combativa AATSP — Associação dos Advogados Trabalhistas de São Paulo).

A publicação de uma obra jurídica que venha revisitar os dilemas do trabalho, do emprego e do processo do trabalho, objeto da intensa pesquisa acadêmica realizada pelo homenageado, é portanto uma forma muito especial de registrar todo o nosso carinho e a nossa admiração por Ari Possidônio Beltran.

Nessa linha de pensamento, parece-me importante refletir sobre o tema da contínua alteração das relações de trabalho, em virtude de inovações tecnológicas que resultam em diversas formas de reestruturação produtiva.

(*) Advogado trabalhista e Professor Livre-docente do Departamento de Direito do Trabalho e Seguridade Social da Faculdade de Direito da USP.

As mudanças tecnológicas e organizacionais geram novas profissões ao mesmo tempo em que levam ao desaparecimento de outras; em todo o mundo assiste-se à fragmentação do mercado de trabalho e à elevação do desemprego, fenômenos que estão associados ao surgimento de novas figuras contratuais, ao lado do tradicional contrato de trabalho por prazo indeterminado.

O direito do trabalho foi concebido para regular uma modalidade de relação jurídica — o emprego — que, no entanto, aos poucos deixa de ser hegemônica: o critério fundamental usado para a construção do sistema de proteção social ao trabalhador foi o da subordinação, vista como um elemento indispensável para a configuração da relação jurídica de emprego.

Mas a atual realidade brasileira provoca uma indispensável reflexão sobre as falhas de um sistema de proteção social que não alcança uma ponderável parcela do mercado de trabalho. De que vale uma extensa legislação de proteção do trabalho (com inúmeros direitos consagrados até mesmo na Constituição), se o sujeito que deveria receber essa tutela não tem acesso a ela?

Afinal de contas, o direito do trabalho deve mesmo proteger apenas os empregados? Não é o caso de se repensar o seu âmbito de aplicação?

O constante crescimento do número de reclamações trabalhistas na Justiça do Trabalho do Brasil demonstra que são frequentes as situações em que trabalhadores alegam fazer jus a direitos trabalhistas que não lhes eram reconhecidos, simplesmente porque os seus contratos de trabalho não estavam formalmente registrados como empregos, embora presentes os requisitos dos arts. 2º e 3º da CLT.

Tudo isso gera também graves consequências para a seguridade social, uma vez que um ponderável segmento dos trabalhadores "sem carteira assinada" deixa de contribuir para o sistema, embora permaneça com o direito constitucional à saúde e à assistência, a todos assegurado.

À vista do exposto, o debate científico acerca de novas formas de relações de trabalho apresenta relevância e reveste-se de atualidade: o direito do trabalho deve se adaptar ao mundo de hoje, que não é mais o mesmo de quando foi concebido.

Jorge Luiz Souto Maior vê risco em extrair o direito do trabalho dos limites da relação de emprego: isso poderia ter como efeito concreto não o de levar a sua racionalidade a todas as relações de trabalho, mas sim o de permitir a destruição dessa racionalidade, em razão da introdução dos valores liberais que ainda dominam o discurso da Teoria Geral do Direito.[1]

No entanto, essa é uma postura que nega o novo contexto do direito do trabalho no século XXI: como aponta Tiziano Treu (a partir de semelhante debate já enfrentado pela doutrina italiana), é chegada a hora de buscar outras modalidades

---

(1) MAIOR, Jorge Luiz Souto. *Curso de direito do trabalho:* teoria geral do direito do trabalho. São Paulo: LTr, 2011. v. I, parte I, p. 738.

de intervenção estatal. Cogita-se de uma intervenção mais qualificada, que conte não apenas com os instrumentos de regulação do trabalho, mas também com os de incentivo à produção, e é preciso que ambos sejam coerentes entre si. Negar a diversidade dos novos sistemas produtivos para assimilar todos os tipos de trabalho no mesmo modelo histórico é uma solução falsamente garantidora: é uma postura que não corresponde às necessidades, atualmente também muito diversificadas, dos próprios trabalhadores.[2.]

Deve-se buscar os mecanismos jurídicos adequados para superar a dicotomia entre trabalho autônomo e subordinado, com o objetivo de alcançar a construção da concepção tricotômica: autonomia, subordinação e parassubordinação.

Uma nova teorização que, como aponta Everaldo Gaspar Lopes de Andrade, deve partir do trabalho livre e de todas as formas ou alternativas de trabalho e renda compatíveis com a dignidade humana.[3]

2. DESENVOLVIMENTO TECNOLÓGICO

O desenvolvimento tecnológico nas últimas décadas do século XX trouxe uma espetacular evolução para a atividade econômica, tendo em vista a absorção de fatores como a crescente automação, os novos tipos de materiais usados em todos os setores da produção, as imensas facilidades obtidas no campo das comunicações.

Essas inovações tecnológicas repercutiram no direito do trabalho porque levaram a um radical processo de modificações nas técnicas de organização do trabalho, marcado por profundas reestruturações produtivas.

Fala-se em "Terceira Revolução Industrial" ou "Revolução Tecnológica", iniciada logo após a Segunda Guerra Mundial e caracterizada, conforme as palavras de Jeremy Rifkin, pela invasão da última esfera humana — os domínios da mente — por robôs, computadores e *softwares*. Adequadamente programadas, as novas máquinas inteligentes são capazes de realizar funções conceituais, gerenciais e administrativas e de coordenar todo o fluxo da produção, desde a extração da matéria-prima ao marketing e à distribuição do produto final e dos serviços, com graves consequências sobre o trabalho do homem.[4]

Surgiram novas modalidades de trabalho, mas fora da equação tradicional "emprego = trabalho subordinado", levando então a uma necessária revisão do contrato de trabalho.

---

(2) TREU, Tiziano. Per un nuovo programma di politiche del lavoro. In: MARIUCCI, Luigi (coord.). *Dopo la flessibilità, cosa?* Bologna: Il Mulino, 2006. p. 378.
(3) ANDRADE, Everaldo Gaspar Lopes de. A desconstrução do paradigma trabalho subordinado como objeto do direito do trabalho. *Revista LTr*, São Paulo, v. 72, n. 8, p. 913-920, ago. 2008.
(4) RIFKIN, Jeremy. *O fim dos empregos*. Tradução de Ruth Gabriela Bahr. São Paulo: Makron Books, 1996. p. 63-64.

Cite-se por exemplo a noção de parassubordinação, desenvolvida pelo direito italiano, que pode ser bastante útil nesse contexto caso seja utilizada como critério para regulamentar algumas dessas novas modalidades de trabalho.

No início do século XX algumas descobertas tecnológicas foram responsáveis por importantes modificações na organização do trabalho e da produção, justamente em um momento de construção do direito do trabalho protetor: novas fontes energéticas, como o petróleo e a eletricidade, vieram impulsionar o processo de industrialização e alterar as formas de utilização do trabalho humano.

A teoria da administração científica formulada por Frederick Winslow Taylor e publicada em 1911[5] consistia na divisão do processo produtivo em operações elementares, correspondentes a movimentos mecânicos, rápidos e repetitivos, executados pelo trabalhador com a utilização de máquinas padronizadas.

As tarefas de cada trabalhador seriam minuciosamente controladas, com a fixação de metas para eliminar quaisquer desperdícios de tempo. O objetivo declarado era o de extrair o máximo rendimento tanto do trabalhador quanto da máquina por ele operada.

Cabia ao administrador o trabalho intelectual, com a escolha do método de produção e o planejamento das tarefas; ao trabalhador, não se exigia que tomasse decisões, pois bastava executar o trabalho manual.

Os princípios de Taylor foram consagrados por Henry-Ford na produção em série de automóveis, o que tornou comum a referência a um método de organização do trabalho chamado de "Fordismo-Taylorismo" e caracterizado pelas formas de produção em massa, pela expansão da economia de escala e pelo amplo uso de métodos científicos nos processos produtivos.

Ao longo do século XX as empresas moldadas nesse modelo se multiplicaram, ao mesmo tempo em que novas tecnologias surgiram e foram por elas absorvidas.

O *Fordismo-Taylorismo* continua vivo, porque essas novas tecnologias não implicaram necessariamente o uso de novos conceitos de organização do trabalho: como lembra Huy Beynon, o exemplo do McDonald's é bastante significativo, pois se fundamenta na concepção de administração científica da produção, oferecendo produtos homogeneos em grande escala e mediante rotinas padronizadas de trabalho.[6]

Mas o grande desenvolvimento, em especial, da automação e da microeletrônica veio trazer diferentes perspectivas de produção, levando ao surgimento dos modelos que hoje podem ser classificados como o *Pós-Fordismo*.

---

(5) TAYLOR, Frederick Winslow. *Princípios de administração científica*. Tradução de Arlindo Vieira Ramos. São Paulo: Atlas, 1987. p. 109-111.
(6) BEYNON, Huw. A destruição da classe operária inglesa. Tradução de Vera Pereira. *Revista Brasileira de Ciências Sociais*, São Paulo, v. 10, n. 27, p. 12, fev. 1995.

No Japão surgiu o chamado "Toyotismo", método de organização que se caracterizou pelo trabalho em equipe, desenvolvido com uma grande rotação dos trabalhadores pelos postos de trabalho, conforme as necessidades da demanda.

A produção deve se desenvolver por meio de um processo flexível e enxuto, visando atender exigência individualizada do mercado, de modo que o trabalhador passa a operar várias máquinas, combinando diferentes tarefas e expressando o que se denominou "multifuncionalidade".

A subcontratação de trabalhadores surge como elemento chave no processo de produção, com a redução da esfera produtiva da empresa: boa parte das atividades é transferida para outras empresas.

Passa-se da economia de grande escala à economia da flexibilidade, pois a empresa deve produzir para repor os seus estoques, conforme as necessidades conjunturais (*just in time*).

Variações desse modelo podem hoje ser encontradas no mundo ocidental, representando aquilo que Antonio Rodrigues de Freitas Júnior chama de "paradigma emergente": um setor econômico que estaria capacitado para absorver novos contingentes de trabalhadores, porém mediante vínculos precários, atípicos, tendo em vista a perda de centralidade do trabalho subordinado típico em suas relações com as políticas públicas destinadas ao fomento da ocupação.[7]

Por essas e outras razões é que a doutrina debate a hipótese de um *tertium genus* entre o trabalho autônomo e o trabalho subordinado, que leve em consideração as profundas modificações nas relações de produção, as expectativas de seus protagonistas e as modalidades de integração do trabalho nos mecanismos produtivos.

Segundo Raffaele de Luca Tamajo, no século XXI novos atores sobem ao palco da história industrial: são trabalhadores que não dispõem de instrumentos de produção tradicionais, mas que possuem uma "nova riqueza", um patrimônio de conhecimento, de *know how*, de especialização profissional, que os torna capazes de fornecer um resultado, um serviço, um programa, sem a necessidade da rigorosa direção que tipifica o trabalho subordinado.

Esses trabalhadores necessitam coordenar-se de modo estável e continuado com as empresas para desenvolver suas atividades pessoais, de modo que a tipificação legislativa do trabalho "coordenado" é vista como oportuna e necessária, porque demonstra a forte capacidade de agregar fenômenos emergentes na realidade produtiva e organizacional das empresas pós-fordistas.

O desenvolvimento dessa modalidade de trabalho está em sintonia com as tendências do mundo empresarial, de recurso às terceirizações e trabalhos

---

(7) FREITAS JR., Antonio Rodrigues de. *O direito do trabalho na era do desemprego*. São Paulo: LTr, 1999. p. 99-101.

temporários, pois os empresários pós-fordistas aspiram cada vez mais contar com trabalhadores não dependentes de si.[8]

O contrato de trabalho tradicional — fundado na existência de subordinação, com jornada diária de turno completo, por prazo indeterminado — passa a perder sua posição central no Direito do Trabalho.

Giancarlo Perone chama a atenção para a atual inadequação do esquema legal da subordinação em face da evolução da tecnologia e dos sistemas de produção: o modelo de organização produtiva centralizada, hierarquizada e fundado na distribuição rígida das tarefas cedeu o seu lugar a um novo modelo, baseado no processo de coordenação horizontal e de exteriorização de fases do ciclo produtivo.

Para o empresário, deixou de ser necessária exclusivamente a força de trabalho sujeita à sua direção, pois pode ser suficiente uma forma mais branda de ligação técnico-funcional com os seus colaboradores.[9]

Cassio Mesquita Barros bem observa esse aspecto, ao procurar demonstrar que a empresa do século XXI deve ser estruturalmente adaptável, leve, dinâmica, hábil, com grande abertura e inovadora, tendo em vista que o tipo de trabalho está mudando. Os que previam o fim dos empregos partiam de hipóteses extremas, que só poderiam levar a resultados catastróficos. Mudanças no mundo do trabalho, de ordem regional, global ou internacional, fazem parte de um quadro evolutivo, mas o objetivo agora deve ser o de adaptar essas transformações, traçando novos caminhos, o que de forma alguma pode significar uma mudança nos propósitos ideológicos de proteção ao trabalhador, na busca de um trabalho decente e de qualidade.[10]

3. O TRABALHO AUTÔNOMO E O TRABALHO PARASSUBORDINADO

A palavra autonomia significa "capacidade de se autogovernar" e compreende duas subacepções, para os fins que aqui nos interessam: "1) faculdade que possui determinada instituição de traçar as normas de sua conduta, sem que sinta imposições restritivas de ordem estranha; 2) direito de um indivíduo tomar decisões livremente; liberdade, independência moral ou intelectual".[11]

Diversas teorias são apontadas para explicar o conceito de trabalho autônomo. Pode-se falar na **finalidade da prestação de serviços,** teoria em que o objetivo

---

(8) TAMAJO, Raffaele de Luca. L'ipotesi di un *tertium genus* e il disegno di legge n. 5651 sui C.D. *lavori atipici*. Il Diritto del Lavoro, Roma, v. 74, n. 4, p. 264-266, lugl./ago. 2000.
(9) PERONE, Giancarlo. *Lineamenti di diritto del lavoro*. Torino: G. Giappichelli, 1999. p. 173.
(10) BARROS, Cassio Mesquita. *Perspectivas do direito do trabalho no Mercosul*. São Paulo: LTr, 2011. p. 150.
(11) *Dicionário Houaiss da língua portuguesa*. Rio de Janeiro: Objetiva, 2001. p. 351.

final do credor do trabalho da prestação não é o de dispor da energia de trabalho, mas sim de usufruir do resultado, da obra, do produto pronto.[12]

Esse critério busca efetuar a separação entre atividade e resultado, de modo a conceituar o trabalho autônomo como aquele em que o tomador dos serviços se interessa não pelo modo de sua execução, mas sim pelos fins atingidos, com a distinção entre obrigação de *meios* e obrigação de *resultados*, segundo a qual o trabalhador autônomo seria devedor de uma prestação de resultado, enquanto a obrigação do trabalhador subordinado seria de meios, isto é, de mero comportamento.

Uma segunda teoria afirma ainda ser possível classificar o trabalho autônomo levando em consideração o **resultado** da prestação de serviços: quando o resultado é *imediato*, isto é, o trabalhador obtém algo e fica com aquilo que produz, para depois revender aos interessados, configurar-se-ia o trabalho autônomo; mas quando no entanto o resultado é *mediato*, ou seja, o trabalhador aliena diretamente o que produz, não chegando a ficar com os frutos de seu trabalho, caracterizar-se-ia o vínculo empregatício.

Uma terceira teoria é a do **trabalho por conta própria**, conforme lição de Annibal Fernandes, que define o trabalhador autônomo como aquele que exerce habitualmente e por conta própria atividade profissional remunerada.[13]

Surge assim o elemento da *independência* no exercício da atividade: o trabalhador autônomo trabalha "por conta própria", em oposição ao subordinado, que trabalha por "conta alheia".

É o que assevera Manuel Alonso García, ao explicar que o trabalho por conta própria implica a livre disposição dos produtos ou resultados do esforço do trabalhador: o autônomo exerce por sua conta determinada atividade profissional, auferindo os rendimentos decorrentes do resultado de seu trabalho[14], sem configurar o vínculo de dependência, que é característico do empregado.

Para fins previdenciários, a lei brasileira parece ter adotado esse posicionamento, pois inclui entre os segurados obrigatórios, na condição de contribuinte individual, "a pessoa física que exerce, *por conta própria*, atividade econômica de natureza urbana, com fins lucrativos ou não".[15]

Há ainda outra teoria importante, ligada à ideia do trabalho por conta própria e que pode ser enunciada como a **assunção do risco** da atividade econômica.

Cabe ao trabalhador autônomo assumir todos os riscos da atividade profissional que desempenha, sendo nítida a distinção em face do empregado, uma vez que na

---

(12) CASSI, Vincenzo. *La subordinazione del lavoratore nel diritto del lavoro*. Milano: Giuffrè, 1947. p. 105.
(13) FERNANDES, Annibal. *O trabalhador autônomo*. São Paulo: Atlas, 1984. p. 58.
(14) GARCÍA, Manoel Alonso. *Curso de derecho del trabajo*. Madrid: Bosch, 1964. p. 36.
(15) Art. 12, V, *h*, da Lei n. 8.212/1991.

relação jurídica de emprego o risco da atividade incumbe exclusivamente ao destinatário dos serviços: veja-se o art. 2º da CLT, que inclui esse elemento no conceito de empregador.

Para outra teoria, é autônomo aquele trabalhador que exerce atividade profissional valendo-se do **controle dos meios de produção**, que são de sua propriedade. Já o trabalhador subordinado não tem a mesma condição, pois desenvolve os serviços utilizando-se dos meios de produção que pertencem ao empregador. Cabe a ressalva, entretanto, que esse elemento não pode ser encarado como decisivo, uma vez que existem situações práticas em que o trabalhador é empregado e nessa condição utiliza os seus próprios instrumentos de trabalho.

Diante de todas essas considerações, fica claro que o critério efetivamente útil para a caracterização do trabalho autônomo deve passar pela análise do **modo como a atividade é desenvolvida**.

A distinção básica, então, reside justamente na presença ou não do elemento subordinação: o trabalhador autônomo é aquele que conserva o poder de direção sobre a própria atividade, autodisciplinando-a segundo seus critérios pessoais e conveniências particulares.

Já o trabalhador subordinado aliena o poder de direção sobre a própria atividade, transferindo-o volitivamente a terceiros em troca de um salário.

Nesse sentido, lembra Pedro Paulo Teixeira Manus o próprio significado de autonomia, que é o que tem vida própria, fazendo ver a nítida diferença entre o empregado e o trabalhador autônomo, uma vez que este independe de um empregador para desenvolver seu mister.

Eventualmente pode o trabalhador autônomo prestar serviços a alguém que seja empregador de outros prestadores de serviços, mas tal circunstância não lhe retira a autonomia com que desenvolve sua atividade.

Assim, o autônomo ajusta os serviços e o preço, mas desenvolve sua atividade sem subordinação a horário, livre da fiscalização do destinatário de seus serviços e, eventualmente, com o auxílio de terceiros, se lhe convier.

O trabalhador autônomo prescinde da figura do empregador para sua existência como profissional. Já ao empregado, é imprescindível a figura do empregador, sem o que deixa de existir a subordinação.[16]

Paulo Emílio Ribeiro de Vilhena acentua os aspectos da iniciativa e da auto--organização como fundamentais para a caracterização do trabalho autônomo. Desse modo, autônomo é o trabalhador que desenvolve sua atividade com organização própria, iniciativa e discricionariedade, podendo escolher o lugar, o

---

(16) MANUS, Pedro Paulo Teixeira. *Direito do trabalho*. São Paulo: Atlas, 2001. p. 71.

modo, o tempo e a forma de execução. Tem a liberdade de dispor de sua atividade para mais de uma pessoa, segundo o princípio da oportunidade.[17]

Amauri Mascaro Nascimento pondera que o avanço da tecnologia trouxe novos sistemas de produção de bens, serviços e informações, com reflexos sobre a forma pela qual o trabalho é prestado, o que ficou bem evidente com a aprovação pela Espanha do Estatuto do Trabalho Autônomo, em 2007. De acordo com a referida lei, ao lado do "autônomo clássico" passou-se a reconhecer a existência também do "autônomo economicamente dependente", ou seja, aquela pessoa natural que presta uma atividade profissional lucrativa de forma habitual, pessoal, direta, por conta própria e fora do âmbito de organização de outra pessoa, denominada cliente, de quem recebe pelo menos 75% dos rendimentos do trabalho. A lei espanhola, assim, aponta para uma tendência de dispensar ao autônomo um melhor tratamento jurídico.[18]

Com efeito, a evolução tecnológica nos leva a refletir sobre mudanças na forma de prestação do trabalho humano e é nesse contexto que deve ser debatida a noção de *parassubordinação*, que foi desenvolvida pela doutrina italiana, tendo em vista uma série de relações jurídicas heterogêneas que têm por objeto a prestação de trabalho.[19]

São relações de trabalho de natureza contínua, nas quais os trabalhadores desenvolvem atividades que se enquadram nas necessidades organizacionais dos tomadores de seus serviços, tudo conforme estipulado em contrato, visando colaborar para os fins do empreendimento.

O direito italiano abriga no conceito de parassubordinação diferentes tipos de relações jurídicas, que conservam sua específica disciplina substancial, conforme cada caso.

Essas relações jurídicas recebem ainda uma regulamentação suplementar, formalizada por lei ou por contrato coletivo, que garante algumas medidas de proteção.

Sob o aspecto da tutela processual, todas as relações de trabalho parassubordinado ficam submetidas a trâmites idênticos aos que são previstos em lei para os empregados.

Conforme explica Giuseppe Ferraro, o elemento de conexão entre as várias relações de trabalho parassubordinado pode ser genericamente descrito como um vínculo de dependência substancial e de disparidade contratual que se estabelece entre o prestador dos serviços e o sujeito que usufrui dessa prestação. Esse vínculo

---

(17) VILHENA, Paulo Emílio Ribeiro de. *Relação de emprego*: estrutura legal e supostos. São Paulo: LTr, 1999. p. 483.
(18) NASCIMENTO, Amauri Mascaro. O autônomo dependente econômico na nova lei da Espanha. *Revista LTr*, São Paulo, v. 72, n. 9, p. 1031-1035, set. 2008.
(19) Para estudo mais detalhado, ver obra de minha autoria: *Subordinação, autonomia e parassubordinação nas relações de trabalho*. São Paulo: LTr, 2004.

de dependência é semelhante ao que une empregado e empregador, a ponto de justificar a existência de garantias compensatórias equivalentes.[20]

Para Giuseppe Tarzia o amplo setor da parassubordinação engloba relações de trabalho que, embora se desenvolvam com independência e sem a direção do destinatário dos serviços, se inserem na organização deste.[21]

Com o reconhecimento da existência dessa classe de relações jurídicas, a doutrina italiana procura deixar claro que: a) o trabalho parassubordinado possui algumas semelhanças com o trabalho subordinado, mas com ele não se confunde; b) a parassubordinação vai além do conceito tradicional de trabalho autônomo (aquele em que o trabalhador assume a obrigação de produzir um determinado resultado).

É distinta a situação em que o trabalhador assume a obrigação de atingir uma *série de resultados consecutivos*, coordenados entre si e relacionados a interesses mais amplos do contratante, interesses que não estão limitados aos que derivam de cada prestação individualmente considerada.

Pode-se afirmar, assim, que para o conceito de trabalho parassubordinado assume relevância a ideia de *coordenação,* no sentido de uma peculiar modalidade de organização da prestação dos serviços.

Genericamente, o trabalho continua a ser prestado com autonomia, mas a sua organização é vinculada à atribuição de algum tipo de poder de controle e de coordenação a cargo do tomador dos serviços.

Mattia Persiani assevera que a ideia de coordenação é fundamental para entender esse tipo de relação jurídica, a ponto de preferir o uso da expressão trabalho "coordenado" (por ele considerada mais "elegante" que trabalho parassubordinado).[22]

Para bem entender essa ideia de coordenação, no entanto, faz-se necessário examinar primeiramente os outros elementos que compõem a relação jurídica, uma vez que todos estão intrinsecamente conjugados.

O primeiro desses elementos é o da *continuidade* da relação de trabalho: a prestação de serviços deve se destinar a atender uma necessidade do tomador que tenha um determinado prolongamento no tempo, tendo em vista os interesses de ambas as partes.

Isso significa que não se enquadra no conceito de parassubordinação o contrato de obra de execução instantânea, ainda que prolongada no tempo, se a duração da prestação não estiver voltada a um programa comum, em que a organização da produção é consequência da reunião dos interesses do trabalhador e do tomador dos serviços.

---

(20) FERRARO, Giuseppe. *I contratti di lavoro*. Padova: Cedam, 1991. p. 226.
(21) TARZIA, Giuseppe. *Manuale del processo del lavoro*. Milano: Giuffrè, 1987. p. 9.
(22) PERSIANI, Mattia. Autonomia, subordinazione e coordinamento nei recenti modelli di collaborazione lavorativa. *Il Diritto del Lavoro*, Roma, v. 72, n. 4-5, p. 204, lugl./ott. 1998.

O segundo elemento caracterizador do trabalho parassubordinado é a *natureza pessoal* da prestação dos serviços, que deve preponderar.

O prestador dos serviços até pode se valer do auxílio de outras pessoas, mas dentro de certos limites: o trabalho desses auxiliares deve ser apenas complementar, o que significa que a principal carga de atividades deve ser desenvolvida pelo prestador pessoalmente contratado, que atua como um pequeno empreendedor, organizando em torno de si todas as atividades voltadas ao atendimento das necessidades do tomador.

O terceiro elemento é a *colaboração*, diretamente vinculado aos anteriores, pois pressupõe uma ligação funcional entre a atividade do prestador dos serviços e aquela do destinatário da prestação profissional: a atividade do trabalhador é indispensável para que o tomador possa atingir os fins sociais ou econômicos que persegue.

Exatamente neste ponto é que voltamos então à noção de *coordenação*, vista por Mattia Persiani como o principal elemento caracterizador, pois no trabalho "coordenado", diferentemente do que ocorre no trabalho subordinado, a atividade laboral é prometida pelo trabalhador tendo em vista um programa que é consensualmente definido.[23]

O trabalhador não promete a sua atividade pessoal para o desenvolvimento de qualquer objetivo pretendido pelo tomador, mas coloca os seus serviços à disposição somente daquele específico tipo de atividade, que é a necessária para atingir os fins previstos no programa contratualmente elaborado.

Essa situação é encontrada com frequência quando, no trabalho autônomo, o trabalhador se obriga a realizar uma obra determinada, prevista em contrato.

Mas o que importa ressaltar é justamente a possibilidade de a atividade de colaboração do trabalhador vir a ser prevista em um contrato de trabalho, tendo em vista o objetivo de atingir uma *série de resultados*. Aí reside, justamente, a importância da coordenação, pois permite a diferenciação tanto da subordinação quanto da autonomia.

Coordenação, então, surge com o sentido de "ordenar juntos": significa que ambas as partes possuem medidas a propor para alcançar o objetivo comum.

No trabalho subordinado, o trabalhador se sujeita ao poder de direção do empregador, devendo cumprir todas as determinações deste. Não há coordenação.

No trabalho autônomo, os serviços devem ser executados em conformidade com as condições previstas em contrato. O trabalhador deve realizar a obra ou o serviço, a fim de entregar o resultado contratualmente prometido. Também não há coordenação.

---

(23) *Ibidem*, p. 209.

Veja-se que, tanto no caso do trabalho subordinado quanto no do trabalho autônomo, o trabalhador deve cumprir certas instruções, que são vinculantes em relação às necessidades do tomador dos serviços.

Ocorre que o poder de dar instruções é diferente do poder de coordenar a prestação dos serviços, pois as instruções pressupõem a existência de níveis distintos entre quem as dá e quem as recebe.

Já a coordenação se enquadra em níveis que se unem e até mesmo se sobrepõem. Exatamente por isso surge a necessidade de prestador e tomador de serviços "ordenarem juntos" todo o trabalho, o que pode levar a modificações do programa contratual na medida em que este está sendo desenvolvido.

Como explica Mattia Persiani, o exercício desse poder de coordenação pode influir sobre as modalidades de execução da atividade contratualmente prometida, assim como sobre as próprias características da obra ou do serviço, com o objetivo de adequá-las às mutáveis exigências do seu beneficiário final — o que, aliás, é uma consequência da continuidade do contrato. No limite, a coordenação pode até resultar na modificação do programa consensualmente estabelecido ou na alteração do objeto do contrato.[24]

Conclusão

Qualquer revisão do modelo brasileiro de relações de trabalho terá que passar pela revalorização do trabalho autônomo e pelo desenvolvimento de fórmulas contratuais inovadoras que levem em conta o conceito de trabalho parassubordinado, como mecanismos alternativos de prestação de serviços que conviverão com o tradicional trabalho subordinado em regime de emprego.

Um expressivo sinal de alerta foi dado quando o Congresso Nacional aprovou a chamada "MP do Bem", em 2005, convertendo-a na Lei n. 11.196/2005, de forma a prever, no art. 129, que "para fins fiscais e previdenciários, a prestação de serviços intelectuais, inclusive os de natureza científica, artística ou cultural, em caráter personalíssimo ou não, com ou sem a designação de quaisquer obrigações a sócios ou empregados da sociedade prestadora de serviços, quando por esta realizada, se sujeita tão somente à legislação aplicável às pessoas jurídicas, sem prejuízo da observância do disposto no art. 50 da Lei n. 10.406, de 10 de janeiro de 2002 — Código Civil".

Vale dizer, a pretexto de se regular melhor a questão tributária que envolve a prestação dos serviços por pessoas jurídicas, o referido dispositivo legal veio abordar uma questão que, na prática, já se encontrava com certa frequência no mundo do trabalho: a dos trabalhadores intelectuais constituindo pessoas jurídicas para prestar os seus serviços. Mas será que isso realmente se justifica?

---
(24) *Ibidem*, p. 210.

A construção da concepção tricotômica é portanto o desafio que hoje se apresenta para o direito do trabalho, pois, como bem observa Márcio Pochman, não se pode mais identificar o funcionamento do mercado de trabalho com o critério do assalariamento urbano, sustentado em grandes empresas. Nos dias atuais, se faz necessária a constituição de legislação apropriada para distintos segmentos ocupacionais, por meio de uma nova regulação pública que universalize direitos, ainda que de forma não homogênea, mas incorporando todos os trabalhadores.[25]

O direito do trabalho deve sim oferecer novos instrumentos que tenham a finalidade de tentar garantir a todos os cidadãos o acesso a um "trabalho decente", numa política de promoção dos direitos humanos fundamentais inspirados pelo art. 1º de nossa Constituição, que aponta a dignidade da pessoa humana como um dos fundamentos da República.

Trata-se, portanto, de pensar o direito do trabalho como o direito de todos os trabalhadores, e não apenas dos empregados: deve ir além da *proteção* à figura do trabalhador, para também buscar o objetivo de *promoção* das relações profissionais.

BIBLIOGRAFIA

ANDRADE, Everaldo Gaspar Lopes de. A desconstrução do paradigma trabalho subordinado como objeto do direito do trabalho. *Revista LTr*, São Paulo, v. 72, n. 8, ago. 2008.

BARROS, Cassio Mesquita. *Perspectivas do direito do trabalho no Mercosul*. São Paulo: LTr, 2011.

BEYNON, Huw. A destruição da classe operária inglesa. Tradução de Vera Pereira. *Revista Brasileira de Ciências Sociais*, São Paulo, v. 10, n. 27, p. 12, fev. 1995.

CASSI, Vincenzo. *La subordinazione del lavoratore nel diritto del lavoro*. Milano: Giuffrè, 1947.

FERNANDES, Annibal. *O trabalhador autônomo*. São Paulo: Atlas, 1984.

FERRARO, Giuseppe. *I contratti di lavoro*. Padova: Cedam, 1991.

FREITAS JR., Antonio Rodrigues de. *O direito do trabalho na era do desemprego*. São Paulo: LTr, 1999.

GARCÍA, Manoel Alonso. *Curso de derecho del trabajo*. Madrid: Bosch, 1964.

MAIOR, Jorge Luiz Souto. *Curso de direito do trabalho: teoria geral do direito do trabalho*. São Paulo: LTr, 2011. v. I, parte I.

MANUS, Pedro Paulo Teixeira. *Direito do trabalho*. São Paulo: Atlas, 2001.

NASCIMENTO, Amauri Mascaro. O autônomo dependente econômico na nova lei da Espanha. *Revista LTr*, São Paulo, v. 72, n. 9, set. 2008.

---

(25) POCHMAN, Márcio. *Relações de trabalho e padrões de organização sindical no Brasil*. São Paulo: LTr, 2003. p. 168.

PERONE, Giancarlo. *Lineamenti di diritto del lavoro*. Torino: G. Giappichelli, 1999.

PERSIANI, Mattia. Autonomia, subordinazione e coordinamento nei recenti modelli di collaborazione lavorativa. *Il Diritto del Lavoro*, Roma, v. 72, n. 4/5, p. 204, lugl./ott. 1998.

POCHMAN, Marcio. *Relações de trabalho e padrões de organização sindical no Brasil*. São Paulo: LTr, 2003.

RIFKIN, Jeremy. *O fim dos empregos*. Tradução de Ruth Gabriela Bahr. São Paulo: Makron Books, 1996.

SILVA, Otávio Pinto e. *Subordinação, autonomia e parassubordinação nas relações de trabalho*. São Paulo: LTr, 2004.

TAMAJO, Raffaele de Luca. L'ipotesi di un *tertium genus* e il disegno di legge n. 5651 sui CD *lavori atipici*. *Il Diritto del Lavoro*, Roma, v. 74, n. 4, p. 264-266, lugl./ago. 2000.

TARZIA, Giuseppe. *Manuale del processo del lavoro*. Milano: Giuffrè, 1987.

TAYLOR, Frederick Winslow. *Princípios de administração científica*. Tradução de Arlindo Vieira Ramos. São Paulo: Atlas, 1987.

TREU, Tiziano. Per un nuovo programma di politiche del lavoro. In: MARIUCCI, Luigi (coord.). *Dopo la flessibilità, cosa?* Bologna: Il Mulino, 2006.

VILHENA, Paulo Emílio Ribeiro de. *Relação de emprego*: estrutura legal e supostos. São Paulo: LTr, 1999.

Novos Horizontes da Segurança do Trabalho: Trabalho Decente é Trabalho Seguro

Homero Batista Mateus da Silva[(*)]

1. Riscos emergentes

De acordo com as alterações nos processos produtivos, organização do tempo e métodos empregados, observa-se variação no quadro das principais doenças e acidentes relacionados ao trabalho, em cada geração e em cada país.

Num cenário preponderantemente rural, era razoável supor que as principais enfermidades fossem aquelas associadas com o desgaste das articulações, os efeitos deletérios do sol e da chuva, os ataques de animais peçonhentos e o contato com materiais cortantes, como as foices e os facões.

Por outro lado, o mundo recebeu com espanto as notícias de como as máquinas, na era industrial, podiam ser destrutivas, tanto no que diz respeito a acidentes típicos, capazes de levar à mutilação de membros e ao óbito do trabalhador, quanto no que diz respeito a doenças equiparadas aos acidentes. Essas doenças abrangem aquelas específicas de determinadas ocupações, como as que são desencadeadas por elementos do tipo do asbesto, do benzeno ou da sílica, bem assim aquelas que se espraiam por variadas profissões, a depender das circunstâncias específicas do local da produção, como a surdez ocupacional induzida por ruídos e os diversos tipos de lesão por esforços repetitivos.

Admite-se, outrossim, que os novos padrões de organização produtiva começam a desenhar o panorama de novos riscos e novo perfil das doenças

---

(*) Juiz titular da 88ª Vara do Trabalho de São Paulo e Professor doutor da Faculdade de Direito do Largo de São Francisco.

ocupacionais. São riscos emergentes, que estão a emitir sinais conflitantes e a desafiar a inteligência humana.

Alguns riscos são problemas antigos que ressurgem sob nova roupagem, servindo como exemplo as dificuldades de se trabalhar em casa. As costureiras, bordadeiras e arrematadeiras já sabem disso faz décadas, sendo necessário um grau mais acentuado de disciplina a fim de que o trabalhador, premido pelos sistemas de remuneração por produção, não negligenciem o repouso, a alimentação, o sono e a postura adequada no sentar e no debruçar.

Resta saber se os numerosos consultores, técnicos de informática, profissionais liberais, projetistas, professores de ensino a distância e outros trabalhadores, que subitamente sofreram o processo de desterritorialização de seu ambiente de trabalho, aprendam com as costureiras as formas mais eficazes de prevenção e de reparação das doenças ocupacionais típicas do trabalho em domicílio. Este assunto é tema da última seção do presente artigo.

Não deve causar surpresa que o deslocamento maciço do trabalho para fora da empresa, particularmente para o âmbito do lar, mas também para pontos de encontro externos ou mesmo para a cafeteria do bairro, tenha se inserido nas listas das maiores preocupações da década, em matéria de saúde e segurança do trabalhador.

Também a questão demográfica pode ser inserida no rol dos itens conhecidos, mas que oferece um novo ângulo de desafio. Outrora, a preocupação máxima era o uso da mão de obra infantil — e ainda deve ser, a julgar pela persistência da exploração do trabalho da criança em diversas partes do mundo, exigindo vigilância constante e que nunca se subestime a capacidade de camuflagem do ser humano.

Ocorre que, aos poucos, o trabalho infantil tende a ser reduzido proporcionalmente, talvez não pela eficácia das políticas públicas, e sim pela simples diminuição do contingente de crianças disponíveis como um exército farto e a custos baixos. Alguns países convivem com redução de taxas de natalidade e outros já assistem à redução do próprio número de habitantes, donde as atenções se voltam para o uso da mão de obra do idoso. Os parques industriais não parecem preparados para esse fenômeno, fazendo com que a demografia seja inserida no âmago dos estudos sobre doenças e acidentes de trabalho dos novos tempos.

Se o cenário acima delineado — trabalho em domicílio, envelhecimento da população — tem sabor de matéria já conhecida, a humanidade claudica quando ao debate são incluídos os espinhosos assuntos do uso intenso da biotecnologia e da nanotecnologia. É muito difícil para as ciências jurídicas acompanhar o ritmo acelerado das inovações tecnológicas e tentar alcançar os patamares de segurança e de manejo exigido por áreas ainda pouco conhecidas do saber humano.

Ocorre que, neste ínterim, estão expostas diretamente a vida e a saúde dos trabalhadores em todos os elos da cadeia produtiva. Não se notou ainda a urgência dessa situação. Isso vale tanto para aqueles mais visivelmente afetados, que lidam diretamente com a produção dos novos componentes químicos, como aqueles que, por desconhecerem os componentes dos insumos e das matérias-primas, ignoram por completo os riscos de sua manipulação.

Desde 2010, a Organização Internacional do Trabalho considera esses elementos — trabalho em domicílio, envelhecimento da população, componentes biotecnológicos e avanço da nanotecnologia — como o núcleo de uma preocupação máxima da década, uma década de *riscos emergentes e soluções desconhecidas*.

Um pensamento final se faz necessário nesta seção introdutória.

Ao ensejo, convém lembrar que a Organização Internacional do Trabalho já não concentra mais todas suas energias na elaboração e aplicação de Convenções e Recomendações.

Esses instrumentos desempenharam elevado papel histórico e serviram de principal veículo de comunicação entre o organismo internacional e a comunidade das nações, tanto no que diz respeito aos países signatários dos tratados quanto no que diz respeito aos países que se recusaram a aderir ao sistema proposto, mas que foram, de uma forma ou de outra, constrangidos a adotar patamares básicos em disciplina trabalhista.

Todavia, notou-se um gigantismo no sistema da elaboração dos tratados internacionais, sob a forma de Convenções, além das recorrentes críticas acerca da ineficácia de sua aplicação prática, com os conhecidos transtornos de um organismo internacional desprovido do poder de sanções concretas.

Daí por que atualmente as atenções se voltam para outros modelos de produção normativa ou recomendatória, o que abrange soluções criativas, como a Declaração Tripartite de Princípios sobre Empresas Multinacionais e Política Social, lavrada em 1977, e a festejada Declaração da OIT sobre Justiça Social para uma Globalização Justa, adotada em 10 de junho de 1998 por ocasião da 97ª Sessão da Conferência Internacional do Trabalho.

Investe-se, também, no aprimoramento dos sistemas de reclamação (arts. 24 e 25 da Constituição da Organização Internacional do Trabalho) e de queixa formal, de Estado membro contra Estado membro (arts. 26 a 34 da Constituição), além da crença na eficácia das convenções coletivas internacionais que começam a ser desenvolvidas.

Paralelamente a esse novo conjunto de diplomas e de pareceres, a Organização Internacional do Trabalho dedica o dia 28 de abril para a consciência da importância da prevenção em matéria de segurança do trabalho e, ainda, fomenta a realização de Conferência Mundial de Segurança do Trabalho, com periodicidade trienal. Ao término desses eventos, são publicadas cartas exprimindo os anseios e os temores dos especialistas na disciplina, podendo ser destacada a Carta de Seul 2008 (XVIII Congresso) e a Carta de Instambul 2011 (XIX Congresso). O próximo evento ocorrerá na Alemanha em 2014.

Os tópicos abordados neste artigo foram, assim, extraídos das manifestações dos comitês de saúde e segurança do trabalho, mediante materiais de pesquisa publicados nas celebrações do dia 28 de abril de 2009, 2010 e 2011, assim como dos tópicos constantes das Cartas emitidas pelos Congressos Mundiais.

2. BIOTECNOLOGIA, DA PRODUÇÃO AO CONSUMO

Justifica-se a consternação dos Congressos Mundiais de Segurança do Trabalho com os impactos da biotecnologia sobre as relações de trabalho.

Uma rápida passada de olhos pelas principais Convenções da Organização Internacional do Trabalho já revela a magnitude e a longevidade do problema.

Em 1960 se editou a Convenção n. 115 sobre produtos radiativos, ratificada pelo Brasil em 1966, sendo que quatorze anos depois se editou uma Convenção específica sobre o câncer ocupacional, que recebeu a n. 139 e foi aceita pelo Brasil em 1990.

O asbesto, que tem elevado potencial cancerígeno, foi objeto nuclear da Convenção n. 162 (de 1986, incorporada ao ordenamento brasileiro também em 1990), ao passo que os produtos químicos em geral compõem a base da Convenção n. 170 (de 1990, fixada como norma brasileira desde 1996).

O Pacto Internacional sobre Direitos Econômicos, Sociais e Culturais, adotado pela Assembleia Geral das Nações Unidas em 16 de dezembro de 1966 e em vigor na ordem internacional desde 3 de janeiro de 1976, estampa, no art. 12, duas referências diretas à premência de se valorizar a saúde do trabalho:

> 1. Os Estados-Partes no presente Pacto reconhecem o direito de todas as pessoas de gozar do melhor estado de saúde física e mental possível de atingir. 2. As medidas que os Estados-Partes no presente Pacto tomarem com vista a assegurar o pleno exercício deste direito deverão compreender as medidas necessárias para assegurar: a) A diminuição da mortinatalidade e da mortalidade infantil, bem como o são desenvolvimento da criança; b) O melhoramento de todos os aspectos de higiene do meio ambiente e da **higiene industrial**; c) A profilaxia, tratamento e controle das doenças epidêmicas, endêmicas, **profissionais** e outras; d) A criação de condições próprias a assegurar a todas as pessoas serviços médicos e ajuda médica em caso de doença. (Grifos do autor)

Higiene industrial era a expressão utilizada, à época, para segurança do trabalho de maneira geral, enquanto profilaxia de doenças profissionais não deixa dúvidas sobre a preocupação da Organização das Nações Unidas quanto a este foco de constante tensão social.

O problema se revela ainda mais alarmante porque ele tem dupla face.

De um lado, alinham-se os trabalhadores da indústria dos produtos biotecnológicos.

São aproximadamente 35 milhões de pessoas, neste exato momento, manipulando fórmulas ou alimentando caldeiras para a produção de novos compostos, ou, ainda, como profissionais da saúde, a lidarem com medicamentos inovadores.

Os produtos inovadores são bastante conhecidos quanto ao grau de eficiência, mas nem sempre o investimento em pesquisa sobre seus efeitos adversos é feito de modo proporcional ao investimento acerca de suas vantagens.

A situação é particularmente dramática no campo do manejo dos detritos e do lixo tóxico, pois a humanidade ainda não sabe ao certo o que fazer com esses dejetos.

Exportar o lixo para países de legislação mais frouxa é uma saída encontrada por alguns empreendedores, cujos princípios éticos dispensam comentários, mas, ainda assim, a fórmula chega a ser pueril de tão curto alcance.

De toda sorte, enquanto algumas nações ainda toleram o recebimento das embarcações carregadas de lixo hospitalar, por exemplo, o fato é que muitos trabalhadores, do país exportador e do país importador, estão em contato direto com essas caçambas, sem que se tenha a noção precisa do impacto em sua saúde, no tempo presente e no futuro distante.

Some-se a isso a imprevisibilidade dos efeitos dos agrotóxicos sobre as pessoas responsáveis pela aplicação dos produtos nas lavouras, sobre os trabalhadores responsáveis pela colheita, pelo escoamento da produção e pela comercialização.

Parece mais visível a preocupação sobre os primeiros, haja vista que estão diretamente envolvidos na cortina de fumaça da pulverização química. No entanto, pouca atenção tem sido dada, mesmo pelas entidades sindicais e pelos estudos acadêmicos, acerca dos efeitos desses produtos químicos sobre os trabalhadores da outra ponta dessa cadeia produtiva, especialmente no que diz respeito aos centros abastecedores.

Os agrotóxicos, sozinhos, já representariam fonte permanente de preocupação para os estudiosos da saúde e da segurança do trabalho, embora não sejam os únicos elementos capazes de provocar intoxicação aguda nos trabalhadores.

Normalmente, costuma-se associar a contaminação dos trabalhadores com agrotóxicos dentro de um binômio bastante singelo entre o uso e o não uso dos equipamentos de proteção individual, ou seja, ficam limpos os trabalhadores que usaram efetivamente os equipamentos que lhes foram concedidos e são infectados apenas os trabalhadores desidiosos que fizeram mau uso dos utensílios.

Quisera a segurança do trabalho fosse tão simples quanto essa equação. A complexidade é muito maior, a toda evidência.

De plano, já se deve ter em mente que o modelo predominante das monoculturas regionais facilitam o desenvolvimento das pragas, que encontram campo fértil para sua expansão e sua adaptação. Tornam-se mais difíceis as técnicas alternativas de combate às pragas, especialmente o uso do manejo integrado de predadores naturais, que, em outro cenário de policultura, poderia ter eficiência maior. Falar-se em agricultura orgânica, então, já parece até mesmo navegar pelo campo do delírio.

O agrotóxico, como se sabe, tem caráter marcadamente acumulativo, não sendo de fácil descarte e tampouco apresentando eficiência na higienização, nem daqueles que o aplicaram diretamente à planta, nem daqueles que tiveram contato em outros estágios da produção agrícola.

Para piorar ainda mais a situação, mesmo os produtos mais eficientes do mercado atingem baixíssimos índices de eficiência na aplicação, oscilando a média entre 20% e 50%, isto é, a aplicação dos pesticidas precisa ser abundante e quase perdulária, porque apenas uma fração de um quinto à metade do líquido derramado será realmente absorvido pelas plantas, de sorte que a outra parcela será dividida entre o solo, as vestimentas do trabalhador, o ar e a água.

Daí não serem surpreendentes, apesar de deprimentes, as notícias que começam a ganhar destaque na imprensa a respeito da contaminação irrecuperável de aquíferos e demais formas de reservas naturais de águas no nível subterrâneo: mesmo que sem contato direto com o homem, essas reservas já apresentam índices elevados de produtos tóxicos, oriundos da maciça aplicação no plano térreo.

Dois dados interessantes merecem destaque ao desfecho destes comentários sobre os produtos agrotóxicos.

Primeiro, pouco se comenta sobre os gastos de publicidade em torno de pesticidas, sob os auspícios de uma legislação brasileira um tanto sofrível.

O rigor que a lei estampa quanto à publicidade de remédios de uso controlado não foi seguido quanto à publicidade de agrotóxicos, de controle igualmente necessário.

A Lei n. 7.802/1989 foi bastante rigorosa quanto à publicidade dos medicamentos em geral, obrigando que os laboratórios se dirijam às autoridades médicas e demais profissionais do ramo, pois somente eles poderão fazer as prescrições necessárias e entender as necessidades dos pacientes, não sendo razoável que a população seja bombardeada por apelo comercial de remédios que não lhes podem ser vendidos diretamente.

Ao revés, a mesma lei foi flexível quanto à publicidade de agrotóxicos: embora estes também careçam de receituário e de orientação profissional quanto ao manejo e descarte, a norma autoriza a publicidade direta aos agricultores e público consumidor, atropelando a autoridade dos que teriam melhor orientação a respeito.

Essa diferença de tratamento pelo legislador é sintomática a respeito da pouca importância que o tema dos produtos biotecnológicos desperta no Brasil em particular.

Por segundo, é válido notar que os pesticidas mais agressivos e com maior índice de toxicidade são normalmente os mais baratos, e não os mais caros como poderia parecer à primeira vista.

Esse barateamento se deve ao fato de que apenas se admite o registro de produtos que apresentem menor toxicidade do que os produtos anteriores, de tal modo que os mais letais são geralmente mais antigos, com patentes vencidas ou que já propiciaram lucros ao longo das décadas, justificando que sejam comercializados em bases menores.

O resultado dessa ironia é que os produtos mais venenosos costumam ter acesso facilitado aos médios e pequenos proprietários rurais, a quem a publicidade acima mencionada foi dirigida, driblando-se a regra do receituário obrigatório, e impactando de modo direto e irrecuperável sobre todos os trabalhadores daquele ciclo produtivo.

Afora o tormento dos agrotóxicos, há ainda outros focos de aflição sobre o tema da biotecnologia, tudo capaz de justificar à saciedade a eleição desse tema como um dos pilares da agenda de saúde e segurança do trabalho para 2020.

A sociedade se vê forçada a conviver com doenças resistentes ao tratamento medicamentoso, como a tuberculose e a malária (a qual continua a ostentar o título de uma das dez doenças mais letais do mundo), e a complexidade de se combaterem simultaneamente vírus persistentes, como o HIV, e elementos enigmáticos, como as gripes chamadas de aviária e suína.

Contato com substâncias alergênicas e com os organismos geneticamente modificados aumentam ainda mais o grau de incerteza quanto à segurança do trabalho, no ponto de inflexão entre o que a ciência conhece hoje e o que os trabalhadores expostos a esses produtos biotecnológicos poderão vivenciar futuramente.

Cabe, para arrematar, um pensamento sobre o conceito de limites de tolerância, ou seja, quando o assunto são os elementos biotecnológicos — sejam eles organismos geneticamente modificados, pesticidas ou contato com elementos infectados —, indaga-se se haveria ou não patamares seguros para os trabalhadores, abaixo dos quais eles estariam livres de enfermidades.

Definitivamente, a resposta é negativa.

Existem limites negociáveis, mas não limites seguros ou irretocáveis, por várias razões.

Houvesse padrões seguros de contato com os elementos químicos e biológicos, poderíamos conviver com melhores posturas de saúde e segurança do trabalho. Seria suficiente que as normas fossem enfáticas quanto aos padrões de segurança, afora dos quais somente um grupo seleto, treinado e paramentado de trabalhadores poderiam ser envolvidos. Para alguns patamares, nenhum trabalho humano poderia ser acionado.

Não é assim, todavia, que as engrenagens se movimentam.

De um lado, sabe-se que todos os limites conhecidos são aproximados, calcados em pesquisas que certamente podem ser revistas e, de qualquer forma, partindo da premissa dos níveis de resistência de um homem médio, o qual, afinal de contas, não existe. Na ânsia de se perseguirem as medidas e os níveis de tolerância de um homem médio, acaba-se deixando de lado o homem real.

O intuito de proteger a todos termina por não se proteger ninguém.

De outro lado, os limites adotados em pesquisas científicas ou pela legislação sobre saúde e segurança do trabalho são sempre voltados para a média da população, ao passo que cada organismo humano é único em sua complexidade e seu código genético. Explica-se.

Deve-se entender o limite de tolerância como o patamar em que se acredita, por presunção meramente relativa, que a maioria das pessoas esteja salvaguardada, admitindo-se que existam pessoas hipersuscetíveis à exposição dos agentes, que deveriam merecer proteção mais intensa desde os níveis mais baixos de exposição. Ao revés, também há pessoas mais resistentes que, no particular, não desenvolverão as doenças que eram esperadas para aquelas circunstâncias.

Esse conceito de limite de tolerância como patamar (a) presumido e (b) voltado para a maioria, mas não a totalidade, das pessoas, aparece expressamente nas normas de segurança do trabalho constantes da Conferência Americana de Higienistas Ocupacionais (American Conferece of Governmental Industrial Hygienists — ACGIH), para quem:

> "Os limites de exposição (TLVs) referem-se às concentrações das substâncias químicas dispersas no ar e representam condições às quais, acredita-se, que a maioria dos trabalhadores possa estar exposta, repetidamente, dia após dia, durante toda uma vida de trabalho, sem sofrer efeitos adversos à saúde."

Como a Consolidação das Leis do Trabalho é omissa quanto ao conceito dos limites de tolerância, assim como não se aprofundam sobre o tema as normas regulamentadoras e demais posturas legais a respeito, pode-se fazer a integração normativa com o conceito da ACGIH, conforme previsão expressa da Norma Regulamentadora n. 9 (NR-9), no item 9.5.3.C.

Para maior clareza, vale lembrar que a NR-9 aqui citada como ponte para a ACGIH é a mesma que instituiu o Programa de Prevenção de Riscos Ambientais

(PPRA), tendo a norma sido aprovada pela Portaria n. 3.214/1978, do Ministério do Trabalho e Emprego, em obediência aos arts. 174, 175, 178 e 200 da Consolidação das Leis do Trabalho.

3. O ENIGMA DA NANOTECNOLOGIA

A inserção da nanotecnologia como uma das grandes preocupações em matéria de saúde e segurança do trabalho para 2020 pode ser vista como uma dedução lógica do item acima, concernente à biotecnologia de maneira geral. Mas que não se enganem aqueles que pensam ser a nanotecnologia meramente o estudo da miniaturização dos elementos químicos.

A fragmentação dos elementos químicos está longe de ser novidade, mas foi somente a partir de 1987, com o desenvolvimento de microscópios mais poderosos, que a humanidade passou a vislumbrar, de modo mais efetivo, as nanopartículas. Não se trata propriamente de enxergá-las, dado que as lentes de aumento não chegam, neste caso, a exibir a partícula, mas elaboram uma leitura e um desenho preciso de sua forma e de seu comportamento.

Aliás, a título de curiosidade, esses desenhos são tão instigantes, que ensejaram o desenvolvimento da chamada nanoarte, que consiste no trabalho artístico desenvolvido a partir das imagens caleidoscópicas dos elementos químicos reduzidos ao tamanho de um nanômetro. São imagens belíssimas e inspiradoras, aduza-se.

O nanômetro corresponde a um bilionésimo de um metro — ou, para facilitar a capacidade de abstração, um milionésimo de um milímetro. Em termos comparativos, é o mesmo que imaginar o tamanho de uma gota de água, supondo-a em 7 milímetros, perante a imensidão do Rio Amazonas, que tem cerca de 7.000 km.

A fragmentação dos elementos químicos da tabela periódica à proporção de um bilionésimo não representa apenas facilidade para transporte e manuseio do produto, como pode parecer à primeira vista, o que já seria suficiente para atrair a atenção das empresas.

Na verdade, o potencial da nanopartícula está longe de ser conhecido, sendo que os primeiros indícios dão conta de uma revolução química inexorável, inédita e de consequência inimagináveis.

Tudo seria perfeito, para o progresso da ciência e da humanidade, não fosse o fato de que são desconhecidos os efeitos das partículas fragmentadas sobre a saúde humana, bem como não se conhecem técnicas eficazes para o descarte dos produtos após sua utilização. Se não, vejamos.

Para ilustrar as repercussões imponderáveis do uso da nanotecnologia, tome--se a prata como exemplo.

Sabe-se que o elemento prata é um dos mais eficientes bactericidas, donde sua utilização maciça, especialmente em partículas nanofragmentadas, nos bicos das mamadeiras das crianças para se evitar a contaminação; nas meias, como combate aos maus odores; nos secadores de cabelos; e nas roupas de cama e banho. Começam a ser comercializadas máquinas de lavar roupa com nanopartículas, a fim de que todas as vestimentas saiam esterilizadas a partir da simples lavagem caseira.

Mas será que isso realmente é vantajoso?

De um lado, chega a ser divertida a imagem de uma pessoa se gabando de tirar as roupas esterilizadas de sua máquina de lavar roupas com nanotecnologia, para, minutos após, atirar-se ao trânsito insano das grandes cidades, com veículo próprio ou nas precárias conduções coletivas, para chegar a escolas, escritórios, fábricas e edificações cada vez mais poluídas.

De outro lado, a ânsia de eliminar bactérias termina por atingir, como era de se esperar, as dezenas de bactérias "do bem", necessárias para o equilíbrio do delicado organismo humano. Ainda não são conhecidos estudos, de longo prazo, sobre a vida humana privada de bactérias.

O fato é que, enquanto a compra de uma máquina de lavar roupas, com nanotecnologia de esterilização, resume-se a uma escolha de relação de consumo, o manuseio dos produtos com nanotecnologia na fabricação dessas máquinas e dos outros bens de consumo acima descritos recai sobre um grupo de trabalhadores, braçais e intelectuais, exposto a uma tecnologia de consequências ainda desconhecidas.

A prata é apenas um exemplo das vantagens que a nanotecnologia pode apresentar e, também, das incertezas de seu desenvolvimento.

Vários outros exemplos poderiam ser apresentados, desde o ouro, que consegue ser mais facilmente manipulado, por se tornar líquido em temperaturas bem menores do que o produto tradicional, até o alumínio, cujo ponto de fusão se torna tão baixo que ele simplesmente entra em combustão quando em contato com o oxigênio.

Também se nota grande economia de energia na indústria do petróleo, em que o uso da nanotecnologia reduz drasticamente o tempo para as reações químicas e a quantidade de catalisadores necessários para a redução do óleo bruto nos diversos produtos obtidos nas refinarias, como querosene, parafina e gasolina.

A redução é tão sensível e parece tão importante para a humanidade, em termos de custos operacionais e também de impacto sobre o meio ambiente, que às vezes se chama a nanotecnologia de química verde, uma forma de elogio, por seus bons serviços prestados, mas que ainda não resolve os comportamentos imprevistos da matéria fragmentada.

Outrossim, para a nanotecnologia, os atuais testes de toxicidade não são eficazes, pela simples constatação de que os elementos químicos que estiverem, por exemplo, na corrente sanguínea, na dimensão bilionesimal já descrita acima, tendem a passar despercebidos pelos exames clínicos atualmente conhecidos.

Da mesma forma, os melhores equipamentos de proteção individual existentes, utilizados da forma mais rigorosa possível, tendem, também, a ser inúteis para represar uma partícula fragmentada na casa dos bilhões, capaz de penetrar em finas tramas de tecidos ou de filtros utilizados em máscaras respiratórias.

Ora, se os testes de toxicidade são ineficazes para um retrato fiel das partículas em nanotecnologia, via de consequência também os limites de tolerância, além das críticas acima lançadas quanto a sua perigosa generalização, serão de pequena utilidade para alertar os trabalhadores quanto à presença de componentes químicos nas matérias-primas, fórmulas e demais componentes utilizados no ambiente de trabalho.

Para encerrar esta seção, saliente-se que a estimativa da Organização Internacional do Trabalho para 2020 é a presença da nanotecnologia em 20% em todas as matérias-primas existentes no mundo. Em outras palavras, um quinto de tudo o que se produz e do que se consome no planeta já terá tido a inserção dos elementos fragmentados, sendo infantil, portanto, achar que apenas os trabalhadores dos grandes laboratórios sintetizadores dos elementos químicos é que poderão sofrer os efeitos mais letais desse contato.

Nota-se um crescimento intenso no volume de recursos destinados ao estudo e à pesquisa da nanotecnologia, desproporcional ao aumento mais modesto dos investimentos em pesquisas sobre eventuais efeitos deletérios do uso desses produtos e subprodutos sobre a saúde humana em geral e sobre a saúde dos trabalhadores em particular.

Não se deve orientar a vida pelo pessimismo amargo, mas este tipo de cenário — primeiro, o uso eufórico da substância; depois, a busca de informações sobre o conteúdo, invertendo-se o bom senso e a ordem natural dos acontecimentos — leva à crença de que, quando os estudos de segurança do trabalho sobre área da fronteira do conhecimento estiverem prontos, digamos que sua divulgação já parecerá tardia demais.

Justifica-se, assim, a inserção da nanotecnologia no rol das grandes preocupações da década, em matéria de saúde e segurança do trabalho, para além dos estudos necessários quanto à biotecnologia de maneira geral.

4. O ENVELHECIMENTO ACENTUADO DA POPULAÇÃO ECONOMICAMENTE ATIVA: UMA BOMBA DEMOGRÁFICA

Assiste-se a um rápido envelhecimento da população.

O que parecia impensável poucas décadas atrás, quando ainda reinavam altíssimas taxas de natalidade, aos poucos se descortina, com bruscas alterações na pirâmide demográfica, que de pirâmide só guardou mesmo o nome. Outrora, falava-se em "pirâmide demográfica" porque a quantidade de bebês e de crianças, representadas pela base, era bem mais larga do que a quantidade de adultos e idosos, representados na cúpula, reduzindo-se gradativamente o percentual de habitantes de um país, à medida que se aumentava a faixa etária. Esse cenário piramidal mudou por completo.

Caminha-se para um desenho de pirâmide invertida (poucas crianças na base, muitos idosos no cume).

Enquanto esse panorama não chega, todavia, os países convivem com diversos desenhos, podendo ser evocadas as figuras de um retângulo (número parecido de jovens, crianças e adultos) e de uma elipse (poucas crianças e idosos, mas muitos adultos na meia-idade, por exemplo). A parte mais protuberante desta "barriga" pode oscilar, ora destacando a quantidade de jovens de 20 anos, ora demonstrando maior quantidade de adultos de 40 anos, a depender do ciclo de desenvolvimento de cada país, mas praticamente já não se encontram países com o desenho geométrico da clássica pirâmide.

É sobre esse cenário que se debruçam estudos de saúde e segurança do trabalho, buscando-se antever quais serão os impactos do envelhecimento da população sobre as relações de trabalho, haja vista que, cedo ou tarde, a "barriga" ficará mais acentuada na parte de cima.

Em primeiro lugar, surgem constatações óbvias no sentido de que os trabalhadores mais idosos são mais vulneráveis a alguns riscos, especialmente no que diz respeito a infecções e distúrbios osteomoleculares. Não há necessidade de grande esforço para se lembrar que eles são mais sujeitos a quedas por mau equilíbrio corporal, acuidade visual reduzida, perda do tato e da sensibilidade, capacidade auditiva mitigada e reflexos mais vagarosos — tudo o que não se espera de um trabalhador.

Em segundo lugar, também tem sabor de lugar comum recordar que os mesmos tratamentos ambulatoriais e medicamentosos destinados a jovens e adultos encontrarão maior dificuldade na população idosa, com menor velocidade de reação, períodos de latência mais prolongados e uma série de conexões entre as doenças ocupacionais e as não ocupacionais. Os períodos de recuperação e de quarentena tendem igualmente a ser mais longos e mais delicados, não se podendo, por exemplo, lidar com o conceito de alta pré-programada para um indivíduo com problemas multifatoriais.

Em terceiro lugar, não é razoável que somente sejam pensadas ações para a população de trabalhadores idosos quando já atingida a idade avançada. Maciços investimentos em prevenção, precaução e prolongamento da qualidade de vida —

e, por conseguinte, prolongamento da mão de obra qualificada — serão necessários sobre a população jovem e adulta, diante da constatação certeira de que as novas gerações viverão mais e melhor.

Por fim, é bom destacar que o desenvolvimento de equipamentos de proteção individual precisarão levar em conta também o organismo desses trabalhadores, desde a concepção dos moldes até a adequação ao ritmo de trabalho.

Se já era sofrível a concepção de equipamentos para "homens médios", conforme crítica externada no início deste trabalho, tanto pior quando se constata que esse padrão médio de trabalhador normalmente se concentra na fase adulta, de sorte que a quase totalidade das roupas, dos equipamentos protetores e das ferramentas de trabalho são desenvolvidas com foco na fase adulta do trabalhador.

Ao se ter contato com as tabelas de expectativa de vida das crianças nascidas, por exemplo, no século XXI, cercadas de maiores cuidados e providas de extensas campanhas de vacinação, observa-se que as estimativas chegam perto de um século de vida, não estando, todavia, a segurança do trabalho preparada para absorver essa mão de obra com base nas premissas hoje adotadas.

Imaginemos uma transportadora ou uma empresa de logística instalada em uma região com média etária mais avançada: não levará muito tempo e ela terá de conviver com operadores de empilhadeira de 60 anos de idade, motoristas de coleta e entrega de mercadorias com 70 anos e encarregados de expedição de 75 anos, tudo isso para ficar apenas nos exemplos que lidam com acuidade visual e auditiva, não se tocando por aqui no assunto da força muscular. Certamente que empresas deste ramo gostariam de se instalar em comunidades com farta disponibilidade de mão de obra jovem e vigorosa, mas isso não é para sempre.

A escassez de estudos e pesquisas a respeito do preenchimento dos postos de trabalho por mão de obra acima de 60 ou de 70 anos é uma áspera confirmação da urgência do tema em saúde e segurança do trabalho.

5. HOME OFFICE: *VELHOS PROBLEMAS, NOVOS CONTORNOS*

Trabalhar em casa está muito longe de representar uma novidade do século XXI.

Em 1943, por exemplo, a Consolidação das Leis do Trabalho apresentava a não discriminação entre quem trabalhava na fábrica e quem trabalhava em domicílio como uma de suas premissas, como pode ser visto em seu art. 6º.

Dado que os arts. 1º a 11 da CLT apresentam um panorama geral em matéria de conceitos — empregado, empregador, grupo econômico, sucessão empresarial —, de princípios e de regras de contagem de prescrição, é comum a referência a esse bloco de artigos como uma espécie de Lei de Introdução ao Código Trabalhista.

Assim, reforça-se ainda mais a importância do dispositivo que fazia referência ao trabalho em domicílio.

A diferença entre o trabalho em casa na década de 1940 e na década de 2010 talvez se atenha aos exemplos das profissões mais frequentes sob este modelo.

Outrora a máquina de costura se encontrava no centro das atenções, manejada em casa por um exército de costureiras, arrematadeiras, pesponteiras, alfaiates e um sem número de ajudantes que orbitavam a indústria do vestuário. A lógica era muito favorável para as empresas, que economizavam os custos do espaço físico e das ferramentas da produção. Some-se a isso o fato de que, pagando normalmente os serviços pela unidade de produção, podiam recolher quantidades elevadas de peças a um custo trabalhista relativamente baixo, ficando camufladas centenas de horas extras, além de inevitavelmente omitidas diversas doenças ocupacionais.

Decerto um trabalhador pode reivindicar horas extras pelo trabalho em domicílio — ou qualquer outra parcela que dependa da prova dos fatos —, mas até as cadeiras do fórum trabalhista sabem que essa comprovação será muito mais penosa.

Há um exemplo clássico na doutrina: costureira que consegue comprovar uma quantidade mínima de peças preparadas por dia e o tempo de produção de cada peça separadamente. Na hipótese de serem, digamos, 20 peças por dia à razão de meia hora cada peça, chega-se à média de 10 horas de expediente domiciliar por dia. Como a legislação considera suplementar o período que exceder de oito horas, tem direito o empregado de auferir um adicional de 50% sobre o valor da tarifa ajustada para a unidade de produção. Eis o sistema reinante no Brasil à luz do art. 7º da Lei n. 605/1949 e da Súmula n. 340 do Tribunal Superior do Trabalho, nada obstante opiniões autorizadas em sentido contrário.

Não é difícil notar que esse trabalhador terá alguns percalços severos no caminho da luta pelo direito, haja vista que pode não obter êxito na quantificação das peças — pense-se, por exemplo, na indústria das miçangas ou da colocação de lantejoulas numa camisa — ou na quantificação do tempo médio de cada tarefa. Afora isso, sempre haverá quem sustente o caráter facultativo da produção diária, como se ao empregado não interessasse vencer a maior quantidade possível de unidades de produção, para fechar suas contas ao final do mês.

Se o empregado pretender parcelas mais específicas, como o adicional noturno, o fardo será ainda maior, pois terá de comprovar uma possível exigência de se receber o material de noite para se entregar de dia, por exemplo.

Os exemplos concernentes às horas-extras e ao adicional noturno são lançados neste estudo sobre saúde e segurança do trabalho apenas para se ter uma pequena ideia do quanto será custosa a comprovação de adoecimento profissional nas atividades executadas na residência do empregado.

Daí não ser surpresa a ausência de registros de lesão por esforços repetitivos entre as costureiras de décadas passadas, executadas as tarefas sob as condições acima descritas. Além de toda a complexidade desta prova, haverá empecilhos quanto à mescla com as lides domésticas e outras atividades que a pessoa pode exercer no ambiente do lar, supostamente mais livre e desapegado de formalidades quando comparado à empresa.

E, ademais, quem fiscalizaria a postura da costureira quando curvada horas a fio sobre uma máquina e quem exigiria o uso de equipamentos de proteção individual, se houvesse?

Questões como essa atrofiaram jurisprudência e doutrina quanto às doenças ocupacionais em domicílio, mas o tema precisa ressurgir com a devida brevidade, não apenas em respeito à dignidade dos que se dedicam à costura, mas também em atenção aos incontáveis ofícios que diariamente são deslocados para o âmbito domiciliar.

Há quem considere difícil traduzir a expressão *home office*, do inglês "escritório em casa". De maneira geral, os textos a respeito do trabalho em domicílio se resignam e usam o vernáculo inglês, mesmo quando o pesquisador é italiano ou francês, por exemplo. Parece ser uma locução sintética mais feliz, mas provavelmente é também uma forma de emprestar um pouco de dignidade e de *status* para um trabalho estafante, que requer mais disciplina e concentração do que as atividades outrora desempenhadas no escritório do empregador ou dador dos serviços. Quem elabora planilhas e digita textos ao lado de um bercinho, com crianças correndo pela casa ou com o telefone a tocar insistentemente sabe muito bem da angústia de se conciliar a atividade produtiva com a atividade domiciliar.

Os riscos ocupacionais incluem as conhecidas lesões por esforços repetitivos, as dificuldades com a ergonomia e as posturas mais adequadas, as quedas domésticas, o descuido com o sono e com a alimentação, normalmente sacrificados para se atender ao sistema produtivo, dentre outros focos de preocupação. São naturalmente inimigos mais ocultos do que aqueles presentes no chão de uma fábrica, em que a aflição de um é a aflição de todos. Mas não é só.

A literatura médica começa a apresentar a eclosão de transtornos oculares, como a catarata, em gente jovem. Trata-se de doença tipicamente associada ao envelhecimento da pessoa, mas que, em época de permanência à frente da tela do computador por doze ou quatorze horas por dia, passou a apresentar um inusitado quadro de rejuvenescimento.

Espera-se que o arquiteto, o advogado, o nutricionista, o engenheiro, o desenhista de páginas de internet, o consultor, o corretor de imóveis, e, também, o profissional do corte e costura, estejam bem informados a respeito quando da assunção de um novo projeto que envolva a prestação de serviços em sua própria residência.

Em matéria de segurança do trabalho parece mais difícil combater o inimigo silêncio do que os explosivos e inflamáveis, porque estes, pelo menos, impõem respeito e algum temor.

6. Trabalho decente é trabalho seguro

Por derradeiro, cumpre fazer referência à conhecida agenda do trabalho decente e seu papel no combate à degradação da saúde e da segurança trabalhista.

Muito se fala sobre essa expressão, mas pouco se aprofunda em seus estudos, correndo-se o risco e o constrangimento de se desaguar numa lírica poética sem qualquer eficácia ou conteúdo programático. Se consultado, o trabalhador certamente preferiria um trabalho digno com um nome feio a um trabalho precário com a pomposa nomenclatura de agenda do trabalho decente.

Há dificuldades até mesmo na tradução para o idioma português, dado que a palavra *decent* no idioma inglês não tem o sentido de decência ou de decoro que a língua portuguesa pode fazer aflorar. Do contrário, seriam decentes todos os trabalhos que se harmonizem com a moral e os bons costumes aceitos pela maioria da sociedade, e somente seriam indecentes os trabalhos que agridam os valores médios, envolvendo conceitos vaporosos como os costumes sexuais.

Evidentemente que o conceito de trabalho decente nada tem a ver com o modo de vida da população.

Talvez tivesse sido melhor tratar o assunto como trabalho suficiente, como propôs certa feita o professor Ari Possidônio Beltran, ou trabalho digno, mas acabou prevalecendo a tradução literal, nem sempre a mais recomendada.

De qualquer forma, mantendo-se em mente que o trabalho decente é o trabalho suficiente, capaz de aliar a promoção da renda e da emancipação digna do trabalhador, é muito oportuno frisar que um dos pilares dessa construção da Organização Internacional do Trabalho passa exatamente pela segurança do trabalho.

De modo sintético, podemos enxergar no conceito de trabalho decente:

(a) a aplicação dos princípios fundamentais da Organização Internacional do Trabalho, particularmente no que diz respeito às Convenções sobre liberdade sindical, não discriminação, proteção ao trabalho das pessoas mais vulneráveis, como as mulheres e as crianças;

(b) geração de postos de trabalho compatíveis com a demografia do país;

(c) proteção social adequada, proporcional à riqueza produzida pelo país e capaz de alcançar toda a população economicamente ativa, sendo constrangedora a situação de um país com metade da força de trabalho "incluída" no regime geral da previdência e a outra metade "excluída", sob o singelo argumento da informalidade; e

(d) diálogo social eficaz.

Ora, no quesito (c), a propósito da proteção social adequada, evidentemente que devem ser inseridas as diversas formas de prevenção e combate às doenças e aos acidentes de trabalho, não sendo crível que uma nação séria possa ser edificada unicamente sobre os escombros das prestações previdenciárias pagas para os desvalidos e os incapacitados, já depois de consumada a tragédia.

Isso diz respeito não somente a questões de reservas matemáticas e cálculos atuariais, mas também a uma questão básica sobre a dignidade do ser humano e o conceito do trabalho como forma de prosperidade e de desenvolvimento do ser humano — e não como forma de castigo.

Afinal, trabalho decente é trabalho seguro.

Bibliografia consultada

ACGIH. American Conferece of Governmental Industrial Hygienists. *Limites de exposição ocupacional (TLVs) para substâncias químicas e agentes físicos e índices biológicos de exposição (BEIs)*. São Paulo: Associação Brasileira de Higienistas Ocupacionais (ABHO), 2011. ISBN: 978-1-607260-28-8.

BATTAGLIA, Felice. *Filosofia do trabalho*. São Paulo: Saraiva, 1958.

BELTRAN, Ari Possidônio. *Direito do trabalho e defeitos fundamentais*. São Paulo: LTr, 2002.

CESARINO JÚNIOR, Antônio Ferreira. *Higiene e segurança do trabalho no Brasil:* estudo jurídico. São Paulo: Serviço de publicações do Centro e Federação das Indústrias do Estado de São Paulo, 1959.

CRIVELI, Ericson. *Direito internacional do trabalho contemporâneo*. São Paulo: LTr, 2010.

FRIEDMANN, Georges. *O futuro do trabalho*. São Paulo: Moraes, 1968.

_____ ; NAVILLE, Pierre. *Tratado de sociologia do trabalho*. São Paulo: Cultrix, 1973. v. 2.

GARCIA, Eduardo Garcia. *Segurança e saúde no trabalho rural:* a questão dos agrotóxicos. Brasília: Ministério do Trabalho e Emprego, Fundação Jorge Duprat Figueiredo de Segurança e Medicina do Trabalho, 2001.

GARCIA, Gustavo Filipe Barbosa. *Acidentes do trabalho, doenças ocupacionais e nexo técnico epidemiológico*. 4. ed. São Paulo: Método, 2011.

GARCIA, Gustavo Filipe Barbosa (org.). *Legislação de segurança e medicina do trabalho*. 3. ed. São Paulo: Método, 2010.

MELO, Raimundo Simão de. *Direito ambiental do trabalho e a saúde do trabalhador*. 4. ed. São Paulo: LTr, 2010.

MORAES, Maria Isabel Cueva. *A negociação coletiva ambiental trabalhista e seus frutos*. Dissertação (mestrado em direito do trabalho). São Paulo: Faculdade de Direito da Universidade de São Paulo, 2008.

ORGANIZAÇÃO INTERNACIONAL DO TRABALHO. *Emerging risks and new patterns of prevention in a changing world of work*. Disponível em: <http://www.ilo.org/safework/info/publications/WCMS_123653/lang—en/index.htm> Acesso em: 25.10.2011.

_____ . *Declaração da OIT sobre justiça social para uma globalização justa*. Disponível em: <http://www.ilo.org/public/portugue/region/eurpro/lisbon/pdf/resolucao_justica social.pdf> Acesso em: 26.10.2011.

PEREIRA, Alexandre Demetrius. *Tratado de segurança e saúde ocupacional*. São Paulo: LTr, 2005. v. 6.

SALIBA, Tuffi Messias. *Curso básico de segurança e higiene ocupacional*. São Paulo: LTr, 2004.

SILVA, José Antônio Ribeiro de Oliveira. *A saúde do trabalhador como um direito humano*: conteúdo essencial da dignidade humana. São Paulo: LTr, 2008.

SILVA, Homero Batista Mateus da. *Curso de direito do trabalho aplicado*. Rio de Janeiro: Campus, 2009. v. 3: segurança e medicina do trabalho.

Contratos de Aprendizagem. Critérios para aferição da cota em face da Classificação Brasileira de Ocupações — CBO

Luiz Carlos Amorim Robortella(*)
Antonio Galvão Peres(**)

1. O tema deste estudo se conecta profundamente com o homenageado, Professor Ari Possidônio Beltran, tal a sua devoção ao ensino, na mais abrangente acepção. Ser humano invulgar e notável advogado, tudo nele se harmonizou para fazê-lo extraordinário professor de direito.

Cultura jurídica, formação humanística, prazer em transmitir conhecimento, rigor científico e amor à pesquisa são seus traços. Jamais se afasta das premissas metodológicas e do método dialético, como vê em suas aulas e obras publicadas.

A humildade e suavidade no trato o fazem admirado por alunos, professores, juízes e advogados.

(*) Advogado. Doutor em Direito do Trabalho pela Universidade de São Paulo. Professor do Direito do Trabalho da Faculdade de Direito da Universidade Mackenzie (1974-1995). Professor Titular de Direito do Trabalho da Faculdade de Direito da Fundação Armando Álvares Penteado (2000/2008). Membro da Academia Nacional de Direito do Trabalho (cadeira n. 91). Membro do Instituto Latino Americano de Derecho del Trabajo y de la Seguridad Social. Membro da Associación — Iberoamericana de Derecho del Trabajo y de la Seguridad Social. Membro do Instituto Brasileiro de Direito Social "Cesarino Jr", seção brasileira da Societé Internationale du Droit du Travail et de la Sécurité Sociale.
(**) Advogado. Doutor e Mestre em Direito do Trabalho pela Universidade de São Paulo. Professor Adjunto de Direito do Trabalho da Faculdade de Direito da Fundação Armando Álvares Penteado desde 2006. Presidente da Comissão de Direito do Trabalho do Instituto dos Advogados de São Paulo. Membro do Instituto Brasileiro de Direito Social "Cesarino Jr.", seção brasileira da Societé Internationale du Droit du Travail et de la Sécurité Sociale.

Aqui vai nossa homenagem singela.

2. Não pretendemos analisar pressupostos, relevância social ou condições em que se desenvolve o contrato de aprendizagem, salvo de forma indireta.

Interessa-nos, em verdade, a polêmica instaurada pelo Decreto n. 5.598, de 2005 acerca dos critérios para aferição da cota mínima e máxima de contratação de aprendizes.

O art. 10 dispõe que a Classificação Brasileira de Ocupações — CBO deve ser adotada "para a definição das funções que demandem formação profissional".

Quando se examina a CBO se constata serem raras as atividades excluídas e, além disso, em alguns casos a descrição é obscura, podendo abranger atividades diversas, de maior ou menor complexidade.

3. O art. 429 da CLT exige que todos os estabelecimentos respeitem a cota mínima de cinco e máxima de quinze por cento de aprendizes. A base de cálculo é o "número de trabalhadores em cada estabelecimento, cujas funções demandem formação profissional".

Isto significa que funções onde não se demande formação profissional são excluídas da base de cálculo. Afinal, não faz mesmo sentido envolver atividades inconciliáveis com o ensino ministrado nos Serviços Nacionais de Aprendizagem ou nas instituições a que se refere o art. 430 da CLT.

Outras exclusões são previstas em normas regulamentares, tais como atividades que exijam "habilitação profissional de nível técnico ou superior, ou, ainda, as funções que estejam caracterizadas como cargos de direção, de gerência ou de confiança" (art. 10, § 1º, do Decreto n. 5.598/2005).

No passado também se afastavam as atividades insalubres, perigosas e prejudiciais na aprendizagem, isto porque restrita a trabalhadores entre 14 a 18 anos de idade. Todavia, com a ampliação do limite etário da aprendizagem para 24 anos, por força da Lei n. 11.180/2005, a vedação não se aplica aos que tiverem mais de 18 anos.

4. O art. 10, *caput*, do Decreto n. 5.598/2005 tenta criar um critério objetivo, remetendo o intérprete à Classificação Brasileira de Ocupações — CBO:

> "Art. 10. Para a definição das funções que demandem formação profissional, deverá ser considerada a Classificação Brasileira de Ocupações (CBO), elaborada pelo Ministério do Trabalho e Emprego.
>
> § 1º Ficam excluídas da definição do *caput* deste artigo as funções que demandem, para o seu exercício, habilitação profissional de nível técnico ou superior, ou, ainda, as funções que estejam caracterizadas como cargos de direção, de gerência ou de confiança, nos termos do inciso II e do parágrafo único dos arts. 62 e 224, § 2º, da CLT."

Sucede que, a ser tomada a CBO sem o devido cuidado, há o risco de se incluir na base de cálculo atividades incompatíveis com a aprendizagem, como, por exemplo, "embaladores a mão" e "garis".

Vejam-se, a título de ilustração, algumas definições da CBO:

"5142-15 — Varredor de rua

Gari, Margarida."

"7841-05 — Embalador, a mão

Ajudante de embalador, Ajudante de encaixotador, Amarrador de embalagens, Carimbador, a mão, Classificador de embalagens (manual), Colador de caixas, Embrulhador, Empacotador, a mão, Encaixotador, a mão, Enchedor de bandejas, Engradador, Ensacador, Etiquetador, a mão, Montador de caixa de papelão, Montador de embalagens."

Nos itens "formação e experiência", a CBO pode ensejar uma contradição:

"O acesso às ocupações de faxineiro e limpador de vidros é livre. O exercício das ocupações de coletor de lixo e gari requer quarta série do ensino fundamental e a ocupação de trabalhador de serviços de manutenção de edifícios e logradouros tem como requisito o ensino fundamental completo. O exercício pleno das atividades ocorre após um a dois anos de experiência. *A(s) ocupação(ões) elencada(s) nesta família ocupacional, demandam formação profissional para efeitos do cálculo do número de aprendizes a serem contratados pelos estabelecimentos, nos termos do art. 429 da Consolidação das Leis do Trabalho — CLT, exceto os casos previstos no art. 10 do Decreto n. 5.598/2005.*"

"Essas ocupações são exercidas por trabalhadores com escolaridade de ensino fundamental concluído e aprendem as atividades ocupacionais no próprio emprego. Para o exercício pleno da função é necessário o tempo de menos de um ano de experiência profissional. *A(s) ocupação(ões) elencada(s) nesta família ocupacional, demanda(m) formação profissional para efeitos do cálculo do número de aprendizes a serem contratados pelos estabelecimentos, nos termos do art. 429 da Consolidação das Leis do Trabalho — CLT, exceto os casos previstos no art. 10 do Decreto n. 5.598/2005.*"

Essa é a contradição: a CBO, a despeito da manifesta simplicidade dessas atividades, contraria a natureza das coisas e as inclui no cálculo da cota de aprendizagem.

5. Em nossa opinião, a CBO é mero indicativo e não pode ser aplicada sem os necessários temperamentos e adequação à legislação do aprendiz.

Por isto mesmo, *há que excluir da base de cálculo da cota funções que exijam cursos de nível técnico ou superior, que digam respeito a cargos de confiança ou não exijam qualquer formação profissional.*

Quanto aos dois primeiros aspectos, destaca-se o seguinte acórdão:

"CONTRATAÇÃO DE APRENDIZES — ART. 429 DA CLT — PARÂMETROS — 1 — As funções de auxiliar administrativo e secretariado escolar não estão excluídas das normas impositivas da contratação de aprendizes. Ambas demandam formação profissional, *além de não exigirem habilitação de nível técnico ou superior* (Decreto n. 5.598/2005, arts. 9º e 10), integrando assim a clientela da regra de inserção tratada no art. 227 da CF. 2 — Todavia o respectivo número não ostenta, como base de cálculo, o quantitativo de empregados do estabelecimento, *devendo ser excluídas as funções excepcionadas pelo preceito em referência.*" (TRT 10ª R. — RO 01092-2008-019-10-00-0 — 2ª T. — Rel. Juiz João Amílcar — J. 8.9.2009).

Em suma, cargos que prescindem da formação profissional não podem ser incluídos na base de cálculo da cota de aprendizes, a despeito do texto do CBO.

Há um emblemático acórdão do Tribunal Regional do Trabalho da 3ª Região:

"MANDADO DE SEGURANÇA — MENOR APRENDIZ — FIXAÇÃO DA COTA — FUNÇÕES QUE EXIJAM FORMAÇÃO PROFISSIONAL — Nos termos dos arts. 428 e 429 da CLT, para a quantificação do número de aprendizes a serem contratados, *considera-se apenas as funções que dependam de formação técnico-profissional metódica, caracterizada por atividades teóricas e práticas, metodicamente organizadas em tarefas de complexidade progressivas, desenvolvidas no ambiente de trabalho.* Assim, mantém a segurança deferida em primeiro grau, a autoridade coatora *não observou o referido requisito, fixando o numero de aprendizes com base apenas no fato de as funções estarem catalogadas na Classificação Brasileira de Ocupações,* elaborada pelo Ministério do Trabalho em Emprego." (TRT 3ª R. — RO 1490/2009-019-03-00.6 — Rel. Juiz Conv. Fernando Luiz G. Rios Neto — DJe 6.12.2010 — p. 142).

Do corpo desse v. julgado colhem-se as seguintes passagens:

"*A recorrente* pretende a reforma do julgado para que seja indeferida a segurança concedida, sustentando, em resumo, que, para o cálculo dos percentuais de contratação previstos no art. 429 da CLT (contratação de aprendiz), *basta que o cargo esteja descrito na Classificação Brasileira de Ocupações (CBO), elaborada pelo Ministério do Trabalho e Emprego*, porque assim determina o art. 10 do Decreto n. 5.598/2005. Conclui que não ha como excluir, entre outros, os cargos de ascensoristas, faxineiro e zelador, porquanto exigentes de formação profissional prevista no art. 429 da CLT. Assevera que, contabilizados os cargos que exigem formação profissional, de acordo com a referida a CBO, a recorrida deve contratar 156 aprendizes, conforme apurou o Ministério do Trabalho.

Não lhe assiste razão.

O art. 10 do Decreto n. 5.598/2005 não dá suporte a pretensão defendida no recurso, pois a referida norma estabelece:

'Art. 10. Para a definição das funções que demandem formação profissional, deverá ser considerada a Classificação Brasileira de Ocupações (CBO), elaborada pelo Ministério do Trabalho em Emprego.'

A expressão 'para a definição', constante no referido dispositivo, indica que *o aplicador do direito deve avaliar as funções constantes da CBO para definir quais delas demandam formação profissional.* Ou seja, a norma não define, apenas fornece o critério para a definição.

Se prevalecesse a interpretação sustentada no recurso, obviamente a norma teria sido redigida ate outro modo, já que bastaria ao órgão que a emitiu estabelecer que 'ficam definidas, como funções que demandam formação profissional, aquelas constantes da Classificação Brasileira de Ocupações'.

Destarte, a interpretação defendida no recurso fere o sentido literal da regra suscitada, violando também o § 4º, do art. 428 da CLT, que define o que vem a ser 'formação técnico profissional' capaz validar o contrato de aprendizagem previsto no *caput:* (...).

O art. 429 da CLT também e expresso ao fixar que os percentuais de contratação são calculados de acordo com *o número de trabalhadores que ocupem funções que demandem formação profissional,* tanto que exige que o empregador faça a matrícula dos aprendizes contratados nos cursos dos Serviços Nacionais de Aprendizagem ou nas instituições mencionadas no art. 430 da CLT, pois estabelece:

Art. 429. Os estabelecimentos de qualquer natureza são obrigados a empregar e matricular nos cursos dos Serviços Nacionais de Aprendizagem número de aprendizes equivalente a cinco por cento, no mínimo, e quinze por cento, no máximo, dos trabalhadores existentes em cada estabelecimento, cujas funções demandem formação profissional.

Portanto, *o número de empregados que ocupam funções que não necessitam de* 'formação técnico profissional', *como faxineiro, ascensorista, porteiro e etc., não pode ser levado em conta para se fixar o total de trabalhadores aprendizes a serem contratados,* razão pela qual merece ser mantida a segurança deferida, sob pena de violação do principio da reserva legal consagrado no inciso II, do art. 5º, da Constituição Federal."

Nego provimento ao recurso."

No mesmo sentido outros julgados:

"CONTRATAÇÃO DE MENORES APRENDIZES, RESTRIÇÕES — Ainda que o art. 10 do Decreto n. 5.598/2005 indique que a Classificação Brasileira de Ocupações deva ser considerada para definição das funções que demandam formação profissional, como quer a União Federal, *essa conceituação não pode ser dissociada dos critérios maior de que a contratação para aprendizagem, deve visar sempre e principalmente a formação educacional dos aprendizes.*" (TRT 3ª R. — RO 613/2010-105-03-00.0 — Rel. Juiz Conv. Milton V. Thibau de Almeida — DJe 27.4.2011 — p. 81).

"CONTRATO DE APRENDIZAGEM — FIXAÇÃO DA COTA — FUNÇÕES QUE DEMANDAM FORMAÇÃO TÉCNICO PROFISSIONAL — Nos termos do que se afere do art. 428 da CLT, a formação técnico profissional ofertada pelo empregador no contrato de aprendizagem deve contribuir para o aprimoramento físico, moral e psicológico do aprendiz, viabilizando, com o trabalho, a vivência prática dos ensinamentos teóricos que lhe foram repassados no ensino fundamental ou nos cursos de formação profissional. *A indicação pela Classificação Brasileira de Ocupações não é, por si só, fator suficiente para autorizar a contratação para aprendizagem se as funções ali enquadradas como de formação técnico profissional não demandam aprimoramento intelectual.*" (TRT 3ª R. — RO 674/2010-107-03-00.0 — Rel. Des. Emerson Jose Alves Lage — DJe 7.3.2011 — p. 119).

Como se vê, não cabe a contratação de aprendiz para atividade de extrema simplicidade, que não exija formação profissional (art. 429 da CLT) e nem tenha complexidade progressiva desenvolvida no ambiente de trabalho (art. 428, § 4º, da CLT).

Apesar disto, não há uniformidade de entendimento. Na pesquisa jurisprudencial nos deparamos com inúmeros acórdãos aplicando cegamente a CBO, até mesmo com a inclusão de trabalhador da cultura de cana-de-açúcar[1] na base de cálculo, o que nos parece inaceitável.

6. A aprendizagem se faz mediante um *contrato especial* de trabalho, conforme expressamente consignado no art. 428 da CLT, após as alterações da Lei n. 10.097/2000.

Na aprendizagem, o empregado não é apenas trabalhador, *mas sobretudo um discente, e a empresa não é mera tomadora de serviços, mas verdadeira educadora*, como alerta a Professora Cláudia Coutinho Stephan:

> "(...) o trabalho do aprendiz deve desenvolver-se através de uma dinâmica de orientação pedagógica, sob o ponto de vista teórico e prático, conduzindo à aquisição de um ofício ou de conhecimentos básicos gerais para o trabalho qualificado.
>
> Desse modo, enquanto na aprendizagem escolar o adolescente frequenta curso em escolas profissionais, realizando estágio em empresas, na aprendizagem empresária ocorre uma relação direta entre empresa e empregado, quando o adolescente é submetido, no próprio emprego, à aprendizagem metódica." (STEPHAN, Cláudia Coutinho. *Trabalhador adolescente*. São Paulo: LTr, 2002. p. 112).

Estas peculiaridades repercutem na disciplina legal do ajuste, como se vê nos valores reduzidos de depósito ao FGTS e em sua duração especial.

A respeito, diz Alice Monteiro de Barros:

> "A jurisprudência do TST vem lhe atribuindo a natureza de tipo especial de contrato determinado, o que está em estreita consonância com a alteração legislativa verificada com a Lei n. 10.097, de 2000, que deu nova redação ao art. 428 da CLT.
>
> No contrato de aprendizagem, *a principal obrigação do empregador é propiciar a formação profissional* (obrigação de fazer) seguida da

---

(1) "FISCALIZAÇÃO DO TRABALHO — APRENDIZES — TRABALHADOR DA CULTURA DE CANA-DE-AÇÚCAR — INCLUSÃO DA BASE DE CÁLCULO — De acordo com a Classificação Brasileira de Ocupações, o trabalhador da cultura de cana-de-açúcar integra a base de cálculo do número de aprendizes a serem contratados pelos estabelecimentos, nos termos do art. 429 da Consolidação das Leis do Trabalho" (TRT 17ª R. — RO 43100-33.2008.5.17.0161 — Relª Desª Claudia Cardoso de Souza — DJe 24.2.2011 — p. 66).

obrigação de pagar salário (obrigação de dar), ainda que baixo, pois o empregado já está recebendo um salário indireto ou salário-utilidade, traduzido pela aprendizagem ministrada. Afirma-se, também, que a subordinação do trabalhador aprendiz é mais acentuada." (BARROS, Alice Monteiro de. *Contratos e regulamentações especiais de trabalho*. São Paulo: LTr, 2001. p. 241).

Há, portanto, um traço que distingue este contrato e constitui sua essência, ou seja, o *caráter educativo*. O aprendiz encontra-se em formação profissional: a busca de conhecimento é o principal objetivo.

Veja-se este exemplar acórdão:

"CONTRATAÇÃO DE MENOR APRENDIZ — BASE DE CÁLCULO — EMPREGADOS QUE NECESSITEM DE FORMAÇÃO PROFISSIONAL — O cálculo da quantidade de aprendizes a serem contratados terá por base o número total de empregados em todas as funções existentes no estabelecimento *que demandem formação profissional*, excluindo-se aquelas que exijam habilitação profissional de nível técnico ou superior (Inteligência da IN n. 26, art. 1º, § 4º, do MTE). Assim, para efeitos desse critério estão incluídos todos os empregados cuja formação organizada fundamentalmente visar à preparação dos jovens para a escolha de um ofício ou de um ramo de formação, familiarizando-os com os materiais, os utensílios e as normas de trabalho próprios de um conjunto de atividades profissionais. *Por isso, também devem ser excluídos do cálculo da percentagem aqueles trabalhadores que exercem atividades incompatíveis com o trabalho de aprendizes, como os motoristas de caminhão.*" (TRT 12ª R. — RO-V 00110-2003-012-12-00-7 — (12577/2004) — Florianópolis — 2ª T. — Rel. Juiz Garibaldi Tadeu Pereira Ferreira — J. 15.10.2004).

Imagine-se uma empresa de serviço de limpeza com 1.000 garis e 15 trabalhadores de escritório; se os garis compusessem a base de cálculo, a cota mínima seria de 51 aprendizes. Ora, não podem compô-la. A realização, mediante aprendizagem, do serviço de gari, viola diretamente o bom senso e o texto legal.

7. A atividade do aprendiz *deve corresponder ao curso profissionalizante*, a teor do art. 430 da CLT; inexistentes tais cursos, não há como exigir a contratação.

Veja-se José Afonso Dallegrave Neto em estudo específico:

"(...) a empresa se desobriga do ônus da contratação compulsória, caso não haja na região qualquer programa profissionalizante compatível com o seu quadro de funções que demandem formação profissional ou, havendo os programas, não haja vagas disponíveis.

Antigamente, nestas hipóteses de ausência de curso ou falta de vagas ofertadas pelo Senai ou Senac, a empresa poderia implementar a Aprendizagem Metódica no Próprio Emprego (AMPE). Contudo, a partir da nova redação dada ao § 1º do art. 428 da CLT, a validade do contrato de aprendiz está condicionada a 'inscrição em programa de aprendizagem desenvolvido sob a orientação de entidade qualificada em formação técnico-profissional metódica'." (DALLEGRAVE NETO, José Affonso. Contrato de trabalho especial de aprendizagem. *Revista de Direito do Trabalho*, São Paulo: RT, n. 128, p. 378, out./dez. 2007).

8. Em conclusão, há que conciliar a generalidade da CBO com o escopo da lei regulamentada. É certa que o regulamento pode "prover sobre minúcias não abrangidas pela norma geral editada pelo Legislativo" (MEIRELLES, Hely Lopes. *Direito administrativo brasileiro*. São Paulo: Malheiros, 1997. p. 164), mas não pode modificá-la, muito menos em aspecto essencial. O objetivo claro e específico da lei é o caráter educativo da atividade.

Portanto, na aplicação da norma, a CBO é mero indicativo, que não pode se chocar com a teleologia e axiologia da lei de aprendizagem.

São nossos breves apontamentos sobre o tema.

Negociação Coletiva e Boa-Fé Objetiva

Renato Rua de Almeida[*]

Introdução

É preciso ressaltar a importância da negociação coletiva como procedimento tendente à regulação das relações de trabalho.

Para tanto, a negociação coletiva necessita de determinados pressupostos, tais como a liberdade sindical, examinada não apenas em seu aspecto conceitual, mas também como atividade dos trabalhadores organizados.

Há pressupostos ainda a serem alcançados no ordenamento jurídico brasileiro, para que a negociação coletiva possa atingir seu objetivo entre nós?

Enquanto não forem alcançados esses pressupostos, ficam ao menos parcialmente prejudicados os requisitos da boa-fé objetiva para conseguirmos a efetividade da negociação coletiva?

Em que termos, mesmo sem serem alcançados os pressupostos necessários para a plena efetividade da negociação coletiva, a boa-fé objetiva poderá contribuir para que a negociação coletiva seja mais bem aplicada no Brasil?

Essas questões introdutórias serão examinadas no corpo da presente exposição, compreendendo primeiramente a importância da negociação coletiva no contexto atual do mundo do trabalho, em segundo lugar a questão dos pressupostos

---

[*] Advogado trabalhista. Professor de Direito do Trabalho da Faculdade de Direito da PUC-SP. Coordenador do programa de mestrado e doutorado em Direito do Trabalho da PUC-SP. Doutor em direito pela Universidade de Paris I — Panthéon-Sorbonne, membro da ANDT e do IBDSCJ. Ex-advogado de Sindicatos de Trabalhadores.

necessários para a efetividade da negociação coletiva, e, por fim, o exame da boa-fé objetiva como instrumento complementar de efetividade da negociação coletiva.

1. Importância da negociação coletiva na atualidade

Alain Supiot, em obra denominada *Homo Juridicus*, traduzida e publicada pela Editora Martins Fontes, afirma que, na conformidade da lição de Habermas, que conceitua o direito como uma "teoria da comunicação", em que se localiza o fenômeno da procedimentalização do direito, como resultado do caminho da regulamentação (normas heterônomas) para a regulação (normas autorreguladas pelos sujeitos das relações jurídicas privadas), a negociação coletiva, no direito do trabalho, é, por excelência, a expressão desse fenômeno jurídico contemporâneo.

Já previa Georges Scelle, em 1927, que, no âmbito do direito do trabalho, as relações jurídicas seriam, no futuro, reguladas pelas partes, como no passado foram reguladas pelo patrão, e, à época em que escreveu seu *Précis de Législation Industrielle*, eram regulamentadas pelo Estado, resultando o famoso jargão "ontem foi a lei do patrão, hoje a lei do Estado e amanhã a lei das partes".

A propósito, a Declaração da OIT de 1998 enumera entre os princípios e direitos fundamentais do trabalho a liberdade sindical e o reconhecimento efetivo da negociação coletiva ao lado da eliminação de todas as formas de trabalho forçado ou obrigatório, da efetiva abolição do trabalho infantil e da eliminação da discriminação em matéria de emprego e ocupação, o que bem demonstra a importância da negociação coletiva nos dias de hoje.

A Constituição Federal de 1988 filtrou essa tendência em seu art. 7º, inciso XXVI, ao eleger e reconhecer a convenção e o acordo coletivo como direito fundamental social.

Aliás, o Brasil já ratificara a Convenção n. 98, de 1949 (sobre a promoção da negociação coletiva e autonomia sindical), e, posteriormente, as Convenções ns. 135, de 1971 (sobre a representação dos trabalhadores na empresa) e 154, de 1991 (sobre negociação coletiva), todas da OIT, tendo em vista a efetividade da negociação coletiva.

Ademais, é oportuno ressaltar que a negociação coletiva descentraliza-se cada vez mais do campo de aplicação do ramo de atividade (categorias) para o âmbito da empresa.

A publicação da obra *Au-delà de l´emploi* pela Editora Flammarion, que é um relatório de juristas da União Europeia sobre o direito do trabalho, coordenado por Alain Supiot, ressalta essa tendência da descentralização da negociação coletiva para o nível da empresa.

Da mesma forma, esse fenômeno jurídico da descentralização do nível da negociação coletiva para o âmbito da empresa é ressaltado por António Monteiro Fernandes, em sua obra intitulada *Direito do Trabalho*, publicada pela Editora Almedina.

E por quê?

Porque conforme ressalta João Leal Amado, em sua recente obra denominada *Contrato de Trabalho*, publicada pela Coimbra Editora, com suas próprias palavras, "o direito do trabalho é um produto da empresa moderna, constituindo a empresa o fulcro, o 'princípio energético' deste ramo do direito".

A propósito, o art. 2º do Código de Trabalho português de 2009 prevê que o principal instrumento da negociação coletiva é a convenção coletiva de trabalho, que compreende o contrato coletivo (I) celebrado entre sindicatos de empregados e empregadores, o acordo coletivo (II) celebrado sindicato dos empregados e várias empresas e o acordo de empresa (III) celebrado entre o sindicato dos empregados e uma empresa.

E, em caso de concorrência entre as cláusulas normativas desses instrumentos da convenção coletiva de trabalho, o art. 482 do Código de Trabalho português prevê que o acordo de empresa afasta o acordo coletivo ou o contrato coletivo (i) e o acordo coletivo afasta o contrato coletivo (II).

Já o Código de Trabalho francês de 2008, em seu art. L.2255.1, prevê que o acordo de empresa prevalece sobre a convenção coletiva do ramo da atividade (categoria), mesmo quando contiver cláusula menos favorável ao empregado, salvo quando a convenção coletiva não o permitir.

Esse fenômeno jurídico da descentralização do nível da negociação coletiva para o âmbito da empresa ocorreu com as cláusulas normativas supletivas e dispositivas das convenções coletivas de trabalho, verdadeiras cláusulas abertas em relação aos acordos coletivos de trabalho, deixando-lhes as adaptações das condições mais favoráveis para menos favoráveis aos trabalhadores, sobretudo daqueles que trabalham em micro e pequenas empresas, visando à efetividade desses instrumentos da negociação coletiva no âmbito dessas empresas.

Obra nesse sentido foi publicada pela Editora Saraiva, de autoria do juiz e professor Henrique Macedo Hinz, intitulada *Cláusulas normativas de adaptação*, visando sobretudo às micro e pequenas empresas, que, no Brasil, segundo pesquisa recente do IBGE, representam em torno de 99,3% das empresas, empregando mais da metade dos trabalhadores brasileiros.

Recentemente, em artigo intitulado "A descentralização do nível da negociação coletiva para o âmbito da empresa", publicado sob o n. 76/2009, no *Suplemento Trabalhista da LTr*, foi por mim examinada a questão, com o entendimento de que o § 1º, do art. 617 da CLT foi recepcionado pelo art. 8º, inciso VI, da Constituição Federal de 1988.

2. Pressupostos a serem superados no direito brasileiro para maior efetividade da negociação coletiva

O modelo de organização sindical brasileiro conflita com o conceito de liberdade sindical preconizado pela Convenção n. 87, de 1948 da OIT.

De fato, as previsões constitucionais do art. 8º, incisos II e IV relativamente à unicidade sindical, à representação sindical por categoria e à contribuição sindical como contribuição social de natureza parafiscal contrariam frontalmente a Convenção n. 87, de 1948 da OIT.

As estruturas externas e internas desse modelo de organização sindical monopolista e corporativista concentram a negociação coletiva em nível das categorias econômicas e profissionais, ao mesmo tempo em que dificultam a descentralização da negociação coletiva em nível da empresa, malgrado a previsão do acordo coletivo de trabalho, uma vez que os sindicatos padecem de representatividade no interior das empresas, salvo poucas exceções no setor metalúrgico, em especial no ABC paulista.

Por outro lado, o entendimento, ainda que parcial na doutrina e na jurisprudência, de que persiste o poder normativo da Justiça do Trabalho nos dissídios coletivos de natureza econômica, malgrado a inserção do comum acordo como pressuposto para o seu ajuizamento, na conformidade do disposto no art. 114, § 2º, da Constituição Federal, com a redação dada pela Emenda Constitucional n. 45/2004, faz com que a negociação coletiva no âmbito das categorias não tenha a efetividade desejável, uma vez que a norma coletiva estaria garantida pelos precedentes normativos de dissídios coletivos dos tribunais trabalhistas.

Uma vez fixada a obrigatoriedade do comum acordo como pressuposto para o ajuizamento do dissídio coletivo de natureza econômica, certamente seria incrementada a negociação coletiva, já que a decisão jurisdicional a ser proferida seria uma arbitragem pública, que escolheria a melhor proposta final apresentada pelas partes, depois de frustrada a tentativa da negociação direta.

Eventual impasse na propositura de dissídio coletivo de trabalho de natureza econômica mediante prévio comum acordo, para a solução do conflito coletivo, implicaria arcarem as partes com os prejuízos de um conflito coletivo prolongado no tempo, além de sofrerem a pressão contrária da sociedade, dependendo do tipo da atividade econômica paralisada.

No entanto, a persistência do conflito coletivo certamente abriria a alternativa para que fossem introduzidas pela legislação as arbitragens obrigatória e necessária, privada ou pública, a serem solicitadas por uma das partes envolvidas no conflito, como previsto pelos arts. 508 e 510 do Código do Trabalho português.

Ora, nesse quadro do ordenamento jurídico brasileiro de desestímulo da negociação coletiva, a boa-fé objetiva é muito pouco exercitada.

A propósito, há raros exemplos de cláusulas obrigacionais, embora tidas como obrigatórias, nos instrumentos normativos, como aquelas previstas pelo art. 613

da CLT, por exemplo, das condições ajustadas para reger as relações individuais durante sua vigência, bem como aquelas que tratam da conciliação das divergências por motivo de aplicação de seus dispositivos, e, ainda, aquelas que tratam do processo de sua prorrogação e de revisão total ou parcial, cláusulas obrigacionais essas tidas como tipicamente de boa-fé objetiva da negociação coletiva.

3. A BOA-FÉ OBJETIVA NA NEGOCIAÇÃO COLETIVA

A boa-fé objetiva, como atitude comportamental dos sujeitos da negociação coletiva, seja na fase pré-contratual, seja na fase da execução contratual, é fundamental para o bom êxito da negociação coletiva.

No entanto, mesmo sendo o processo da negociação coletiva prejudicado pelas razões acima expostas (unicidade sindical, representação sindical por categoria, contribuição sindical obrigatória e poder normativo da Justiça do Trabalho), poderia ser estimulado pela aplicação do dever de informação, como preconizado pela Recomendação n. 163, de 1981 da OIT e consagrado pela Diretiva n. 2002/14/CE do Parlamento Europeu, e, hoje, difundido em todas as legislações dos países membros da União Europeia, tendo como contraponto o dever de sigilo e de confidência da parte dos trabalhadores e seus representantes.

Tanto é verdade, que o Código de Trabalho português de 2009, ao tratar da boa-fé objetiva na negociação coletiva, em seu art. 489, prescreve que as partes devem respeitar, no processo da negociação coletiva, com a brevidade possível, a proposta e contraproposta e facultar à outra os elementos de informação que esta solicitar.

No Brasil, o direito à informação é direito fundamental previsto pelo art. 5º, inciso XIV, da Constituição Federal.

Não seria o caso, quando solicitada, de a Justiça do Trabalho determinar às empresas fornecerem, por exemplo, as informações necessárias para a negociação da PLR, pois, conforme a Lei n. 10.101, de 19.11.2000, em seu art. 2º, inciso II, está previsto que a convenção e o acordo coletivo de trabalho são instrumentos da negociação entre empresas e seus empregados, e, ainda, que o § 1º desse dispositivo legal estabelece que esses instrumentos deverão conter regras claras e objetivas quanto à fixação dos direitos substantivos da participação, podendo ser considerados índices de produtividade, qualidade ou lucratividade?

Desta forma, a Justiça do Trabalho estaria dando eficácia imediata e direta nas relações de trabalho ao direito fundamental da informação, que, ademais, representa a concretização da boa-fé objetiva e de seus deveres anexos na negociação coletiva, hoje, inclusive, previstos pelos arts. 187 e 422 do Código Civil.

Essa questão é fundamental no tocante à efetividade da participação nos lucros ou resultados, que também é direito fundamental nos termos do art. 7º, inciso XI, da Constituição Federal, pois a solução dos impasses pela via de arbitragem privada ainda não resultou meio eficaz, por falta de tradição cultural no Brasil, tornando a medida simples abono fixo sem qualquer relação com os índices de produtividade, qualidade ou lucratividade da empresa.

Ademais, apesar da jurista Judith Martins-Costa preconizar em seus escritos (cf., por exemplo, *A boa-fé no direito privado*. São Paulo: Revista dos Tribunais) a exigência fundamental da boa-fé objetiva e de seus deveres anexos nos negócios jurídicos, vê-se que tais princípios são muitas vezes ausentes na negociação coletiva no Brasil, pelas razões acima expostas, o que fica evidente nas formulações de pautas de reivindicações não atentas ao dever de adequação às possibilidades reais da economia e de cada empreendimento empresarial em particular, sobretudo quanto à questão salarial, pois, vale à pena lembrar, que o justo salário deve atender às necessidades do trabalhador, às possibilidades do empregador e às exigências do bem comum, como preconizado pela *Encíclica Quadragesimo Anno* de 1931 do Papa Pio XI.

Essas questões são bem examinadas por Hugo Gueiros Bernardes, em seu texto "Princípios da negociação coletiva", publicado em obra coletiva intitulada *Relações Coletivas de Trabalho*, publicada pela LTr Editora, em homenagem a Arnaldo Süssekind, e pela procuradora do Ministério Público do Trabalho da 2ª Região, Suzana Leonel Martins, em sua dissertação de mestrado denominada *O princípio da boa-fé na negociação coletiva trabalhista*, em 2006, na Pontifícia Universidade Católica de São Paulo.

A ausência da boa-fé objetiva e de seus deveres anexos ficou evidente no caso da despedida coletiva promovida pela Embraer, quando faltaram a informação e a tentativa prévia de negociação entre a empresa e os trabalhadores e seus representantes, visando à possibilidade de saídas outras que não a despedida em massa de 4.200 trabalhadores, como a suspensão do contrato de trabalho para os trabalhadores participarem de curso ou programa de qualificação profissional com o recebimento de bolsa de qualificação, a redução da jornada de trabalho e salário e o gozo de férias coletivas, entre outras medidas.

A decisão paradigmática da Seção de Dissídio Coletivo do Tribunal Regional do Trabalho da 15ª Região, consubstanciada nos autos do processo de dissídio coletivo jurídico sob o n. 00309200900015004-DC, tendo como relator o desembargador José Antonio Pancotti, no sentido de que a despedida em massa promovida pela Embraer foi abusiva por ausência da negociação prévia entre a empresa e os trabalhadores e seus representantes, implicando a obrigação de repará-los, significou a consagração da importância da boa-fé objetiva e seus deveres anexos na negociação coletiva e também na negociação entre empresa e representantes dos trabalhadores, quando estiverem em discussão interesses coletivos ou interesses individuais homogêneos dos trabalhadores.

Essa decisão paradigmática possibilitou a indagação se subsiste no Brasil o direito potestativo do empregador nas despedidas em massa, como por mim analisado em artigo sob esse mesmo título na *Revista LTr*, v. 73, n. 4, p. 391-393, abr. 2009.

Ademais, ela permitiu que a Seção de Dissídio Coletivo do Tribunal Superior do Trabalho, nos autos do processo TST-ES-207660/2009-000-00-00-7, tendo como relator o ministro Mauricio Godinho Delgado, em julgamento do recurso ordinário interposto da decisão regional, que as futuras despedidas coletivas deverão compreender negociação prévia entre as empresas e representantes dos trabalhadores, sob pena de reparação indenizatória, numa afirmação da exigência da boa-fé objetiva e de seus deveres anexos na negociação coletiva.

Conclusão

A negociação coletiva, compreendendo a satisfação dos interesses coletivos dos trabalhadores, por meio dos instrumentos da convenção e acordo coletivo, bem como a negociação entre as empresas e trabalhadores e seus representantes, quando, por exemplo, são discutidos relevantes interesses individuais homogêneos dos trabalhadores, como na hipótese de despedida coletiva ou em massa, constituem nos dias de hoje o mais notável particularismo do Direito do Trabalho, revestindo-se de singular importância na vida social.

Por essa razão, a negociação coletiva é catalogada — expressão utilizada pelo jurista Ingo Wolfgang Sarlet (cf. *Eficácia dos direitos fundamentais.* Porto Alegre: Livraria do Advogado), no texto constitucional brasileiro, como direito fundamental social.

No entanto, no ordenamento jurídico brasileiro, estão ainda pendentes de solução alguns pressupostos indispensáveis para que a negociação coletiva tenha maior eficácia social.

Por essa razão, o requisito da boa-fé objetiva, embora fundamental para a eficácia da negociação coletiva, como direito fundamental, nas relações de trabalho, não é adequadamente utilizado no Brasil, apesar de estar hoje previsto na legislação comum do Código Civil, como fenômeno moderno da constitucionalização do direito privado.

Assim sendo, a Justiça do Trabalho tem papel fundamental na busca da eficácia horizontal dos direitos fundamentais nas relações de trabalho, valendo-se, por exemplo, da exigência da boa-fé objetiva e de seus deveres anexos nas negociações coletivas, como ocorridas na paradigmática decisão do Tribunal Regional do Trabalho da 15ª Região no caso das despedidas em massa promovidas pela Embraer.

Aliás, o papel do judiciário como um todo é fundamental para a eficácia dos direitos fundamentais no Brasil, sobretudo em razão da inércia do Poder Legislativo na aprovação de medidas promotoras dessa eficácia técnica e social dos direitos fundamentais, como preconizado por Boaventura de Souza Santos, em sua obra intitulada *Para uma Revolução Democrática da Justiça*, recentemente editada pela Cortez Editora.

A Greve de Juízes ou "Eles, os Juízes Grevistas, Vistos por um Advogado Trabalhista"

Luiz Carlos Moro(*)

Escrevo como decorrência de um generoso convite, ao qual não poderia oferecer recusa, oriundo de um grupo de colegas que pretende, de modo justo e tempestivo, homenagear Ari Possidônio Beltran.

O convite é generoso não apenas por me inserir entre os homenageantes, já que não tenho aspirações doutrinárias, mas por conferir àqueles que participam da iniciativa a oportunidade de assentar a homenagem que procuro render diariamente ao amigo carinhosamente chamado apenas Ari.

Homenagear Ari é seguir seu exemplo de conduta. A coerência na vida em todas as vertentes: pessoal, acadêmica, profissional, afetiva, institucional, etc. Caráter hígido, conduta retilínea, posições pessoais que se acham profundamente assentadas no seu íntimo e que não cedem a qualquer aspecto exterior ao próprio convencimento. E essa, sim, é uma linha de conduta que procuro trilhar, a exemplo do meu amigo e professor orientador Ari Beltran.

A homenagem de poucas letras e nenhuma luz que posso prestar não se encontra nas palavras que verto, mas nos modos, letras e luzes que de Ari me apropriei

---

(*) Advogado Trabalhista. Especialista em Direito do Trabalho pela Universidade de São Paulo. Master Interuniversitário de Empleo, Relaciones Laborales y Diálogo Social en Europa, pela Universidad Castilla La Mancha, Espanha. Professor de Direito do Trabalho em diversas instituições de ensino superior. Ex-Presidente da AAT/SP — Associação dos Advogados Trabalhistas de São Paulo, biênio 1998/2000. Ex-Presidente da ABRAT — Associação Brasileira de Advogados Trabalhistas, biênio 2000/2002. Ex-Presidente da ALAL — Asociación Latinoamericana de Abogados Laboralistas, biênio 2003/2005. Conselheiro (desde 2007). Diretor (desde 2009) da Associação dos Advogados de São Paulo.

e reverto-me, como acréscimo à formação que tive, que só não é mais defectiva graças à intervenção generosa de gente com quem vivi e convivi, como Ari Possidônio Beltran.

E me permito oferecer uma passagem com natureza de inconfidência, bem reveladora de quem é Ari. O homem para quem a família, a Universidade de São Paulo e seus alunos, a Associação dos Advogados de São Paulo e seus colegas constituem o eixo da vida, sempre teve uma arraigada noção da greve como direito dos trabalhadores.

O episódio sucedeu numa reunião do Conselho Diretor da Associação dos Advogados de São Paulo, em que se debatiam as consequências, para os advogados, da dilação, no tempo, de uma greve de servidores públicos do Poder Judiciário paulista. Enquanto vozes se levantavam para a emissão de uma manifestação contrária à greve, Ari pediu a palavra para um duplo propósito: dizer, entre as batidas de sua caneta contra a mesa de reunião, que era enorme o seu amor pela instituição da Associação dos Advogados de São Paulo, mas que se dali se extraísse qualquer manifestação contrária ao exercício do direito de greve, deixaria o Conselho Diretor e a condição de associado. Sairia penalizado, mas não poderia admitir tamanha incoerência em sua trajetória de vida.

Esse é Ari. Alguém que não receia as consequências das próprias convicções. Destemor e amor. Amor pela profissão (um advogado em sua quintessência), amor pela representação de classe materializada na Associação dos Advogados de São Paulo, amor pela instituição de ensino (Faculdade de Direito da Universidade de São Paulo), em cujo Largo, ao largo de muitos anos, contribuiu para a formação de milhares de alunos, eu entre eles. Amor pelos alunos, do qual me fiz beneficiário, assim como um profundo e inequívoco amor à própria família.

E não é por outro motivo que escolhi um tema polêmico, delicado, para o qual as lições de Ari, notadamente na sua obra de estreia, a *Autotulela nas Relações de Trabalho*, ofereceram-me maravilhosos subsídios para dele tratar.

Refiro-me à "greve" de juízes, por duas vezes anunciada no ano corrente.

Em 27 de abril de 2011 houve um primeiro movimento, com a paralisação das atividades com a adesão quase total dos magistrados da Justiça Federal. Agora, vivemos a iminência de uma segunda organização, liderada pela Associação dos Juízes Federais (AJUFE), com apoio expresso da Associação Nacional dos Magistrados do Trabalho (ANAMATRA) e data designada: 30 de novembro de 2011.

A iniciativa parece merecedora de diversos reparos. Há os de natureza constitucional, a impedir a identidade entre magistrados e trabalhadores. Há os de cunho jurídico-trabalhista, a revelar que o movimento não se eleva à condição de greve. Mas a principal observação que gostaria de aduzir não diz respeito à presença ou ausência de juridicidade do movimento (ou a mobilização pelo imobilismo) da magistratura, mas a aspectos outros, mais alusivos aos nocivos efeitos para ambas as instituições em jogo: a própria magistratura e o direito de greve.

Muito aprendi com Ari sobre o direito de greve. E tendo em vista que escolhi o sugestivo título *Eles, os juízes grevistas, vistos por um advogado trabalhista*, invoco lição contidas no belíssimo *Evolución del Pensamento Juslaboralista*, editado em homenagem a Hector Hugo Barbagelata pela Fundação de Cultura Universitária, do Uruguai, em 1997.

Ali, o catedrático da Universidade de Sevilha Antonio Martín Valverde discorreu sobre um clássico estudo de Piero Calamandrei, "Significato costituzionale del diritto di sciopero", publicado em 1954 na *Rivista Giurídica del Lavoro*. Conta-nos que o notável Calamandrei, naquele ensaio, inaugurou uma classificação da evolução da greve que se tornou universal, e que opõe três modelos normativos para o enfrentamento da questão.

E nesse contexto, a primeira espécie é a greve-delito. A chamada questão social, a ser tratada como caso de polícia. Foi um modelo muito difundido no século XIX, com presença disseminada nos Códigos Penais de inúmeros países.

O segundo modelo é o da greve-liberdade.

E o terceiro modelo, adotado no Brasil e constitucionalizado, é a greve-direito ou o direito de greve.

Basicamente, os três modelos refletem a postura do estado em relação ao movimento social expresso pela greve. Embora os três modelos ainda coexistam em diferentes países, há uma clara direção evolutiva da greve, passando, ao longo do tempo, do modelo greve-delito para os posteriores, até chegarmos ao ponto da greve-direito.

E a evolução do tratamento estatal passa da repressão explícita à indiferença ou tolerância, no modelo greve-liberdade, deixando a questão social para ser resolvida por negociação pelas próprias partes envolvidas. Nessa ordem de consideração do fenômeno da greve, compreende-se que a postura dos grevistas pode, muitas vezes, cumprir um papel positivo no sistema de relações trabalhistas e até mesmo para a vida social. Os inconvenientes econômicos temporários ocasionados pelas paralisações do trabalho que caracterizam a greve são, no cotejo com os benefícios sociais expressos pelas melhorias das condições de trabalho, de vida, de saúde e segurança dos trabalhadores, na resultante global, considerados inferiores aos benefícios advindos do processo coletivo de reivindicação. Assim, uma postura de inação, decorrente seja da indiferença, seja da expressa tolerância do Estado para com a greve, asseguraria a condição de liberdade à greve.

Mas se o estado de greve-liberdade acabava por permitir os movimentos grevistas, nada lhes assegurava a prática efetiva, até a intervenção estatal para o estabelecimento do direito de greve. Hoje, há uma compreensão majoritária no sentido de que greve é um direito e, como tal, há de ter instrumentos legais de garantia do seu exercício.

Nesse contexto é que sobreveio, num movimento de redemocratização constitucional, o conteúdo do nosso art. 9º da Constituição da República, que literalmente diz:

"Art. 9º É assegurado o direito de greve, competindo aos trabalhadores decidir sobre a oportunidade de exercê-lo e sobre os interesses que devam por meio dele defender.

§ 1º A lei definirá os serviços ou atividades essenciais e disporá sobre o atendimento das necessidades inadiáveis da comunidade.

§ 2º Os abusos cometidos sujeitam os responsáveis às penas da lei."

Notemos que nosso modelo, portanto, na classificação de Calamandrei, é o de greve-direito. Mais que isso: greve como direito incurso no Título II, da Carta Política, que trata dos direitos e garantias fundamentais, no capítulo dos direitos sociais.

Não obstante fundamental, a greve não foi tratada como direito absoluto. Sua titularidade não é disseminada, mas atribuída aos trabalhadores, com a restrição clara para asseguração do interesse social da comunidade de atendimento às suas necessidades inadiáveis e manutenção dos serviços ou atividades considerados por lei como essenciais.

E o § 2º do artigo não deixa de remeter ao tempo da greve-delito. Embora estejamos na era do direito de greve, nem todas as condutas são permitidas. Aquelas consideradas abusivas, incluindo as que constituem tipos penais, sujeitam os seus responsáveis às penalidades previstas em lei, sejam sanções penais, civis ou administrativas.

Quanto à titularidade do direito, é evidente que se destina apenas aos trabalhadores. E mesmo nesse sentido, aos trabalhadores que não sejam servidores públicos, pois a estes últimos a Constituição reservou o direito à greve em outra seção, a das disposições gerais do Capítulo VII (Da Administração Pública) Título II (Da Organização do Estado).

A disposição do art. 37, VII, da Lei Maior alude ao direito de greve dos servidores públicos, tudo a ser exercido nos termos e limites definidos em lei específica, que até hoje, passados vinte e três anos da promulgação da Constituição da República, esperamos de um Congresso Nacional inapetente para o exercício pleno de seus misteres derivados da Carta Política.

Essa clara inapetência do Congresso para o preenchimento de determinadas lacunas de demandas constitucionais fez com que o Supremo Tribunal Federal, em outubro de 2007 declarasse que aos servidores públicos são aplicáveis, enquanto não houver a conclusão do trabalho legislativo sobre a matéria, as prescrições, no que compatíveis, da Lei n. 7.783/1989, da chamada Lei de Greve.

Precisamente em razão da ausência de boa inteligência entre Poderes, os Juízes, indignados com alguns aspectos de suas respectivas situações funcionais e com seus vencimentos, anunciam "paralisação" de suas atividades.

Sucede, porém, que não há a menor compatibilidade do instituto da greve para quem não se subordina e não há a menor compatibilidade da Lei de Greve existente com o exercício da greve por magistrados.

Os julgadores travam, na verdade, não uma greve, mas uma disputa alocativa de recursos públicos. O palco dessa disputa só se desloca para as ruas quando se fazem ouvidos moucos para as reinvindicações formais nas instituições de poder que deliberam acerca da alocação de recursos públicos.

Por isso, juízes não vociferam nas ruas. Não se concebe promovam passeata ou piquete. Isso só seria possível num estado de exceção. E, infelizmente, quando efetivamente vivenciamos momentos de exceção, os magistrados que se alevantaram contra a barbárie acabaram ou defenestrados da magistratura (sem maiores reações do corpo de magistrados), ou silenciados pelo temor da violência e da perda de suas garantias.

Ao invocar uma manifestação que é amplamente difundida como "greve de juízes", provocam dois males enormes.

Detratam o instituto da greve, da qual os juízes não detêm a titularidade. E detratam a própria magistratura, invocando um instituto que pressupõe, para o seu exercício, o jugo de uma subordinação incompatível com a função, a atividade, a missão institucional e o *status* constitucional do juiz.

É triste um advogado trabalhista constatar que os juízes arrogam-se um direito que não lhes assiste e de cujo conhecimento se espera inclusive a noção do que represente a greve para quem é órgão de Estado e exercente de Poder. Não há e nem pode haver direito de greve a quem é precisamente o último garante desse direito em relação a todos. Juízes são órgãos de poder, assim definidos constitucionalmente. Não se subordinam, na sua atividade, a ninguém, senão às suas próprias consciências.

A partir do momento em que instauram greves ou movimentos de paralisação das atividades, opondo-se instâncias, órgãos e Poderes da República, os juízes perdem a noção da própria dignidade especial que a Constituição atribui aos seus cargos públicos, que são assentos de poder da República.

Ao invocar o direito de greve ou mesmo, como querem eufemisticamente alguns, apenas "paralisar" seletivamente a prestação dos seus serviços, os juízes assomam a tribuna dos subordinados, das vítimas de poderes outros, esquecendo-se que são eles próprios fração do Poder de Estado que é uno.

Os juízes grevistas, assim, perdem a consciência de sua essencialidade. Banalizam a magistratura, equiparando-a a todas as demais profissões e atividades, cuja nobreza também não se discute, mas que não assumem funções de Poder de Estado.

O art. 92 da Constituição da República erige o Juiz à condição de órgão do Estado, no âmbito do Poder Judiciário. Não se trata de um trabalhador, na acepção do art. 9º ou de um servidor público civil comum, nos moldes do inciso VII do art. 37, ambos da Constituição da República.

Ao contrário, o juiz é precisamente o poder que garante o exercício daqueles direitos fundamentais todos. E poder não suspende suas atividades. Não se paralisa, catatônico, à espera de um milagre ou de que se lhe ouça, uma vez que não se faz ouvir.

É no Juiz que o advogado e o cidadão depositam as suas esperanças últimas, a do poder que exerce o controle de constitucionalidade, inclusive em relação aos demais poderes. O poder a quem se outorga o monopólio da violência legítima. O poder de dizer o direito e impô-lo mediante o emprego da força.

Quando declaram greve, os juízes se qualificam como meros prestadores de serviços jurisdicionais. Olvidam a sua faceta de Poder de Estado, os únicos indivíduos a receberem, juntamente com o Presidente da República (*vide* art. 76 da Carta Magna), a condição de órgão singular de Estado. Abandonam as funções de garantes da Constituição, de asseguradores dos direitos fundamentais (inclusive do direito de greve alheio, mas jamais deles) e de poder de contenção dos demais poderes.

Não se imagina um Presidente da República anunciar uma "paralisação das atividades", como protesto pelo tratamento remuneratório recebido. E isso se dá porque o Poder Executivo sempre velou pela sua independência e efetivo exercício do poder de que é investido, mais do que a harmonia entre os poderes. O Judiciário, por sua vez, jamais exigiu com firmeza a sua autonomia orçamentária e administrativa. Tem se colocado como prestador de serviços. E o faz muitas vezes genuflexo aos outros poderes, de chapéu em mãos. Converte-se, quando muito, em fração de Estado pedinte e, paradoxalmente, fração do Estado pedante, com uma enorme dificuldade de diálogo com a sociedade.

Embora haja alguns avanços no sentido de reduzir a condição de Estado pedante, preocupa-me, como advogado — e muito — a arrogância de alguns juízes quando do exercício da condição de Estado pedinte. Ao arrogarem-se o direito de greve, despem-se da condição de poder e, paradoxalmente, convertem-se em pedantes.

É claro que não se diz de todos os juízes e muito provavelmente nem mesmo da maioria. Mas a greve é fenômeno coletivo e se há a convocação para movimento que assim se permite intitular, a generalização deixa de ser minha, e passa a ser das próprias entidades representativas que reivindicam a greve para si.

Vestem o uniforme da subordinação, que subordina a ação ao atendimento da reivindicação mínima. Trocam o máximo, a condição de órgãos de Poder da

República e o especial *status* de controladores da constitucionalidade e liceidade de todos os atos, pelo mínimo, quando passam a reivindicar o que consideram o mínimo aceitável para o exercício de suas nobres (e tão detratadas) funções. E o fazem com incompatível ausência de humildade, com a pretensão de que a paralisação de suas atividades fosse causar uma autêntica *débâcle* nos demais Poderes da República.

O que se vê, no entanto, é a baixíssima capacidade de mobilização social dos magistrados. Correm o risco de verem seu movimento passar despercebido. Não obstante a gravidade institucional e jurídica do fato, na prática, o imobilismo dos juízes não mobiliza a quase ninguém, senão a poucos interessados. E causa profundos males institucionais e vilipendia tanto a greve como a própria magistratura.

O movimento tem aparência de greve, mas não é greve. Reveste-se de fatores materiais da greve (cessação do trabalho e de forma coletiva) e até mesmo dos fatores psicológicos da greve (o concerto da paralisação do trabalho com vistas a obter o atendimento de certas reivindicações). Mas não há interlocutores legítimos. Não há sindicato de juízes e as suas associações não têm essa natureza. E não há interlocutor patronal.

De Ari, aprendi:

> "... o conceito de greve está integrado pelos seguintes elementos: a) a greve é uma medida conflitiva, sendo o principal instrumento de autotutela dos trabalhadores no seio de um conflito coletivo; b) a perturbação do processo produtivo em que consiste a greve se manifesta essencialmente pelo inadimplemento contratual dos trabalhadores; c) a principal manifestação da greve e a mais antiga forma de fazê-la é a 'cessação do trabalho'; d) a greve é um fenômeno essencialmente coletivo, na medida em que há de ser concertada ou acordada pelos trabalhadores, por si mesmo ou por intermédio de seus representantes, muito embora a decisão de aderir a greve já convocada corresponda individualmente a cada trabalhador."

Mais adiante, diz:

> "Uma das mais minuciosas definições de greve deve-se a Cabanellas: a abstenção coletiva e ajustada do trabalho pelos trabalhadores, seja por um grupo, por uma associação profissional, pela maioria dos que trabalham em uma ou várias empresas ou grupos de empresas, com abandono dos locais de trabalho, com o objetivo de exercer pressão sobre o empregador ou empresário, a fim de obter o reconhecimento de uma pretensão de caráter profissional ou com o propósito de preservar, modificar ou criar novas condições de trabalho."

Não há como transpor o conceito de greve para os juízes.

Não há contrato — e a greve é o inadimplemento temporário de obrigações contratuais —, assim como não há subordinação ou subsunção dos paredistas, de modo que a paralisação não se destina a pressionar os empregadores ou os tomadores de serviços.

Por fim, a "greve de juízes" não exerce coação sobre ninguém, senão sobre a população jurisdicionada. E, nesse sentido, o movimento é um erro brutal. Não atrai a simpatia dos partícipes da Justiça, senão de uma minoria. E angaria um enorme plexo de detratores da magistratura e do instituto da greve como direito.

O resultado, suponho, será triste.

É por isso que a um advogado trabalhista soa tão triste o deflagrar pelos juízes de um movimento chamado de greve pela imprensa e pela população.

A iniciativa não contribui para a afirmação do magistrado como exercente de poder. Ao contrário, nega essa premissa e amesquinha as funções dos juízes grevistas. Além disso, olvida que o poder é correlacionado ao dever.

Não há a possibilidade de suspensão da atividade que decorre do poder-dever jurisdicional do magistrado. A invocação de uma "greve", assim, nos reverte ao período histórico da greve-delito, porque se aproxima, em muito, do fato típico consubstanciado no crime de prevaricação descrito pelo art. 319 do Código Penal:

> "Art. 319. Retardar ou deixar de praticar, indevidamente, ato de ofício, ou praticá-lo contra disposição expressa de lei, para satisfazer interesse ou sentimento pessoal."

Nem todo interesse pessoal é necessariamente escusa para retardar um ato de ofício, mas o interesse em ver os vencimentos reajustados, realmente, pode até nos conduzir à sensação de que estamos diante não de greve, mas de uma miríade de fatos típicos penais. A suspensão das atividades convocada para o dia 30 de novembro de 2011 é a apologia da prática do retardamento da prática de atos que deveriam ser realizados de ofício, para atender ao sentimento pessoal de cada juiz grevista. Um atentado à magistratura e um atentado ao direito de greve, cuja titularidade é dos outros trabalhadores, mas jamais dos órgãos de poder da República.

Por isso ouso dizer aos juízes grevistas que, pela ótica de um advogado trabalhista, Suas Excelências perdem a excelência que os deve caracterizar. Perdem a essência que lhes deve revestir: a essência do exercício comedido do poder, fundado no respeito à lei, na consciência de que são, também, titulares do monopólio Estatal da violência, mas que não podem fazer uso dessa condição para impor tamanhos males à cidadania, às instituições democráticas, à própria magistratura e ao conceito de greve, que não pode voltar a ser debatido como caso de ilícito penal, senão como direito constitucional, mas que não lhes assiste.

Resta o caminho do diálogo institucional. E invocando a figura dos vasos comunicantes, lembrem-se os juízes de que a advocacia sempre estará apta a dar apoio às justas reivindicações da magistratura, pois não se pode baixar o nível de um sem que necessariamente se reduza a elevação do outro. Pede-se, por isso, que este texto não seja lido como de tratação à magistratura, mas como tentativa de sua preservação como o Poder do qual a democracia depende, no qual a cidadania deposita as suas esperanças, com o qual a advocacia exerce, em conjunto, o *múnus* público de distribuição de justiça.

E paralisar distribuição de justiça é paralisar as nossas esperanças de um país melhor, mais cidadão, mais democrático. Ao trabalho senhores! Todos! Exerçam o poder de que foram investidos para a construção de um mundo mais justo, sem obstrução das vias democráticas que asseguram a progressão em direção a esse propósito.

Ao negar aos juízes o direito à greve, faço-o não movido por qualquer ojeriza à greve, muito menos à magistratura. É pela preservação dessa garantia fundamental, elevada à condição de direito dos trabalhadores que se caracterizam pela subordinação estrutural. E o faço pela reverência que nutro pela magistratura, que há de recuperar a noção de poder a ser exercido. Poder que não se reivindica, mas que se exerce. Poder que não se suspende, que se despende. E busco, assim, como Ari o fez uma vez na Associação dos Advogados de São Paulo, atribuir à greve o *status* que efetivamente tem, assim como à magistratura. Duas instituições fundamentais mas que, como água e óleo, não se imiscuem.

A ÉTICA COMO DILEMA DA ADVOCACIA

Roberto Parahyba de Arruda Pinto(*)

É uma grande honra participar dessa obra coletiva, que presta merecida homenagem ao Ari Possidônio Beltran, advogado, professor e juslaboralista consagrado. Sem desconsiderar as inúmeras qualificações do homenageado, quero distinguir o entusiasmo juvenil com que defende os enraizados princípios éticos de que é portador, com os quais não transige, em circunstância alguma.

A chama que crepita em seu âmago ilumina o entorno e anima os afortunados que com ele interagem, pessoal e profissionalmente, evocando o *Animus* de que falavam os romanos, assim definido por Fábio Konder Comparato como a "sede de vontade dos sentimentos e paixões que animam o grupo social"[1] (sede daquele espírito de curiosidade e aventura, que sempre levou o homem a buscar novos horizontes e a desvendar os segredos da natureza).

Homenagear Ari Beltran é reverenciar a ética profissional, em sua concepção mais abrangente. Sua conduta representa a materialização do Código de Ética e Disciplina da OAB, compreendendo não "apenas" a defesa dos direitos e interesses que lhe são confiados, como também o zelo do prestígio da Classe dos advogados, da dignidade da magistratura, do aperfeiçoamento das instituições de Direito e da ordem jurídica, como um todo. Para atingir tais desideratos, Ari Beltran sempre teve presente no espírito a imprescindibilidade da observância do disposto no art. 2º, parágrafo único, IV, do referido Código de Ética: "empenhar-se, permanentemente, em seu aperfeiçoamento pessoal e profissional".

(*) Diretor Cultural da Associação dos Advogados de São Paulo — AASP. Sócio da Parahyba Arruda Pinto Advogados. Ex-Presidente da Associação dos Advogados Trabalhistas de SP. Especialista em Direito do Trabalho pela Universidade de Salamanca, Espanha.
(1) *Ética* — direito, moral e religião no mundo moderno. São Paulo: Companhia das Letras.

Como bem destaca Sérgio Ferraz, "(...) quando se alude a um plexo normativo, de balizamento de conduta do advogado, não se tem em mente, apenas a sua vida profissional. A imagem do advogado forja a imagem da advocacia. Por isso, nossa ética profissional não se exaure na moral profissional; integram-na também, por expressa dicção do art. 1º de nosso Código de Ética e Disciplina os princípios da moral individual e da moral social. O que se exige, portanto, é que a vida do advogado exiba um todo harmônico, de propriedade e justiça, no lar, no escritório, nos pretórios, nas cátedras, na família, na sociedade. A verdade bíblica tem, aqui, irrestrita consagração, todos somos arquipélagos"[2].

Neste contexto holístico, Ari Beltran personifica a ética profissional, razão pela qual o brindarei tratando desse tema que o caracteriza e o distingue, focando com mais intensidade o dilema da ética no âmbito processual, cuja observância é tão necessária, quanto escassa nos dias atuais.

Ouso dizer que, nos dias hodiernos, o maior dilema da advocacia, genericamente considerada, ou seja, nas mais diversas formas em que é exercitada (como profissional autônomo, empregado, etc.), é de ordem deontológica, a ponto de colocar em xique o caráter público e social que sempre a timbrou.

O ideário de luta pela defesa e efetivação dos valores do sistema democrático caracteriza a profissão do advogado pátrio desde o seu nascedouro, manifestando-se através de suas entidades representativas. O Instituto dos Advogados Brasileiros, a mais antiga entidade classista da América Latina, fundado em 1843, por exemplo, já desde o seu início, apresentava, dentre seus objetivos institucionais, a "colaboração e atuação, por todos os meios admissíveis, na manutenção e no aperfeiçoamento da ordem jurídica legítima e democrática; a defesa do estado democrático do direito legitimamente constituído, dos direitos humanos, dos direitos e dos interesses dos advogados, bem assim da dignidade e prestígio da classe dos juristas em geral; a promoção da defesa dos interesses da nação, da igualdade racial, do meio ambiente, dos consumidores e do patrimônio cultural, artístico, estético, histórico, turístico e paisagístico..."[3].

A vocação e a inspiração democrática representam o fundamento da existência do advogado e de seus órgãos de representação, conforme atesta a história da própria vida política nacional, caracterizando a advocacia como uma função social, de caráter público. Tais valores, impregnados pelos sentimentos de humanismo, direito e justiça, justificam, inclusive historicamente, a inserção da advocacia no cume da proteção jurídica[4].

Todavia, referido caráter público e social está sendo desprestigiado no atual momento em que vivemos, pelo generalizado assentimento da advocacia à

---
(2) FERRAZ, Sérgio. *Ética na advocacia, regras deontológicas*. Rio de Janeiro: Forense, 2000.
(3) Art. 1º, incisos II, III e IV, § 2º, do Estatuto do IAB.
(4) Art. 133 da Constituição Federal: "O advogado é indispensável à administração da Justiça, sendo inviolável por seus atos e manifestações no exercício da profissão, nos limites da lei".

mercantilização, como bem adverte Arnold Wald: "Há uma espécie de lei natural de acordo com a qual o poder econômico e a eficiência funcional acabam reduzindo a independência e liberdade de ação dos profissionais. Ora, é justamente preciso garantir a manutenção do patrimônio moral dos advogados brasileiros, mesmo no momento em que se generaliza a advocacia de empresa. Não podemos aceitar os riscos da comercialização da advocacia nos termos em que ocorrem nos Estados Unidos, com a diminuição do prestígio do advogado que deixou de ser 'defensor do homem' para tornar-se um simples, embora eficiente, locador de serviços"[5].

Indaga-se se as razões teleológicas que determinaram a institucionalização da advocacia como essencial à administração da justiça persistem incólumes nos dias atuais, permeados pela concorrência desenfreada da sociedade pós-industrial e informacional, direcionada à ideologia do lucro a qualquer custo. Em especial, se tais razões permanecem vívidas no âmbito da Justiça do Trabalho, donde o art. 133 da Carta Magna sempre se fez letra morta, pois a jurisprudência trabalhista predominante insiste em caminhar na contramão da evolução histórica, permitindo às partes postular, em juízo, desacompanhadas de advogado.

A concorrência é acirrada na selva agressiva da realidade cotidiana da advocacia, incrementada pelas numerosas faculdades de direito, que liberam anualmente mais formados do que comporta o mercado de trabalho, a maioria dos quais, ressalte-se, sem as condições mínimas para atuar profissionalmente, despreparada para a advocacia.

Um excelente termômetro da crise do ensino jurídico é o reduzido índice de aprovação nos Exames de Ordem, amplamente conhecido, graças às estatísticas que passaram a ser divulgadas com maior frequência e necessário alarde. Aliás, recentemente (26.10.2011), declarado constitucional pelo Supremo Tribunal Federal, que, por unanimidade de votos, negou provimento ao RE n. 603583 (Recurso Extraordinário), que pedia a inconstitucionalidade da exigência prévia de aprovação no Exame de Ordem para o exercício da advocacia, cujo relator, Ministro Marco Aurélio Mello, ressaltou em seu voto que um mau profissional pode atrapalhar, e muito, o fortalecimento do Estado democrático de direito, e causar danos à coletividade. "Isso porque há más Escolas de Direito demais, que sequer são devidamente fiscalizadas, em sua maior parte desempenhando um papel de fábricas de bacharéis, cujos estudantes, embora no mais geral pagando muitas centenas de reais ao mês, têm ao final do curso um diploma que não lhe serve para nada e menos lhe recupera o gasto feito, sob ingente sacrifício"[6].

As deficiências crônicas do ensino acadêmico, aliadas à proliferação indiscriminada de cursos jurídicos, aguça a crise que abate a advocacia nacional. Por evidente

---

(5) Dimensões da advocacia num país em desenvolvimento. *IV Conferência Nacional da OAB* — 1970, apud ALKMIM, Ivan. *O advogado e sua identidade profissional em risco*.
(6) PEREIRA, Cláudio Antonio Mesquita. A crise da advocacia. Há meios para resolvê-la? *Revista do Instituto dos Advogados de São Paulo*, ano 7, n. 14, p. 77, jul./dez. 2004.

que o baixo nível de ensino não atinge somente à advocacia, eivando todo o sistema educacional do país, resultado de uma conjugação de fatores, externos e internos, notadamente a adoção de modelo político-econômico, estrutural e conjuntural da sociedade de Terceiro Mundo em que vivemos, marcado pela desigualdade de oportunidades e de acesso aos bens de consumo.

E a advocacia é a melhor forma para a efetivação dos direitos sociais. Não basta a mera proclamação formal e solene de direitos, sendo fundamental garantir sua aplicação prática, da melhor forma possível. Donde emerge a figura protagonista do advogado, desempenhando esse papel, de promover a concretização dos direitos democráticos.

A função da advocacia transcende às demandas judiciais, estando, inclusive, relacionada à criação e à transformação do Direito, que é dinâmico, em constante evolução. O papel essencial da advocacia é procurar, por todos os meios, consolidar o sistema democrático, satisfazendo as demandas mais legítimas da sociedade.

O enfrentamento da crise da advocacia, com a banalização profissional, provocada, fundamentalmente, pela crise do ensino jurídico, exige um constante e intenso aprimoramento da capacitação profissional, um alargamento da cultura jurídica, permeável aos influxos da realidade social.

Exige, fundamentalmente, uma valorização da ética no exercício da advocacia, notadamente no âmbito jurisdicional, considerando-se que a ética processual constitui-se em pressuposto fundamental, tanto para que o processo judicial atinja sua finalidade primordial: a pacificação social, ou a justa composição da lide, na clássica definição de Carnelutti, como para a preservação da própria respeitabilidade do Poder Judiciário.

1. A VALORIZAÇÃO E O ELASTECIMENTO DA ÉTICA PROCESSUAL

A valorização da ética processual foi positivada ou normatizada somente a partir da segunda metade do século XIX[7], a partir do momento que o processo passou a ser visto sob o prisma da efetividade, visão que se assentou com o movimento processualista alcunhado pela doutrina de "instrumentalista", ou de "acesso à justiça". Esse concertado movimento promoveu uma valorização do processo como instrumento social, com o consequente estabelecimento de certos padrões de comportamento processual, que visam a idoneidade da função jurisdicional.

A doutrina comumente identifica três grandes momentos da evolução metodológica do direito processual de tradição romano-germânica, quais sejam: o sincretismo, o conceitualismo e o instrumentalismo.

---

(7) Marcado pelo advento do Estado Social, pela superação dos excessos do individualismo e pelo início da maior interferência do Estado nas relações entre os particulares mediante a criação de normas de ordem pública destinadas a restringir a autonomia da vontade das partes para proteger o lado mais fraco da relação jurídica.

O sincretismo estendeu-se desde o direito romano até a segunda metade do século XIX, assim denominado diante do aspecto mais característico de sua abordagem, qual seja: a ausência de diferenciação das relações jurídicas de direito material e processual. A ação era vista como um direito imanente ao direito material, e o processo dizia-se como sendo o direito armado para a guerra.

Posteriormente, com o conceitualismo, a ação passa a ser considerada como um direito autônomo, um direito a tutela jurídica dirigida contra o Estado (sujeito passivo), e não contra o adversário, caracterizada a relação de direito processual como de direito público, distinta da do direito material. O Direito Processual emerge como ramo autônomo da ciência jurídica, marcado por um método formalista e individualista, com acentuada ênfase ao princípio dispositivo, que repugnava qualquer interferência na liberdade das partes[8].

Na fase conceitualista, que perdurou por apenas um século, foram configurados (ou conceituados) os institutos fundamentais que compõem a estrutura da ciência processual. Entretanto, confinados na dimensão estritamente técnica, os processualistas descuraram da natureza e da finalidade do processo, visto como um fim em si mesmo, e não como instrumento sobretudo ético de aplicação do direito material.

A crise de efetividade, provocada pelo descolamento do processo com o direito material, insuflou o advento da citada fase instrumentalista. O processualista passa a se preocupar, não apenas com os aspectos formais, como também com a eficácia social do processo, reconhecendo a aderência do processo à realidade sociojurídica subjacente[9].

Como é sabido, conforme o ângulo de visão sobre determinado objeto, têm-se diferentes conclusões sobre seu significado e finalidade. Antes da fase instrumentalista, o processualista tinha sua visão ofuscada pelo brilho de seu objeto de estudo (o processo), com alcance adstrito aos elementos constitutivos do processo, deixando de lado o principal, por falta de projeção para o mundo exterior. Essa mudança de enfoque restou celebrizada por Mauro Cappelletti, ao pugnar pela necessidade de se vislumbrar o direito não só pela perspectiva de seus produtores e dos produtos por ele criados, mas também, e principalmente, pela perspectiva dos "consumidores" do direito e da justiça, que são seus usuários[10].

Essa nova perspectiva, aberta a crítica externa, trouxe de roldão a reflexão axiológica, acerca da finalidade do processo como instrumento de efetivação do

---

(8) Liberdade duramente conquistada pela luta política e revoluções da burguesia contra o Estado Absolutista, influenciadas pelo Iluminismo, e que levaram ao triunfo do Estado de Direito.
(9) Neste sentido preleciona Kazuo Watanabe: "do conceptualismo e das abstrações dogmáticas que caracterizam a ciência processual e que lhe deram foros de ciência autônoma, partem hoje os processualistas para a busca de um instrumentalismo mais efetivo do processo, dentro de uma ótica jurídica mais abrangente e mais penetrante de toda a problemática sociojurídica". *Da cognição no processo civil,* p. 20.
(10) Problemas de reforma do processo nas sociedades contemporâneas. *Revista de Processo,* v. 65, p. 127-143.

direito material. Hodiernamente, a preocupação central é com a efetividade do processo, em dotar o sistema processual de uma tutela tempestiva, célere, ao mesmo tempo qualificada e produtora de efeitos concretos.

Ao mesmo tempo, a reflexão axiológica, valorativa desvelou a concepção do processo como um instrumento ético. A efetividade desponta como o valor dominante, ou valor-fim, mas umbilicalmente atada à lealdade processual, que figura então como o valor-meio, valor-subordinado, cuja observância no processo é fundamental para que este alcance sua finalidade instrumental.

Neste contexto (de cooperação processual de que é corolário o dever de lealdade), a ética processual foi valorizada e ampliada pela Lei n. 10.338, de 27.12.2001, que alterou a redação do art. 14 do Código de Processo Civil, impondo o dever de lealdade, não apenas às partes e seus advogados, como na redação anterior, mas açambarcando "todos aqueles que de qualquer forma participam do processo". Trata-se de expressão bastante abrangente, que indubitavelmente inclui servidores da justiça, peritos, assistentes técnicos, autoridades e terceiros submetidos às determinações judiciais, como, por exemplo, uma instituição bancária que se recuse ou retarde injustificadamente o cumprimento de uma ordem judicial.

Na verdade, o exemplo acima corresponde a um caso concreto, que teve grande repercussão, reverberado como o "caso Cafelândia", inclusive no *site* do TST[11], em que a Juíza da Vara do Trabalho de Lins, no Estado de São Paulo, responsabilizou o banco Nossa Caixa S/A, devido ao fato de o gerente da agência situada na cidade de Cafelândia ter avisado o cliente para que sacasse o dinheiro de sua conta corrente a fim de evitar a eficácia de duas ordens de penhora *on line* por ela (Juíza) determinadas.

A Primeira Turma do Tribunal Superior do Trabalho manteve as multas aplicadas à instituição bancária com base no princípio *contempt of court,* que designa em termos gerais a recusa em acatar a ordem emitida por uma corte de justiça. Do voto do relator, Ministro Walmir Oliveira da Costa, extraem-se as seguintes e elucidativas passagens, *verbis*: "A recusa ou protelação do cumprimento de decisões judiciais fundamentadas justifica a introdução, em nosso ordenamento jurídico, de instrumentos mais eficazes a conferir efetividade ao provimento jurisdicional de natureza mandamental, a exemplo do *contempt of court* da *Common Law*, estabelecido no CPC, cuja aplicabilidade não é restrita às partes do processo, mas a todos aqueles que, de qualquer forma, participam do processo, caso do depositário legal de recursos financeiros do devedor". "Ressalvados os advogados que se sujeitam, exclusivamente, aos estatutos da OAB, a violação do disposto no inciso V constitui ato atentatório ao exercício da jurisdição, podendo o juiz, sem prejuízo das sanções criminais, civis e processuais cabíveis, aplicar ao responsável multa em montante a ser fixado de acordo com a gravidade da conduta e não superior a vinte por cento

---

(11) Basta clicar o nome "Cafelândia" no link de pesquisa das "Notícias do Tribunal Superior do Trabalho". Disponível em: <www.tst.jus.br>, que aparece o caso mencionado.

do valor da causa." "A circunstância de que o recorrente não figurou como parte passiva na fase de conhecimento, não configura violação do devido processo legal e cerceamento do direto de defesa, porquanto a responsabilidade de terceiro que descumpre ordem judicial, sem justa causa, deriva de lei."[12]

2. LEALDADE PROCESSUAL/LITIGÂNCIA DE MÁ-FÉ

Para que a caracterização do processo como instrumento sobretudo ético não permanecesse no âmbito meramente abstrato, conceitual e retórico, o sistema vigente o dotou (o processo) de mecanismos de controle ético, dentre os quais se destacam o dever de lealdade processual e o instituto da litigância de má-fé.

Nesse passo, cumpre advertir que a punição por litigância de má-fé, como o próprio nome indica, é aplicável apenas à parte, ao litigante (incluído o terceiro interveniente), ainda que o art. 14 do CPC imponha o dever de lealdade a todos aqueles que orbitam no processo, estabelecendo, em seu parágrafo único, multa específica (que não se confunde com a litigância de má-fé), "não superior a vinte por cento do valor da causa", para a hipótese de *contempt of court*. Como ao advogado falta-lhe a imprescindível condição de litigante, afigura-se juridicamente inadmissível sua condenação solidária em litigância de má-fé, o que lhe inviabiliza o exercício do direito de defesa em ação própria, exigida pelo art. 32, parágrafo único, da Lei n. 8.906/1994[13].

O processo judicial pode ser identificado como uma espécie de competição, o que torna ainda mais evidente a necessidade de se impor aos sujeitos que nele atuam certos limites de conduta, sem os quais restaria comprometida a consecução do seu fim precípuo, que é o da pacificação social. "A caracterização do juiz como árbitro dos interesses em conflito evoca a consideração da dialética processual como um jogo. Mera analogia, que até amesquinha a atividade jurisdicional. Quando muito, serve para evidenciar que o processo se assemelha a um jogo, porque, como o jogo, é submisso a regras."[14]

---

(12) RR n. 56040-32.2004.5.15.0062.
(13) "CONDENAÇÃO SOLIDÁRIA DOS PROCURADORES DO RECLAMANTE. O Tribunal Regional manteve a condenação solidária imposta aos procuradores do Reclamante, pelo pagamento da multa por litigância de má-fé, bem como indenização à parte contrária. Nos termos do disposto no art. 32 da Lei n. 8.906/1994, somente mediante ação própria pode-se cogitar de condenação solidária do advogado com seu cliente, em virtude de lide temerária. Além disso, há a exigência de que o procurador esteja coligado com seu cliente e que ambos possuam o objetivo de causar prejuízo à parte contrária. Dessa forma, ao condenar solidariamente os advogados do Reclamante ao pagamento de multa por litigância de má-fé e indenização à parte contrária, a Corte Regional deixou de observar o disposto no parágrafo único do art. 32 da Lei n. 8.906/1994. Recurso de que se conhece e a que se dá provimento" (Processo: RR n. 100400-37.2007.5.03.0044 Data de Julgamento: 22.6.2011, Relator Ministro: Fernando Eizo Ono, 4ª Turma, Data de Publicação: DEJT 1º.7.2011).
(14) BORGES, Jorge Souto Maior. *O contraditório no processo judicial* (uma visão dialética), p. 71-72.

Nesse sentido, Enrico Tulio Liebman[15] destaca que: "embora no processo se trave uma luta em que cada uma se vale livremente das armas disponíveis, essa liberdade encontra limites no dever de respeitar as *regras do jogo,* e estas exigem que os contendores se respeitem reciprocamente na sua qualidade de contraditores em juízo, segundo o princípio da igualdade das suas respectivas posições".

De igual modo, ilustra o emérito processualista brasileiro, José Carlos Barbosa Moreira que, a despeito de se admitir às partes, no processo, o recurso à habilidade na escolha e na realização das táticas julgadas mais eficazes para a obtenção do resultado vantajoso, sobrepairam exigências éticas e sociais que são inerentes à significação do processo como instrumento de função essencial ao Estado[16].

Esses limites de conduta formam o conteúdo do dever de lealdade processual, o qual extrapola os interesses das partes, funcionando como um mecanismo apto ao controle moral dos atos processuais.

Como o processo é um conflito de interesses e, conforme preleciona Couture, "como o sistema da lei confere às partes a função de recíproca contradição", é indispensável que seja conferida aos litigantes uma liberdade de atuação, a dar-lhes o poder de determinar os limites essenciais da decisão, nomeadamente quanto à causa de pedir e ao pedido. Eis o campo natural de atuação do princípio dispositivo no processo. Se, porém, a liberdade é condição essencial de todo e qualquer direito, o certo é que seria levar muito longe as consequências desse princípio, pretender que o direito pudesse ser exercido como aprouvesse a seu titular, causasse ou não prejuízo a outrem. Daí que a liberdade, que é ditada pelo princípio dispositivo, não pode ser absoluta, como não o é, submetida que está ao regramento legal, que estabelece deveres, dentre os quais o da lealdade processual, de natureza ético-jurídica, cuja violação caracteriza a figura da litigância de má-fé[17].

Admitir-se um processo sem a presença de certos limites seria comprometer seu funcionamento. Daí por que a superação do individualismo predominante e a valorização do processo como instrumento social determinaram o estabelecimento de padrões de comportamento às partes.

Mesmo no Código de Processo Civil em vigor, de 1973, marcado pelo signo do individualismo, a preocupação com a ética se fez claramente presente, consoante explicitado na seguinte passagem da Exposição de Motivos, de Alfredo Buzaid:

> "Posto que o processo civil seja, de sua índole, eminentemente dialético, é reprovável que as partes se sirvam deles, faltando ao dever da verdade, agindo com deslealdade e empregando artifícios fraudulentos, porque

---

(15) LIEBMAN, Enrico Tullio. *Manual de direito processual civil*. 2. ed. Tradução Candido Rangel Dinamarco. Rio de Janeiro: Forense, 1985.
(16) MOREIRA, José Carlos Barbosa. A responsabilidade das partes por dano processual. *Revista de Processo,* v. 10, p. 15.
(17) ANDRADE, Valentino Aparecido de. *Litigância de má-fé,* p. 82.

tal conduta não se compadece com a dignidade de um instrumento que o Estado põe a disposição dos contendores para atuação do direito e realização da Justiça."

Ao comentar a preocupação ética do Código de Processo Civil de 1974, Alcides de Mendonça Lima aponta a existência de várias normas de caráter repressivo e sancionador, principalmente para as partes, mas abrangendo, igualmente, a "todos quantos intervenham nos autos", aperfeiçoando o princípio da probidade, "como imperativo de alto sentido social, pelo que a vida forense representa como fonte do respeito, do prestígio, da autoridade e da confiança que o Poder Judiciário deve incutir no espírito da coletividade"[18].

De fato, o processo não pode ser útil, se não for honesto. Pode-se, sem receio, amplificar essa assertiva, para dizer que nada pode ser útil desde que não seja honesto.

A atitude desleal no processo prejudica não somente a parte adversa, como também a própria tutela jurisdicional, com o dispêndio de tempo, recursos e diligências para a realização de procedimentos provocados desonestamente. Há de se ter como premissa maior que um processo, para ser efetivo e justo, deve ser um processo ético.

Na atual fase instrumentalista, abordada no item anterior, instaura-se uma nova evolução história da disciplina processual, com a prevalência da concepção ética do processo, ou seja, com a boa-fé funcionando como princípio imanente do processo.

A lealdade processual, portanto, representa igualmente um princípio, derivado da própria boa-fé, além de um dever, indicativo de um limite de conduta que deve ser observado por todos aqueles que de qualquer forma participam do processo, cuja violação, frise-se, caracteriza fundamentalmente a litigância de má-fé.

3. DA TIPIFICAÇÃO LEGAL DA LITIGÂNCIA DE MÁ-FÉ

Ao litigante ímprobo, as sanções a serem aplicadas estão espalhadas pelo Código de Processo Civil, elencadas, em grande parte, no Capítulo II, "Dos Deveres das Partes e de seus Procuradores", notadamente nos arts. 14 e seguintes, subsidiariamente aplicáveis ao processo trabalhista. Aliás, a responsabilidade processual da parte e do advogado deve ser analisada de forma diferenciada, como no item subsequente.

As hipóteses de litigância de má-fé, de imposição de responsabilidades decorrentes de dano processual, estão previstas em lei, não cabendo interpretação extensiva.

---

(18) *Apud* IOCOHAMA, Celso Hiroshi. *Litigância de má-fé e lealdade processual*. 1. ed. Curitiba: Juruá, 2009. p. 56.

Advirta-se, que não é deletéria, como pode parecer a primeira vista, a delimitação no plano do direito positivo das hipóteses configuradoras da litigância de má-fé. Por se tratar de conceito vago e subjetivo (diante da exigência da presença do dolo) o instituto da litigância de má-fé é, *per si*, aberto a diversas leituras, concedendo ao juiz ampla margem de interpretação.

Ademais, diante da presunção geral de boa-fé daquele que vai a juízo litigar, uma conduta só pode dizer-se abusiva caso haja dispositivo legal que a preveja expressamente, sem o que se impõe a adoção da referida presunção. Mormente em se considerando a advertência que os processualistas de ordinário fazem, enfatizando um natural caráter dialético do processo, a reclamar do juiz a prudência necessária a não suprimir o contraditório a pretexto de prestigiar as regras de controle moral dos atos dos litigantes.

Estabelecidos os deveres gerais no art. 14, o art. 17 do mesmo Diploma Processual Civil (de induvidosa aplicação ao processo do trabalho), apresenta o rol das hipóteses configuradoras da litigância de má-fé, *verbis:*

"Art. 17. Reputa-se litigante de má-fé aquele que:

I — deduzir pretensão ou defesa contra texto expresso de lei ou fato incontroverso;

II — alterar a verdade dos fatos;

III — usar do processo para conseguir objetivo ilegal;

IV — opuser resistência injustificada ao andamento do processo;

V — proceder de modo temerário em qualquer incidente ou ato do processo;

VI — provocar incidentes manifestamente infundados;

VII — interpuser recurso com intuito manifestamente protelatório."

Passamos agora a analisar, de forma destacada, cada caso de litigância de má-fé tipificado no dispositivo legal supratranscrito.

A) A DEDUÇÃO DE PRETENSÃO OU DEFESA CONTRA TEXTO EXPRESSO DE LEI OU FATO INCONTROVERSO

É evidente que o texto legal em comento deve ser interpretado com reservas. Afinal, o Direito permite inúmeras discussões, mesmo sobre a própria literalidade da lei. Muitas vezes o intérprete corre o risco de estancar sua linha de raciocínio na interpretação literal. Embora o espírito da norma deve ser pesquisado a partir de sua letra, cumpre evitar o excesso de apego ao texto, que pode conduzir à injustiça, à fraude e até ao ridículo[19].

---

[19] Luís Roberto Barroso cita, em nota de rodapé na p. 132 de seu livro, *Interpretação e aplicação da Constituição*, passagem que qualifica como "deliciosamente espiritual", em que o ex-Ministro Luiz Gallotti, do Supremo Tribunal Federal, ao julgar recurso extraordinário naquela Corte, assinalou:

Calha transcrever as pertinentes observações feitas por Paulo Luiz Netto Lobo[20] a propósito do disposto no inciso I, do art. 17 do CPC:

"São presunções de boa-fé, e até mesmo diretrizes que recomendam o afastamento da literalidade da lei ou de reação a ela, quando o advogado estiver convencido de sua inconstitucionalidade, de sua inerente injustiça ou quando a jurisprudência impregná-la de sentidos diferentes. O combate a lei inconstitucional ou injusta não é apenas um direito do advogado, é um dever.

A lei é injusta quando fere os parâmetros admitidos pela consciência jurídica da justiça comutativa, ou justiça distributiva ou da justiça social. A Justiça social (que tem a ver com a superação das desigualdades sociais ou regionais) foi elevada a princípio estruturante do Estatuto Democrático de Direito, da sociedade e da atividade econômica, pela Constituição Brasileira (arts. 3º e 170)."

Neste sentido, atento é o Estatuto da Advocacia e da Ordem dos Advogados do Brasil (Lei n. 8.906/1994), quando estabelece como infração disciplinar, em seu art. 34, inciso VI, "advogar contra literal disposição de lei", presumindo-se, entretanto, "a boa-fé quando fundamentado na inconstitucionalidade, na injustiça da lei ou em pronunciamento judicial anterior".

De qualquer modo, aquele que deduz afirmações contra literal disposição de lei o deve fazer de forma fundamentada, sob pena de caracterização da sua litigância de má-fé.

B) Alterar a verdade dos fatos

Para que se caracterize a violação do dever de veracidade, a alteração dos fatos há de ser intencional ou dolosa. Vale dizer, a mera desconformidade objetiva entre a afirmação e a verdade não configura a litigância de má-fé.

Aliás, é nesse contexto que se deve colocar a questão da verdade subjetiva, indicando que não será todo descompasso entre a manifestação da parte e a realidade objeto dessa mesma manifestação que se configurará a violação do dever de veracidade, senão quando a divergência resultar de dolo do litigante.

A alteração deliberada da verdade envolve a discussão acerca da própria existência de uma verdade substancial ou absoluta (ou ainda "verdade verdadeira", para empregar pleonasmo consagrado pelo uso). Tais questões que transcendem a esfera jurídica foram muito bem postas por Piero Calamandrei, no virtuosismo que lhe era peculiar, em sua clássica obra *Eles os Juízes vistos por nós os advogados*, cuja (re)leitura é sempre prazerosa:

"De todas, a interpretação literal é a pior. Foi por ela que Clélia, na Chartreuse de Parme, de Stendhal, havendo feito um voto a Nossa Senhora de que não mais veria seu amante Fabrício, passou a recebê-lo na mais absoluta escuridão, supondo que assim estaria cumprindo o compromisso".
(20) LOBO, Paulo Luiz Netto. *Comentários ao estatuto da advocacia e da OAB*. 3. ed. São Paulo: Saraiva, 2002. p. 152.

"(...) a querela entre os advogados e a verdade é tão antiga quanto a que existe entre o diabo e a água benta. E, entre as faceias costumeiras que circulam sobre a mentira profissional dos advogados, ouve-se fazer seriamente esta espécie de raciocínio: em todo o processo há dois advogados, um que diz branco e outro que diz preto. Verdadeiros, os dois não podem ser, já que sustentam teses contrárias; logo, um deles sustenta a mentira. Isso autorizaria considerar que cinquenta por cento dos advogados são uns mentirosos; mas, como o mesmo advogado que tem razão numa causa não tem em outra, isso quer dizer que não há um que não esteja disposto a sustentar no momento oportuno causas infundadas, ou seja, ora um ora outro, todos são mentirosos. Esse raciocínio ignora que a verdade tem três dimensões e que ela poderá mostrar-se diferente a quem a observar de diferentes ângulos visuais. No processo, os dois advogados, embora sustentado teses opostas, podem estar, e quase sempre estão, de boa fé, pois cada um representa a verdade como a vê, colocando-se no lugar do seu cliente. Numa galeria de Londres há um famoso quadro do pintor Champaigne, em que o cardeal Richelieu é retratado em três poses diferentes: no centro da tela é visto de frente, nos dois lados é retratado de perfil, olhando para a figura central. O modelo é um só, mas na tela parecem conversar três pessoas diferentes, a tal ponto é diferente a expressão cortante das duas meias faces laterais e, mais ainda, o caráter tranquilo que resulta, no retrato do centro, da síntese dos dois perfis. Assim é no processo. Os advogados indagam a verdade de perfil, cada um aguçando o olhar por seu lado; somente o juiz, que está sentado no centro, a encara, sereno, de frente (...) ponham dois pintores diante de uma mesma paisagem, um ao lado do outro, cada um com seu cavalete, e voltem uma hora depois para ver o que cada um traçou em sua tela. Verão duas paisagem absolutamente diferentes, a ponto de parecer impossível que o modelo tenha sido o mesmo. Dir-se-ia, nesse caso, que um dos dois traiu a verdade?"

Segundo ainda os ensinamentos de Piero Calamandrei, quando se diz que um fato é verdadeiro, o que se está querendo dizer é que a consciência de quem emitiu o juízo atingiu o grau máximo de verossimilhança, respeitados os meios disponíveis e limitados de cognição de que dispõe o sujeito, dando-lhe certeza *subjetiva* de que tal fato ocorreu[21].

O caráter subjetivo da verdade foi objeto de um belíssimo poema por Carlos Drummond de Andrade, intitulado *Verdade*:

"A porta da verdade estava aberta,
mas só deixava passar

---

[21] *Apud* VALLE, Maurício Dalri Timm. Livre apreciação da prova. *Revista Jus Navigandi*.

meia pessoa de cada vez.
Assim não era possível atingir toda a verdade,
porque a meia pessoa que entrava
só trazia o perfil de meia verdade.
E sua segunda metade
voltava igualmente com meio perfil.
E os meios perfis não coincidiam.
Arrebentaram a porta. Derrubaram a porta.
Chegaram ao lugar luminoso
onde a verdade esplendia seus fogos.
Era dividida em metades
diferentes uma da outra.
Chegou-se a discutir qual a metade mais bela.
Nenhuma das duas era totalmente bela.
E carecia optar. Cada um optou conforme
seu capricho, sua ilusão, sua miopia."

A premissa de que a verdade é sempre de natureza subjetiva não autoriza a conclusão de que seria impossível a aplicação de qualquer sanção relativa à alteração da verdade dos fatos no direito processual pátrio.

Como adverte Valentino Aparecido de Andrade[22]: "Entender-se que a verdade é sempre de natureza subjetiva, como afirma a doutrina tradicional, é aceitar a conclusão de que se o litigante crê na afirmação que faz acerca de um fato, a inveracidade não existiu. E como o Direito não consegue captar o elemento subjetivo puro, resultaria impossível acoimar-se qualquer conduta que violasse o dever de dizer a verdade, porque bastaria ao litigante afirmar que acreditava na verdade que no processo manifestou, e o juiz, nessas circunstâncias, teria que respeitar a manifestação do litigante, ainda que contrária à verdade que no processo se apurou". Tal posicionamento transmudaria o processo em instrumento de injustiça, ou seja, conduziria ao absurdo.

Fácil é denotar o objetivo prático da regra inserta no inciso I, do art. 17, do CPC, para que a parte não minta, conscientemente (intencionalmente), no processo. E ainda que a palavra do inquinado pela litigância de má-fé não seja mesmo o elemento mais adequado para avaliar sua consciência pela mentira, as circunstâncias que envolvem sua(s) afirmação(ões) inverídica(s) serão os parâmetros para se concluir pelo seu comportamento inidôneo, consoante arremata, com propriedade, Arruda Alvim:

> "crença subjetiva na verdade, em não que, no processo, se esteja a exigir a verdade absoluta, sob pena de inocorrente esta última, incidir a parte na pecha de litigante de má-fé, porque teria faltado com o dever de

---

(22) ANDRADE, Valentino Aparecido. *Litigância de má-fé*. *Dialética*. São Paulo, 2004. p. 94.

dizer a verdade. O que se quer significar com isto é que, a má-fé revelar-se-á quando ficar evidente que a parte sabia que sua afirmação não correspondia à verdade... Diz-se, com expressividade, que incide inexoravelmente a regra quando a parte fica azul com que o ela mesmo disse, ou seja, a evidência da mentira. Em outra expressão, trata-se da proibição de deixar de dizer a verdade, quanto esta é sabida."[23]

C) *O USO DO PROCESSO PARA CONSEGUIR OBJETIVO ILEGAL*

O dispositivo em comento visa impedir o resultado ilícito do processo, e pode ser aplicado tanto para uma das partes isoladamente, como para ambas, quando praticam em conjunto ato com intuito fraudulento. É incontrastável sua aplicação em lide simulada (art. 129 do CPC) para prejudicar terceiros, como, por exemplo, o ajuizamento de ação trabalhista por sócio oculto para se obter a penhora e adjudicação fraudulentas do único bem de sua empresa, para deixá-lo de fora da execução de outras ações legitimamente ajuizadas por reais e efetivos credores trabalhistas da empresa (sem prejuízo, obviamente, da aplicação de outras sanções, inclusive na esfera criminal).

Aliás, a simulação de reclamatórias trabalhistas para eliminar o risco de futura e real ação trabalhista, em que o empregador ilude o empregado e promove o ajuizamento de ação simulada e efetua acordo para ser homologado judicialmente, pode ser tipificada como crime[24], desde que não exista a concordância do empregado.

Ressalte-se que a Subseção II Especializada em Dissídios Individuais do Tribunal Superior do Trabalho adota o entendimento de que o mero desfazimento de acordo homologado em lide simulada para a quitação do objeto do contrato de trabalho mantido entre as partes, constitui sanção suficiente em relação ao procedimento adotado, e que, portanto, não é o caso de litigância de má-fé, consoante ilustram as ementas dos Acórdãos abaixo transcritos:

"O simples desfazimento do acordo homologado já é sanção suficiente em relação ao procedimento adotado, razão pela qual entendo não ser o caso de aplicação da multa de litigância de má-fé." (TST-ROAR-90/2003-000-24-00, Min. Ives Gandra Martins, DJ 17.3.2006)

"Esta Subseção Especializada tem adotado o entendimento de que o fato de ter sido reconhecida a nulidade do acordo homologado, em face de colusão entre as partes,

---

(23) *Apud* IOCOHAMA, Celso Hiroshi. *Litigância de má-fé e lealdade processual*. 1. ed. Curitiba: Juruá, 2009. p. 178.
(24) O art. 203 do Código Penal prevê a hipótese de crime chamada Frustração de Direito Assegurado por Lei Trabalhista, com a seguinte redação: "Art. 203. Frustrar, mediante fraude ou violência, direito assegurado pela legislação do trabalho: Pena — detenção de um ano a dois anos, e multa, além da pena correspondente à violência".

é sanção suficiente com relação ao procedimento adotado, razão pela qual não é o caso de aplicação da multa de litigância de má-fé." (TST-ROAR-187/2005-000-24-00, Min. Pedro Paulo Manus, DJ 18.3.2006).

D) A OPOSIÇÃO DE RESISTÊNCIA INJUSTIFICADA AO ANDAMENTO DO PROCESSO

De igual modo, deve estar configurada a intenção da parte em impedir o andamento do processo. Como por exemplo afirmar ao Juízo de primeira instância no início da assentada que teria convidado determinada testemunha para comparecer à audiência sem, de fato, tê-lo feito, somente com o intuito de promover o adiamento da audiência, com fulcro no art. 825 da CLT.

A Subseção II Especializada em Dissídios Individuais do Tribunal Superior do Trabalho, em Acórdão relatado pelo Ministro Alberto Luiz Bresciani de Fontan Pereira (Processo TST-RO n. 188400-36.1998.5.01.0221), aplicou a multa por litigância de má-fé à reclamada por oposição de resistência injustificada ao andamento do processo, por retenção indevida dos autos para restauração (os autos originais foram destruídos em incêndio ocorrido nas dependências do TRT da 1ª Região em 8.2.2002), pelo período total de sete meses, sem que houvesse razão plausível apta a amparar essa retenção[25].

E) PROCEDER DE MODO TEMERÁRIO EM QUALQUER INCIDENTE OU ATO DO PROCESSO

Sobre o inciso V do art. 17 do Código de Processo Civil, José Carlos Barbosa Moreira esclarece que

> "esta figura é de índole puramente formal, não dependendo de ter ou não razão (na causa ou no próprio incidente) o litigante, mas apenas da maneira por que ele se comporta, citando, ainda, os seguintes exemplos:
>
> é temerário o procedimento inconsiderado, afoito, imprudente, precipitado, como o da parte que procura frustrar o normal desenvolvimento do contraditório; promove o cumprimento ou a execução de providência a seu favor antes do momento oportuno, ou *in genere* sem a cabal satisfação dos pressupostos legais; escolhe o meio mais vexatório e danoso para o outro litigante, a despeito de poder atingir por forma diversa o mesmo resultado."[26]

---

(25) Ementa: "LITIGÂNCIA DE MÁ-FÉ. CARACTERIZAÇÃO. RETENÇÃO INJUSTIFICADA DOS AUTOS PELA RECLAMADA. A retenção injustificada dos autos de restauração pela reclamada, por um período de sete meses, autoriza sua condenação ao pagamento da multa por litigância de má-fé, em favor do autor, no importe de 1% sobre o valor da causa, caracterizando conduta tipificada no art. 17, IV, do CPC.
(26) MOREIRA, José Carlos Barbosa. A responsabilidade das partes por dano processual. *Revista de Processo*, v. 10, abr. 1978.

F) Provocar incidentes manifestamente infundados

Nesse caso, a expressão "manifestamente" indica que a ausência de fundamento para o incidente é evidente e de tal modo que não há necessidade de se perquirir sobre o elemento subjetivo, consistente na intenção de se tê-lo provocado. Objetiva evitar que a parte, desnecessariamente, retarde a marcha processual.

G) A interposição de recurso com intuito manifestamente protelatório

A interposição de recurso com intuito manifestamente protelatório deve ser analisada com extrema prudência pelo magistrado, vez que a interposição de recursos legalmente admitidos não caracteriza, a princípio, litigância de má-fé.

A parte vencida tem o direito de ver suas razões apreciadas pela instância superior, mesmo na hipótese de mera reiteração das alegações constante da inicial ou da contestação. Mais do que isso, a argumentação bisonha ou inconsistente, por si só, não configura a litigância de má-fé.

Também não pode ser olvidado na tipificação da litigância de má-fé por interposição de recurso com intuito manifestamente protelatório que aflora tanto na doutrina como na jurisprudência a responsabilização civil do advogado pela perda de uma chance, em que a não interposição de recurso cabível configura a hipótese mais caricata.

Lembrem-se, ainda, as preclaras observações de Ovídio Batista da Silva: "Tem-se dito que o instituto dos recursos, em direito processual, responde a uma exigência psicológica do ser humano, refletida em sua natural e compreensível inconformidade com as decisões judiciais que lhe sejam desfavoráveis. Não resta dúvida de que este sentimento é decisivo para explicar a criação e permanência, historicamente universal, do instituto dos recursos. Mas não se pode perder de vista que o sentimento, em que se busca fundamentar os recursos, resume-se a compreensível segurança de que as partes podem gozar quando sabem que o Juiz da causa terá sempre sua decisão sujeita ao julgamento de outro magistrado, do mesmo nível ou de nível superior, o que o tornará mais responsável e o obrigará a melhor fundamentar seu julgamento".

As propostas de reformas processuais, de resto, têm caminhado precisamente no sentido de restringir a utilização de recursos, como a recentemente apresentada pelo Ministro Cezar Peluso, Presidente do Supremo Tribunal Federal. Olvidando-se, contudo, que a morosidade também é, em grande parte, derivada da ausência de uma adequada racionalização dos serviços judiciários. Daí por que é mais cômodo e mais barato fazer tábua rasa do que é, de fato, necessário para dotar apressar a máquina judiciária de uma eficiente estrutura, e, assim, impor desarrazoadas condições como forma de inibir o exercício do direito do recurso e do exercício do amplo direito de defesa, constitucionalmente assegurados.

Evidentemente, o comportamento de procrastinar o resultado do processo, de retardar, por má-fé ou abuso, a prestação jurisdicional, deve não apenas ser evitado, como punido. O mesmo se diga em relação à alteração intencional da verdade dos fatos em juízo.

Advirta-se da necessidade de se fazer uma diferenciação em relação aos embargos declaratórios protelatórios, os quais não implicam a sanção por litigância de má-fé, mas a aplicação da multa expressamente prevista para essa hipótese específica, no art. 535 do Código de Processo Civil[27].

A norma específica (art. 538, parágrafo único, do CPC) prevalece sobre a geral (art. 17, VII), segundo o conhecido critério hermenêutico da especialidade.

Afigura-se, portanto, totalmente descabida e antijurídica a dupla punição pela mesma conduta processual reprovável (apresentação de embargos de declaração protelatórios), desafortunadamente, ainda encontradiça na jurisprudência trabalhista.

Enquanto, a penalidade cabível na específica hipótese de oposição de embargos de declaração protelatórios deverá ser apenas a prevista no referido parágrafo único do art. 538 do CPC, que não fez ressalva expressa à possibilidade de cumulação de penalidades, razão pela qual se deve entendê-la vedada, especialmente ao se considerar que o entendimento contrário ocasiona verdadeiro *bis in idem* (duas multas sendo aplicadas pelo mesmo fato).

O alento é que o Tribunal Superior do Trabalho vem-se inclinando para o enten-dimento de que, no caso de embargos de declaração manifestamente protelatórios, deve ser afastada a aplicação cumulativa dos arts. 18 e 538, parágrafo único, do CPC[28].

---

(27) "Art. 538. Os embargos de declaração interrompem o prazo para a interposição de outros recursos, por qualquer das partes. Parágrafo único. Quando manifestamente protelatórios os embargos, o juiz ou o tribunal, declarando que o são, condenará o embargante a pagar ao embargado **multa** não excedente de 1% (um por cento) sobre o valor da causa. Na reiteração de embargos protelatórios, a multa é elevada a até 10% (dez por cento), ficando condicionada a interposição de qualquer outro recurso ao depósito do valor respectivo."

(28) "EMBARGOS DE DECLARAÇÃO PROCRASTINATÓRIOS. LITIGÂNCIA EMBARGOS de declaração protelatórios —, em prestígio ao princípio do no *bis in idem*. Logo, a interposição de embargos de declaração meramente protelatórios desafia somente a aplicação da multa específica do art. 538, parágrafo único, do CPC." (RR-1343/2004-034-02-00, DJ 28.11.2008, Relator Ministro Vieira de Mello Filho). "LITIGÂNCIA DE MÁ-FÉ. MULTAS E INDENIZAÇÃO. Opostos embargos de declaração protelatórios e aplicada a penalidade específica contida no art. 538 do CPC, não há falar em incidência cumulativa da multa genérica prevista no art. 18 do mesmo diploma legal. Precedentes da Corte." (RR-46/2006-094-03-00, DEJT 15.5.2009, Ministra Rosa Maria Weber). "EMBARGOS DE DECLARAÇÃO. INTUITO PROTELATÓRIO. MULTA. LITIGÂNCIA DE MÁ-FÉ. ART. 18 DO CPC. 1. Em embargos de declaração meramente protelatórios, afronta o art. 18 do Código de Processo Civil a imposição de multa por litigância de má-fé em 20% sobre o valor da causa, haja vista o limite legal de apenas um por cento do valor da causa, em virtude de preceito legal específico (art. 538, parágrafo único). 2. Embargos conhecidos e parcialmente providos para restringir a multa imposta no julgamento dos embargos de declaração a 1% sobre o valor atualizado atribuído à causa" (RR 457743/1998, DJ 20.5.2005, Ministro João Oreste Dalazen).

Como é sabido, os magistrados recebem com reserva a apresentação de embargos de declaração, relegando, muitas vezes, que se trata apenas do exercício de um direito, e não de uma crítica, velada ou explícita, a decisão judicial, consoante adverte, com percuciência, Manuel Antonio Teixeira Filho (*Revista LTr* 62-07/873):

> "Quanto aos embargos de declaração, cabe, para já, uma advertência: os órgãos jurisdicionais passaram a disseminar, a mancheias (como diriam Castro Alves e Coelho Neto), multas, por interpretarem o oferecimento desses embargos como uma crítica a sentença ou ao acórdão, sem terem a sensibilidade suficiente para perceber que, na maioria dos casos, as partes foram compelidas pela Súmula n. 297 do TST, a ingressar com embargos de declaração, visando ao denominado prequestionamento (neologismo consagrado)."

Em vários Tribunais Regionais do Trabalho vêm causando espécie (para dizer o mínimo) a proliferação de decisões judiciais, tanto em primeira como em segunda instâncias, em que consta prévia advertência às partes de que eventual apresentação de embargos de declaração meramente protelatórios acarretará a aplicação das penalidades previstas em lei. Trata-se de admoestação absolutamente desnecessária, revestida de indisfarçável caráter intimidante, que inibe e constrange a utilização dessa importante garantia processual. Pressupõe, ademais, a prática generalizada de atos temerários por parte dos patronos das partes, deslustrando o múnus público do exercício da advocacia, ao mesmo tempo em que insinua a perfeição da judicatura.

Os advogados militantes na Justiça do Trabalho, seguramente, já se depararam com tal advertência, inclusive porque não representa nenhuma novidade. Recentemente, o que surpreende é sua disseminação.

Diante de queixas apresentadas por associados, a Associação dos Advogados de São Paulo — AASP expediu Ofício ao então Corregedor do TRT da 2ª Região, Desembargador Décio Sebastião Daidone, solicitando providências a respeito de determinada decisão judicial em que pululava a advertência sobre a aplicação de penalidades no caso de futura apresentação de embargos declaratórios fora das hipóteses legais. Na oportunidade, a AASP obteve a seguinte resposta do Corregedor, hoje Presidente do TRT da 2ª Região: "Em atenção ao Ofício n. ..., informo que estamos recomendando ao Magistrado que, de fato não há necessidade de advertência da aplicação da penalidade quando da interposição de embargos de declaração protelatórios, posto que previsto na legislação e portanto, de conhecimento dos operadores do direito".

Posteriormente, foram expedidos outros ofícios com o mesmo teor (citando, obviamente, a decisão da Corregedoria). Porém, as medidas adotadas pela AASP não surtiram o efeito desejado, vez que a advertência em comento permanece mais encontradiça do que nunca. Quiçá, porque os embargos de declaração constituam a garantia processual que mais incita a humildade do julgador, em não interpretá-los como uma crítica, velada ou explícita, à sua decisão, deixando de se espezinhar com o que se cuida apenas do exercício de um direito.

Evidentemente, não ignoro que também existe a má utilização dos embargos de declaração, com o intuito meramente procrastinatório, a justificar a previsão legal da multa sancionadora no caso de distorção do emprego desse precioso remédio processual. A patologia, entretanto, não autoriza ou justifica a prévia e genérica admoestação pelo juiz em sua decisão, de que aplicará as penalidades cabíveis no caso de aviamento de embargos protelatórios, atentatória à dignidade da Classe dos advogados, como um todo. Além disso, desconsidera a conhecida exortação de Calamandrei, de que: "O Juiz que falta ao respeito para com o advogado e, também, o advogado que não tem deferência para com o juiz, ignoram que advocacia e magistratura obedecem a lei dos vasos comunicantes: não se pode baixar o nível de uma, sem que o nível da outra desça na mesma medida".

BIBLIOGRAFIA

ALKMIM, Ivam. *O advogado e sua identidade profissional em risco*. Rio de Janeiro: Destaque, 2001.

ANDRADE, Valentino Aparecido. *Litigância de má-fé*. São Paulo: *Dialética*, 2004.

BARROSO, Luis Roberto. *Interpretação e aplicação da Constituição*. São Paulo: Saraiva.

BORGES, Jorge Souto Maior. *O contraditório no processo judicial* (uma visão dialética). São Paulo: Malheiros, 1996.

CAPPELLETTI, Mauro. Problemas de reforma do processo nas sociedades contemporâneas. *Revista do Processo*, v. 61, p. 127-143.

CALAMANDREI, Piero. *Eles, os juízes, vistos por um advogado*. São Paulo: Martins Fontes, 2000.

DINAMARCO, Candido Rangel. *A instrumentalidade do processo*. São Paulo: Malheiros, 1993.

FERRAZ, Sérgio. *Ética na advocacia, regras deontológicas*. Rio de Janeiro: Forense, 2000.

FORNACIARI JR., Clito. O advogado e a litigância de má-fé. *Jornal Síntese*, n. 37, mar. 2000.

IOCOHAMA, Celso Hiroshi. *Litigância de má-fé e lealdade processual*. 1. ed. Curitiba: Juruá, 2009.

LIEBMAN, Enrico Tullio. *Manual de direito processual civil*. 2. ed. Tradução Candido Rangel Dinamarco. Rio de Janeiro: Forense, 1985.

LAURINO, Salvador Franco de Lima. *Tutela jurisdicional. Cumprimento dos deveres de fazer e não fazer*. Rio de Janeiro: Campus Elsevier, 2009.

LOBO, Paulo Luiz Netto. *Comentários ao estatuto da advocacia e da OAB*. 3. ed. São Paulo: Saraiva, 2002.

MAIA, Valter Ferreira. *Litigância de má-fé no código de processo civil*. Rio de Janeiro: Forense, 2002.

MOREIRA, José Carlos Barbosa. A responsabilidade das partes por dano processual. *Revista de Processo*, v. 10, abr. 1978.

PEREIRA, Cláudio Antonio Mesquita. A crise da advocacia. Há meios para resolvê-la? *Revista do Instituto dos Advogados de São Paulo*, ano 7 n. 14, jul./dez. 2004.

SOLTANOVITCH, Renata. *Responsabilidade processual*. São Paulo: Scortecci, 2010.

VALLE, Maurício Dalri Timm. Livre apreciação da prova. *Revista Jus Navigandi*.

WATANABE, Kazuo. *Da cognição no processo civil*. Campinas: Bookseller, 2000.

QUITAÇÃO JUDICIAL:
ABRANGÊNCIA, EFICÁCIA E INTERPRETAÇÃO

Estêvão Mallet[*]

Introdução

Não são hoje incomuns ações com pedido de indenização por dano, material e moral, decorrente de doença profissional ou acidente de trabalho, ajuizadas por trabalhadores mesmo depois de celebrada transação em ação antecedente, com outorga de quitação ampla de todos os direitos decorrentes da extinta relação jurídica de trabalho. É algo que se verifica ainda com mais frequência quando a quitação é anterior à vigência da Emenda Constitucional n. 45. Parte-se, em linhas gerais, da ideia de que a quitação, conquanto ampla, não compreenderia a pretensão decorrente de doença profissional ou acidente de trabalho, seja por não haver sido ela deduzida na primeira ação[1], seja por não ter a Justiça do Trabalho competência, até o advento da Emenda Constitucional n. 45, para examiná-la[2]. O problema,

---

[*] Professor de Direito do Trabalho e Vice-Presidente da Comissão de Pós-Graduação da Faculdade de Direito da Universidade de São Paulo. Conselheiro Seccional da Ordem dos Advogados do Brasil. Secção de São Paulo. Presidente do Conselho Curador da Escola Superior da Advocacia (ESA). da Ordem dos Advogados do Brasil. Secção de São Paulo, e advogado.

(1) Por exemplo: "O dano moral decorrente de um acidente de trabalho ocorrido dentro do *locus* da prestação laboral, que faz emergir responsabilidade pela reparação respectiva, não se insere no contexto estrito de crédito resultante do contrato de trabalho, mas sim, de direito de natureza civil, com sede normativa no direito comum... não sendo crédito trabalhista típico, o dano moral não incluído expressamente na avença, na situação específica dos autos, não pode ser abrangido pela quitação dos "títulos relativos ao extinto contrato de trabalho", outorgada em ação anterior na qual o reclamante apenas pleiteou e recebeu, através do acordo, verbas rescisórias e FGTS. Recurso provido, por maioria, para afastar a coisa julgada (TRT — 2ª Reg., 4ª T., Proc. n. 01061-2005-042-02-00-8, Rel. Ricardo Artur Costa e Trigueiro*in* DJ 14.9.2007).

(2) O último argumento constitui *ratio decidendi* de acórdão do Tribunal do Trabalho da 2ª Região, *verbis*: "... o feito foi extinto sem julgamento de mérito, à vista de acordo entabulado entre as partes, em 3 de agosto de 2004, em razão do qual foi outorgada à reclamada ampla quitação (fl. 134).

ainda não solucionado de modo definitivo em jurisprudência, é delicado e suscita algumas reflexões interessantes.

2. QUITAÇÃO DE DIREITOS NÃO RECLAMADOS EM JUÍZO

O primeiro ponto a ser enfrentado diz com a possibilidade de outorgar-se quitação mais ampla do que o objeto do processo.

A verdade é que o objeto do acordo não precisa corresponder exatamente ao objeto do processo. A composição tanto pode ser mais restrita do que dito objeto — como no caso, relativamente pouco frequente na prática, mas admissível no plano teórico, de celebração de acordo parcial[3] —, como pode ser mais ampla, para abranger matéria não discutida em juízo.

De fato, não se aplica ao acordo celebrado em juízo a exigência, imposta à cognição judicial ao ensejo do julgamento, de adstrição aos termos do pedido. O § 1º, do art. 846 da CLT, não restringe a possível amplitude do acordo judicial. Nem cabe invocar, em contrário, o disposto nos arts. 128 ou 460, do CPC. Quando há acordo, a lide não é decidida pelo juiz, mas transacionada pelas partes. "As próprias partes realizam o acertamento da relação controvertida... não o juiz", anota Antônio Cláudio da Costa Machado[4]. E, nas palavras da Cândido Rangel Dinamarco, "a lei

---

Entretanto, ouso divergir, em parte. A quitação sob exame poderia abarcar, tão somente, títulos para cuja apreciação esta Justiça era, à época, *inequivocamente* competente. Esta não era a hipótese do pedido de indenização por danos (morais e materiais), decorrente de doença profissional/acidente do trabalho. Em suma: não há como atribuir quitação a pretensão que, à oportunidade da avença, esta Justiça do Trabalho não era competente para apreciar". (TRT — 2ª Reg., 8ª T., Proc. n. 01151200738202004, Rel. Juíza Leila Aparecida Chevtchuk de Oliveira, Ac. n. 20090505799, julg. em 1º.7.2009). Na mesma linha, com idêntica fundamentação: "Acordo. Quitação do contrato de trabalho. Coisa julgada. Pedido de indenização por danos morais e materiais decorrentes de acidente de trabalho. A matéria relativa à responsabilidade civil do empregador decorrente de acidente de trabalho é de natureza cível e, portanto, o acordo realizado na Justiça do Trabalho não tem o condão de quitar eventuais direitos do ex-empregado concernentes a tal questão. Sentença mantida". (TRT — 4ª Reg., Proc. 01283-2006-030-04-00-0 RO, Rel. Juíza Rosane Serafini Casa Nova, julg. em 17.3.2010). Em termos ainda mais largos, com a genérica afirmação de quitação ampla, mas quando posterior à vigência da Emenda Constitucional n. 45, não compreende indenização decorrente de acidente de trabalho, pela natureza da parcela, cf · "A quitação outorgada em acordo celebrado no bojo de reclamação trabalhista anterior alcança apenas os títulos de natureza trabalhista, ou seja, aqueles que decorrem do pacto laboral por força de lei ou do contrato (salário, férias etc.). Não abrange, pois, o pedido de indenização por danos decorrentes de doença ocupacional que, embora seja oriunda das condições verificadas no ambiente de trabalho, possui natureza civil. Registre-se que o fato de a Emenda Constitucional n. 45/2004 haver conferido a esta Justiça Especializada a competência para apreciar o pedido de indenização decorrente de acidente de trabalho/doença ocupacional não alterou a natureza da verba, que continua sendo civil e não trabalhista" (TRT — 2ª Reg., 4ª T., Proc. n. 01264001920075020039 (01264200703902003), Rel. Maria Isabel Cueva Moraes, Ac. n. 20110510180 in DOE de 6.5.2011 in Bol. do TRT SP 52/2011).

(3) O caráter parcial do acordo pode dizer respeito ao aspecto objetivo do processo, com transação apenas sobre fração do crédito ou sobre um ou alguns dos pedidos, ou ao aspecto subjetivo do processo, com transação em relação a um ou a alguns dos litigantes, e não em relação a todos.

(4) *Código de processo civil interpretado e anotado*. Barueri: Manole, 2008. p. 854.

não estabelece limites ou exigências quanto à dimensão da transação em confronto com o objeto do processo"[5]. Daí dizer Wagner Giglio, ao tratar do problema à luz do processo do trabalho: "não há como considerar irregular um acordo, por seu objeto exceder o pedido"[6]. A jurisprudência referenda a proposição: "Na transação, as partes não ficam vinculadas aos pedidos elencados na peça vestibular, pois o acordo pode abarcar demais parcelas provenientes da relação de emprego"[7].

E é mesmo corriqueiramente aceita a transação abrangente, com quitação não apenas do objeto do processo mas de toda a relação jurídica havida entre as partes. No Tribunal Superior do Trabalho, por exemplo, reconheceu-se, em pelo menos duas oportunidades, a perfeita legitimidade de acordo do gênero, como se infere do precedente a seguir transcrito: "Nos termos do art. 831, parágrafo único, da CLT, o termo que for lavrado na conciliação valerá como decisão irrecorrível. Apresenta-se como sentença e produz efeitos de coisa julgada e, só poderá ser atacada por ação rescisória... Caso em que a transação homologada judicialmente, contemplando a quitação de todos os efeitos do contrato de trabalho, ocorreu em reclamação trabalhista ajuizada após a extinção do contrato, quando o reclamante já estava aposentado e, inclusive, recebendo o benefício da complementação de aposentadoria. Nesse caso, o acordo judicial que teve eficácia de quitação geral tem efeito de coisa julgada entre as partes e alcança o pedido de diferenças deda suplementação de aposentadoria que já era paga na data da avença. Processo extinto sem julgamento do mérito, prejudicado fica o exame do tema alusivo à prescrição"[8]. De longa data prevalece, nos Tribunais Regionais, a mesma diretriz[9].

---

(5) *A reforma do código de processo civil*. São Paulo: Malheiros, 1998. n. 96.1, p. 131.

(6) *A conciliação nos dissídios individuais do trabalho*. Porto Alegre: Síntese, 1997. p. 89. No mesmo sentido, ainda, ALMEIDA, Isis de. *Curso de direito processual do trabalho*. São Paulo: Sugestões Literárias, 1981. p. 29, e MALTA, Cristóvão Piragibe Tostes. *Prática do processo do trabalho*. 3. ed. Rio de Janeiro: Trabalhistas, p. 260-261.

(7) TRT — 10ª Reg., 3ª T., Proc. 00939-2006-821-10-00-0, Rel. Desig. Márcia Mazoni Cúrcio Ribeiro, julg. em 27.6.2007 in DJ 20.7.2007.

(8) TST — 2ª T., RR n. 167740-05.2007.5.09.0020, Rel. Juiz Convocado Flavio Portinho Sirangelo, julg. em 6.10.2010 in DEJT de 4.2.2011. Anteriormente: "Esta Turma firmou posicionamento, no sentido de que o acordo firmado entre as partes e homologado em juízo, com cláusula de quitação total do pedido inicial e também das obrigações decorrentes do extinto contrato de trabalho, faz coisa julgada material e constitui decisão irrecorrível, a teor do parágrafo único do art. 831 da CLT... No caso, extrai-se do acordo homologado judicialmente ter o reclamante dado "quitação pelo objeto da presente execução e extinto contrato de trabalho". Significa dizer que abrange todas as verbas decorrentes do extinto contrato de trabalho, ficando o reclamante impedido de ajuizar nova reclamação trabalhista para postular parcela dele oriunda, mesmo que diversa daquelas constantes da primeira reclamatória, até mesmo diferenças da multa de 40% do FGTS, decorrentes dos expurgos inflacionários. O acórdão regional, ao deferir o pagamento da aludida verba, incorreu em ofensa à coisa julgada" (TST — 4ª T., RR n. 118400-72.2003.5.03.0029, Rel. Min. Antônio José de Barros Levenhagen, julg. em 19.4.2006 in DJU 5.5.2006).

(9) "Quando o acordo é homologado em juízo e o empregado dá quitação, não só do objeto do processo, mas de todos os direitos oriundos do contrato de trabalho, a validade da quitação é inquestionável" (TRT — 2ª Reg., 4ª T., Proc. n. 02900051546, Rel. Juiz Ribamar da Costa in DJSP 14.10.1991).

O direito positivo não mais deixa espaço para divergência. Desde a Lei n. 8.953, de 1994, com a nova redação dada ao inciso III, do art. 584 do CPC, tornou-se expressa a possibilidade de a sentença homologatória de transação abranger questão não posta em juízo. Atualmente a previsão encontra-se no art. 475-N, inciso III, parte final, também do CPC, *verbis*:

"Art. 475-N. São títulos executivos judiciais:

...

III — a sentença homologatória de conciliação ou de transação, ainda que inclua matéria não posta em juízo."

Pode a transação ter, portanto, a mesma dimensão do objeto do processo, ser mais restrita ou mais ampla. Se a quitação dada no âmbito da transação envolve apenas o objeto do processo, é claro que os direitos não reclamados não ficam abrangidos pela coisa julgada. Remanesce a possibilidade de reclamá-los em outra ação. Se, ao contrário, a quitação é mais larga, por força do acordo estabelecido pelas partes — acordo cuja licitude não há como negar —, o cenário é diverso.

Resolvido o primeiro ponto, é hora de examinar a competência da Justiça do Trabalho, antes da Emenda Constitucional n. 45, para homologar acordo com quitação de direitos relacionados com doença profissional ou acidente de trabalho.

3. Doença profissional ou acidente de trabalho e competência da Justiça do Trabalho antes da Emenda Constitucional n. 45

Ninguém hoje põe em dúvida a competência da Justiça do Trabalho para o exame de litígio entre empregado e empregador relacionado com acidente de trabalho ou doença profissional. A nova redação dada ao art. 114 da Constituição, pela Emenda Constitucional n. 45, de 2005, especialmente com as previsões dos incisos I e VI, afastou a possibilidade de hesitação. Doutrina e jurisprudência são unânimes no particular, como é sabido[10]. De qualquer modo, a certeza de que atualmente se dispõe não impede que se investigue se a competência da Justiça do Trabalho no caso surgiu apenas com a dita reforma constitucional ou se, ao contrário, existia em face do direito anterior.

Antes da Emenda Constitucional n. 45 competia à Justiça do Trabalho, nos termos da redação original da parte inicial do *caput*, do art. 114, "conciliar e julgar os dissídios individuais e coletivos entre trabalhadores e empregadores". A despeito da referência aos sujeitos da lide — trabalhador e empregador —, firmava-se a competência tendo em vista o critério material[11], considerada a *natura della*

---

(10) Cf., em jurisprudência, o conhecido precedente do Supremo Tribunal Federal no conflito de competência n. 7.204, Rel. Min. Carlos Ayres de Britto, julg. em 29.6.2005 in DJU de 9.12.2005.
(11) RODRIGUES PINTO, José Augusto. *Processo trabalhista de conhecimento*. São Paulo: LTr, 1994. p. 112.

controversia[12], quer dizer, *o modo di essere della lite o dell'affare dal lato dei soggetti, dell'oggetto, della causa*[13]. Em outras palavras, importante era que comparecessem autor e réu na qualidade de empregado e de empregador, por conta de litígio surgido em torno do contrato de trabalho. Se o empregado deduzia pretensão em face do empregador estranha ao contrato de trabalho — como no caso de uma colisão entre os veículos particulares de ambos, ocorrida no final de semana, em circunstância completamente desvinculada da prestação de serviço —, a competência não era e nem é da Justiça do Trabalho. Se, ao contrário, a pretensão decorria diretamente do contrato de trabalho, em seus variados desdobramentos, seja na fase pré-contratual, seja na fase contratual, seja mesmo na fase pós-contratual, a competência já era da Justiça do Trabalho antes da Emenda Constitucional n. 45, por conta, simplesmente, da redação original do *caput*, do art. 114 da Constituição.

Pouco importava — como ainda hoje pouco importa — que o litígio entre empregado e empregador, em virtude do contrato de trabalho, fosse solucionado por norma não integrante da Consolidação das Leis do Trabalho ou norma sem natureza trabalhista. Como escreveu João Oreste Dalazen, em estudo de 1992, "o que dita a competência material da Justiça do Trabalho é a qualidade jurídica ostentada pelos sujeitos do conflito intersubjetivo de interesses: empregado e empregador. Se ambos comparecem a Juízo como tais, inafastável a competência dos órgãos desse ramo especializado do Poder Judiciário Nacional, independentemente de perquirir-se a fonte formal do Direito que ampara a pretensão formulada. Vale dizer: a circunstância de o pedido alicerçar-se em norma do Direito Civil, em si e por si, não tem o condão de afastar a competência da Justiça do Trabalho se a lide assenta na relação de emprego, ou dela decorre"[14]. O ponto foi igualmente bem realçado em preciso julgado do Supremo Tribunal Federal, no qual se discutiu a competência para exame de litígio relacionado com promessa feita a empregado, no curso e por conta do contrato de trabalho. Ao afirmar a competência da Justiça do Trabalho, assinalou o acórdão: "Justiça do trabalho: Competência: Const., art. 114: Ação de empregado contra o empregador, visando a observância das condições negociais da promessa de contratar formulada pela empresa em decorrência da relação de trabalho. 1. Compete a Justiça do Trabalho julgar demanda de servidores do Banco do Brasil para compelir a empresa ao cumprimento da promessa de vender-lhes, em dadas condições de preço e modo de pagamento, apartamentos que, assentindo em transferir-se para Brasília, aqui viessem a ocupar, por mais de cinco anos, permanecendo a seu serviço exclusivo e direto. 2. A determinação da competência da Justiça do Trabalho não importa que dependa a solução da lide de questões de

---

(12) GIONFRIDA, Giulio. Competenza in materia civile. In: *Enciclopedia del Diritto*, Varese: Giuffrè, v. VIII, p. 44, 1961.
(13) CARNELUTTI. *Istituzioni del nuovo processo civile italiano*. Roma: Foro Italiano, 1942. t. 1, n. 129, p. 124.
(14) Indenização civil de empregado e empregador por dano patrimonial ou moral. In: *Revista de Direito do Trabalho*, São Paulo: RT, v. 77, p. 54, mar. 1992.

direito civil, mas sim, no caso, que a promessa de contratar, cujo alegado conteúdo e o fundamento do pedido, tenha sido feita em razão da relação de emprego, inserindo-se no contrato de trabalho"[15].

Diante das premissas expostas acima, não é difícil perceber a competência da Justiça do Trabalho, mesmo antes da Emenda Constitucional n. 45, para julgamento de ação proposta pelo empregado em face do empregador, em caso de doença profissional ou acidente de trabalho. A pretensão é tipicamente trabalhista. Sua gênese está no contrato de trabalho, ainda que seja solucionada a partir de normas inscritas no Código Civil. Discute-se, no fundo, a responsabilidade do empregador, tendo em vista evento surgido na execução do contrato de trabalho. Os sujeitos envolvidos são os figurantes do mesmo contrato. Logo, a competência é da Justiça do Trabalho, não somente ante os termos da Emenda Constitucional n. 45, mas mesmo em face do direito anterior. Sebastião Geraldo de Oliveira obtemperava, em 2002, em termos irrespondíveis, que "os danos sofridos pelo empregado, provenientes dos acidentes do trabalho, estão diretamente relacionados à execução do contrato de trabalho", de modo que "após a Constituição da República de 1988, os litígios referentes às indenizações por danos materiais e/ou morais postulados pelo acidentado, provenientes de acidente de trabalho em que o empregador tenha participado com dolo ou culpa, devem ser apreciados pela Justiça do Trabalho"[16]. Muitos outros autores chegaram à mesma acertada conclusão[17]. Aliás, era o que já indicava a Súmula n. 736 do Supremo Tribunal Federal, de 2003, ao atribuir à Justiça do Trabalho competência para exame de ações cuja causa de pedir fosse "o descumprimento de normas trabalhistas relativas à segurança, higiene e saúde dos trabalhadores".

Bem por isso, a jurisprudência trabalhista episodicamente reconheceu, mesmo antes da entrada em vigor da Emenda Constitucional n. 45, competir à Justiça do Trabalho resolver litígios entre empregados e empregadores relacionados com

---

(15) STF — Pleno, CJ n. 6.959/DF, Rel. Min. Sepúlveda Pertence, julg. em 23.5.1990 in DJU 22.2.1991, p. 1.259. Cf. ainda: "Justiça do Trabalho. Competência. Ação de reparação de danos decorrentes da imputação caluniosa irrogada ao trabalhador pelo empregador a pretexto de justa causa para a despedida e, assim, decorrente da relação de trabalho, não importando deva a controvérsia ser dirimida à luz do Direito Civil" (STF — 1ª T., RE n. 238.737/SP, Rel. Min. Sepúlveda Pertence, julg. em 17.11.1998 in DJU 5.2.1999, p. 47).
(16) *Proteção jurídica à saúde do trabalhador*. São Paulo: LTr, 2002. n. 7.3.8, p. 277 e 279.
(17) Por exemplo, MELO, Raimundo Simão de. Indenização material e moral decorrentes de acidentes de trabalho — competência para apreciá-las. *Revista LTr*, São Paulo, 1999, v. 63, n. 3, p. 351; VILHENA, Paulo Emilio Ribeiro. Ação de indenização decorrente de acidente do trabalho. Competência. *Revista do Tribunal Superior do Trabalho*, Brasília, v. 67, n. 2, p. 54 e segs., abr./jun. 2001; FONTES, Saulo Tarcísio de Carvalho. Acidente de trabalho — competência da justiça do trabalho: os reflexos da Emenda Constitucional n. 45. In: COUTINHO, Grijalbo Fernandes; FAVA, Marcos Neves (orgs.). *Nova competência da justiça do trabalho*. São Paulo: LTr, 2005. p. 356 e segs., bem como MALLET, Estêvão. Apontamentos sobre a competência da Justiça do Trabalho após a Emenda Constitucional n. 45. In: COUTINHO, Grijalbo Fernandes; FAVA, Marcos Neves (orgs.). *Justiça do trabalho*: competência ampliada. São Paulo: LTr, 2005. p. 83.

acidente de trabalho ou doença profissional. É paradigmático o seguinte precedente do Tribunal Superior do Trabalho, de 2002, em que se advertia: "As pretensões pro-venientes da moléstia profissional ou do acidente do trabalho reclamam proteções distintas, dedutíveis em ações igualmente distintas, uma de natureza nitidamente previdenciária, em que é competente materialmente a Justiça Comum, e a outra, de conteúdo iminentemente trabalhista, consubstanciada na indenização reparatória dos danos material e moral, em que é excludente a competência da Justiça do Trabalho, a teor do art. 114 da Carta Magna..."[18]. Mesmo em 2000 decidia-se de idêntico modo, como mostra outro precedente da 4ª Turma do Tribunal Superior do Trabalho: "Acidente de trabalho. Ação de reparação de dano físico. Competência da Justiça do Trabalho. Sendo distinta a ação acidentária ajuizada contra o INSS (CF, art. 109, I, § 3º) e a ação indenizatória decorrente de acidente de trabalho (CF, art. 7º, XXVIII), e considerando que o Empregado somente poderia, em tese, sofrer acidente de trabalho no exercício da sua profissão, ou seja, estando vinculado contratualmente a um Empregador, não há como se afastar a competência material desta Especializada para julgar ação de indenização por dano físico, nomeadamente porque é pacífica a jurisprudência desta Corte no sentido de que a Justiça do Trabalho detém competência material para julgar ação de reparação por dano moral. São danos ontologicamente idênticos, porquanto derivam da mesma matriz — a relação de trabalho. Daí a inafastabilidade da competência desta Especializada. Revista conhecida e não provida"[19].

Na verdade, não demorou muito para que se pacificasse no Tribunal Superior do Trabalho a conclusão sobre a competência da Justiça do Trabalho para julgamento de pedido deduzido por empregado em face do empregador, para reparação de dano decorrente de acidente de trabalho ou doença profissional, inclusive com pronunciamentos da Subseção de Dissídios Individuais I: "A Justiça do Trabalho é competente para apreciar e julgar ação de indenização por dano moral e material resultante de acidente de trabalho, nos termos do art. 114 da Constituição Federal. Quando o art. 109, I, da Magna Carta exclui da competência da Justiça do Trabalho as causas de acidente de trabalho, logicamente está a se referir àquelas ações acidentárias dirigidas em desfavor da entidade previdenciária e não às ações indenizatórias de dano moral e material, decorrentes de acidente de trabalho. Esse comando constitucional tem razão de ser, uma vez que as ações previdenciárias

---

(18) TST — 4ª T., AIRR e RR n. 788505-05.2001.5.03.5555, Rel. Min. Antônio José de Barros Levenhagen, julg. em 9.10.2002 in DJU 25.10.2002.
(19) TST — 4ª T., ED-E-RR n. 483206-28.1998.5.03.5555, Rel. MIn. Ives Gandra Martins Filho, julg. em 27.9.2000 in DJU 1º.12.2000. Na 1ª Turma, em 2003, assentou-se: "Competência da Justiça do Trabalho. Indenização. Acidente do trabalho. Trata-se de pedido de indenização por danos físico e moral e do seguro a que alude o art. 7º, inciso XXVIII, da Constituição Federal, em face do acidente de trabalho que acarretou a invalidez do reclamante. Não obstante a questão possuir conteúdo de natureza civilista, o pedido inicial decorre da relação de emprego havida entre as partes (a qual, se inexistente, afastaria, em tese, a ocorrência do sinistro), o que atrai a competência da Justiça do Trabalho para apreciá-lo" (TST — 1ª T., RR n. 551.998/1999, Rel. Juiz Convocado Aloysio Corrêa da Veiga in DJU 14.2.2003).

não visam equacionar litígio entre empregador e empregado, mas resguardar direito previdenciário, tendo no polo passivo o INSS. O mesmo não ocorre com a ação de indenização por dano moral e material decorrente de acidente de trabalho, que configura típico litígio trabalhista, na medida em que envolve parcela devida pelo empregador ao empregado resultante do contrato havido entre as partes"[20].

Enfim, tinha a Justiça do Trabalho, desde 1988, competência para examinar ação proposta por empregado em face do empregador, em decorrência de doença profissional ou acidente de trabalho.

4. Homologação de acordo e incompetência do juízo

Sem embargo do que se disse até aqui, caso não tivesse a Justiça do Trabalho competência, antes da Emenda Constitucional n. 45, para homologar acordo compreensivo de direitos decorrentes de doença profissional ou acidente de trabalho, ficaria prejudicada a quitação ampla dada em ação trabalhista? O argumento, como visto no início do presente texto, já foi invocado em precedentes judiciais para restringir a abrangência da quitação outorgada com largueza. Não se justifica, todavia, sua utilização.

Decisão proferida por juízo absolutamente incompetente, ainda que seja ela de natureza meramente homologatória, é nula, como resulta do art. 113, § 2º, do CPC. A competência constitui, como se sabe, pressuposto de constituição e desenvolvimento válido do processo (CPC, art. 267, inciso IV).

Transitada em julgado a decisão, porém, os vícios do processo e outros defeitos do julgado, inclusive relacionados com a incompetência absoluta, têm sua relevância diminuída. Como ressalta Chiovenda, transcorrido o prazo recursal, *preclude il diritto*

---

(20) TST — SDI I, E-RR n. 483.206/1998, Rel. Min. Vantuil Abdala in DJU 17.10.2003. Ainda assim: "Embargos. Competência material da Justiça do Trabalho. Indenização por dano moral. 1 — Nos termos do art. 7º, inciso XXVIII, da Constituição da República, o dano por acidente de trabalho dá ensejo a dupla esfera protetiva. A primeira proteção é o seguro social, de natureza previdenciária, cuja competência é da Justiça Comum. A segunda decorre diretamente da relação de trabalho e consiste na indenização pelos danos material e moral. A competência para apreciação e julgamento dessa segunda pretensão é da Justiça do Trabalho. Precedente: ERR-483.206/1998, DJ 17.10.2003, Ministro Relator: Vantuil Abdala. 2 — Para fixação do foro competente à apreciação da lide é irrelevante apurar se o fato jurídico que deu ensejo à controvérsia subsume-se a norma de Direito Civil, *in casu*, o art. 159 do Código Civil anterior. Se a obrigação de indenizar os danos material e moral decorre diretamente do vínculo empregatício, a Justiça do Trabalho é competente para conhecer e julgar a Reclamação Trabalhista. 3 — Isso porque, segundo o art. 114 da Constituição da República, a competência para apreciar dissídios entre trabalhadores e empregadores oriundos da relação de emprego é desta Justiça Especializada. Nessa mesma linha, os acórdãos do Supremo Tribunal Federal, nos autos do Recurso Extraordinário n. 238.737-4, publicado no DJ 5.2.1999, e do Conflito de Jurisdição n. 6.959/DF, publicado no DJ 22.2.1991. Embargos não conhecidos" (TST — SDI I, E-RR n. 606/2000-015-12-00.7, Rel. Min. Maria Cristina Irigoyen Peduzzi in DJU 1º.10.2004 in DJU 1º.10.2004).

di impugnare la sentenza per nullità[21]. A coisa julgada reveste-se de eficácia reparatória ou curativa das deficiências do julgado e do processo. O que antes era causa de nulidade torna-se algo menos, convertendo-se em simples hipótese de rescindibilidade[22]. Pontes de Miranda refere-se, a propósito, à força formal de coisa julgada como trazendo consigo a "sanação (da) sentença"[23] e Barbosa Moreira lembra a semelhança entre a sentença rescindível e o ato anulável[24], ou seja, ato válido e eficaz, que somente fica comprometido depois de desconstituído judicialmente, em um caso por meio de ação anulatória em outro por ação rescisória. Por isso mesmo o vigente Código de Processo Civil abandonou a deficiente redação do texto anterior — verdadeira errônia — que, ao referir-se às hipóteses de cabimento da ação rescisória, aduzia, no art. 798: "Será nula a sentença". O atual Código, em termos muito mais adequados e cientificamente corretos, tão somente se refere à possibilidade de ser a sentença "rescindida quando...".

Quer dizer, sentença rescindível não equivale a sentença nula nem muito menos a sentença inexistente. Não é uma não sentença — como a proferida por juiz aposentado ou a que ele redige, sem que exista processo, para apresentar aos seus alunos de prática forense — nem mesmo é uma sentença nula *pleno jure*, tal qual, segundo boa parte da doutrina e expressivos precedentes, a sentença dada em processo em que ausente ou viciada a citação[25]. A sentença rescindível, em resumo, é sentença perfeitamente válida e eficaz. Apenas pode ser desconstituída.

---

(21) *Principii di diritto processuale civile*. Napoli: Jovene, 1965. p. 898.
(22) MIRANDA, Pontes de. *Comentários ao código de processo civil*. Rio de Janeiro: Forense, 1949. v. IV, p. 525. Cf. ainda COUTINHO, Aldacy Rachid. *Invalidade processual*: um estudo para o processo do trabalho. Rio de Janeiro: Renovar, 2000. p. 379 e segs.
(23) *Comentários ao código de processo civil*, cit., v. IV, p. 506.
(24) *Comentários ao código de processo civil*. Rio de Janeiro: Forense, 2003. v. V, n. 68, p. 108. Cf., ainda, DINAMARCO, Cândido Rangel. *Litisconsórcio*. São Paulo, 1984. p. 196.
(25) A propósito, com mais amplo desenvolvimento e indicação dos fundamentos teóricos para a sobrevivência, no direito brasileiro, da querela de nulidade, MIRANDA, Pontes de. *Tratado da ação rescisória das sentenças e de outras decisões*. Rio de Janeiro: Forense, 1976. p. 385; LIEBMAN, Enrico Tullio. Nulidade da sentença proferida sem citação do réu. In: *Estudos sobre o processo civil brasileiro*. São Paulo: José Bushatsky, 1976. p. 179-184, e FABRÍCIO, Adroaldo Furtado. Réu revel não citado, *querela nullitatis* e ação rescisória. *Ajuris: Revista da Associação dos Juízes do Rio Grande do Sul*, Porto Alegre, v. 42, 1988. No campo processual trabalhista, cf. FERNANDEZ, Cláudio A. F. Penna. A ação declaratória de inexistência ou nulidade de sentença e o processo trabalhista — querela de nulidade. In: *Revista do Tribunal Superior do Trabalho*, Brasília, v. 66, n. 2, p. 199 e segs., abr./jun. 2000. Em jurisprudência, cf.: "Ação de nulidade. Alegação de negativa de vigência dos arts. 485, 467, 468, 471 e 474 do CPC. Para a hipótese prevista no art. 741, I, do atual Código de Processo Civil — que é a de falta ou nulidade de citação, havendo revelia —, persiste, no direito positivo brasileiro, a *querela nullitatis*, o que implica dizer que a nulidade da sentença, nesse caso, pode ser declarada em ação declaratória de nulidade, independentemente do prazo para a propositura da ação rescisória, que, em rigor, não é a cabível" (STF — 2ª T., RE n. 96.374/GO, Rel. Min. Moreira Alves, julg. em 30.8.1983) e "Processual civil — Nulidade da citação (inexistência) — *Querela nullitatis*. I — A tese da *querela nullitatis* persiste no direito positivo brasileiro, o que implica em dizer que a nulidade da sentença pode ser declarada em ação declaratória de nulidade, eis que, sem a citação, o processo, vale falar, a relação jurídica processual não se constitui nem validamente se desenvolve. Nem, por outro lado, a sentença transita em julgado, podendo, a qualquer tempo, ser declarada nula, em ação com esse objetivo, ou em embargos a execução, se for o caso" (STJ — 3 T., RESP n. 12.586/SP, Rel. Min. Waldemar

Em consequência, a sentença rescindível, enquanto não rescindida de fato, tem de ser cumprida e respeita, como decorrência da autoridade inerente à coisa julgada. Nas palavras de Pontes de Miranda, exceto no caso de nulidade *pleno jure*, provocada por citação ausente ou viciada, só se pode "desatender a sentença... depois de ser julgada a ação constitutiva, negativa dessa força formal, que é a ação rescisória"[26]. Foi o que — com pequena ressalva por conta da inadequada alusão a invalidade e anulabilidade — registrou o seguinte julgado: "Verificada a existência de coisa julgada, já que não rescindida sentença proferida na Justiça do Trabalho, opera-se a extinção do processo sem análise do mérito. Entendendo-se pela existência de vício de nulidade (invalidade) da sentença, a decisão existe no mundo jurídico, tem eficácia e aquele vício permanece até que haja outra decisão judicial desconstituindo a anterior. Ou seja, decisão é inválida, mas eficaz, e transita em julgado (faz coisa julgada). Para atacá-la, por fazer coisa julgada, deve-se utilizar a Ação Rescisória (art. 485 do CPC)"[27].

Tanto é assim que o art. 489 do CPC explicita não sofrer o cumprimento da sentença nenhum abalo pelo mero ajuizamento de ação rescisória, sendo imprescindível, para tanto, provimento que antecipe a eficácia desconstitutiva inerente ao juízo rescindente.

Logo, a incompetência do juízo, depois do trânsito em julgado, não é invocável para infirmar a eficácia da decisão. A sentença transitada em julgado, proferida por juízo incompetente, não é nula e muito menos inexistente[28]. É tão somente rescindível. Decidiu com todo o acerto o Superior Tribunal de Justiça, a propósito, que a incompetência do juízo, sobrevindo o trânsito em julgado da decisão, não pode ser suscitada em execução. A emenda do acórdão tem o seguinte teor: "Depois do trânsito em julgado da sentença, a arguição de incompetência absoluta do juiz somente pode ser conduzida em ação rescisória, nos termos do art. 485 II do CPC, não em preliminar de apelação de sentença homologatória de calculo de liquidação"[29].

Pouco importa que a decisão questionada corresponda a sentença homologatória de acordo e não a pronunciamento que haja examinado o mérito da lide,

---

Zveiter, julg. em 8.10.1991 in DJU 4.11.1991, p. 15.684). Ainda no mesmo sentido, referindo-se equivocadamente, porém, a prescrição e não a decadência: "A falta ou nulidade de citação torna imprescritível a faculdade de se desfazer a viciada relação processual. Cuida-se de nulidade *ipso jure*, podendo a parte promover a demanda para desconstituí-la perante o juiz prolator da sentença, independentemente do prazo para propositura de rescisória" (TJSP — 6ª Câm. Civ. Ap. n. 113.310-1, Rel. Des. Alexandre Loureiro in *Revista dos Tribunais*, São Paulo, v. 79, n. 648, p. 71, 1989).

(26) *Comentários ao código de processo civil*, cit., v. IV, p. 506.

(27) TJ-MG, 16ª Câm. Cível, Proc. n. 2.0000.00.508940-1/000(2), Rel. Des. Otávio Portes, julg. em 14.5.2008 in DJ 30.5.2008.

(28) YARSHELL, Flávio Luiz. *Ação rescisória*: juízo rescindente e juízo rescisório no direito positivo brasileiro. São Paulo, 2004, s. e. p. (tese), n. 99, p. 301.

(29) STJ — 3ª T., AgRg REsp n. 6.176/DF, Rel. Min. Dias Trindade, julg. em 12.3.1991 in DJU 8.4.1991, p. 3884. Ainda de idêntico modo, STJ — 1ª T., REsp n. 114.568/RS, Rel. Min. Humberto Gomes de Barros, julg. em 23.6.1998 in DJU 24.8.1998, p. 11.

com indicação do direito aplicável. O que vale para a sentença que decide a lide vale para a decisão que homologa transação, igualmente dotada de eficácia de coisa julgada, somente se desfazendo por meio de ação rescisória, como decidido pelo Supremo Tribunal Federal[30] e reconhecido pela Súmula n. 259 do Tribunal Superior do Trabalho[31].

Não é possível, pois, desconsiderar a quitação dada pelo empregado, em acordo homologado em juízo, ainda que haja causa de rescindibilidade da decisão, seja por incompetência do juízo que a homologou, seja por outro motivo. A rescisão da decisão passada em julgada não se faz incidentalmente, como decorrência do pedido deduzido em nova reclamação. Supõe sempre pedido próprio, formulado em ação rescisória[32]. Vale a pena mencionar precedente em que bem enfrentado o tema: "A composição firmada em ação trabalhista anterior, homologada em Juízo, pela qual o reclamante outorgou expressa quitação geral do extinto contrato de trabalho, constitui óbice para que se pleiteie qualquer outra parcela decorrente da extinta relação empregatícia, porquanto o termo de conciliação lavrado na ação trabalhista faz coisa julgada e vale como decisão irrecorrível, só atacável por via própria, não sendo possível aos litigantes a possibilidade de reexame das questões jurídicas já enfrentadas pelo poder estatal, através de um dos seus órgãos jurisdicionais, cuja decisão se impõe por si, independentemente da vontade das partes"[33].

---

(30) "Reclamação trabalhista. O acordo que põe fim a ação judicial não se insere nos atos de jurisdição graciosa, anulável através do dissídio individual. Constitui transação e, assim tem forca de coisa julgada, cabível e ação rescisória" (STF — Pleno, RE n. 78.085/MG, Rel. Min. Thompson Flores, julg. em 4.12.1974).
(31) "Só por ação rescisória é impugnável o termo de conciliação previsto no parágrafo único do art. 831 da CLT."
(32) "Coisa julgada. Acordo homologado. O acordo celebrado pelas partes e homologado pelo juízo é dotado de força de coisa julgada, só podendo ser desconstituído mediante ação rescisória" (TRT — 5ª Reg., 4ª T., Proc. n. 00461-2008-311-05-00-9, Rel. Juiz Alcino Felizola, Ac. n. 005771/2009 in DJ 23.3.2009).
(33) TRT — 15ª R., 5ª T., Autos n. 01130-2005-071-15-00-8 RO, Rel. Elency Pereira Neves, julg. em 25.3.2008 in DOE 4.4.2008. Digno de nota também este outro aresto: "Cláusula de acordo judicial pela qual o empregado dá quitação de outros títulos provenientes da resilição do contrato. Admissibilidade. Dúvida em torno da sua licitude. Inadmissibilidade da sua arguição em reclamatória trabalhista. É válida a cláusula de acordo pela qual o empregado dá quitação de outros títulos provenientes da resilição do contrato, tendo em vista o objetivo, inerente às transações, de prevenir futuros litígios. Inconsistente a dúvida suscitada em torno da sua licitude a partir dos limites impostos ao juiz oriundos da *res deducta in judicio*. É que aí prevalece o princípio da autonomia da vontade dos litigantes, soberanos no delineamento das concessões mútuas, com a condição de que não envolvam direitos não patrimoniais, como os de família-puros, matéria de interesse da ordem pública e direitos de que os transigentes não podem dispor, a exemplo das coisas fora do comércio. Além disso, eventual ilicitude da cláusula não pode ser objeto de simples reclamatória, porque o acordo homologado judicialmente, sem qualquer restrição, equivale à sentença irrecorrível, cuja desconstituição só é possível através de ação rescisória. Até porque a nulidade de uma de suas cláusulas induz a nulidade da própria transação, na esteira do princípio da indivisibilidade, previsto no art. 1.026 do CC" (TRT — 15ª Reg., 1ª T., Ac. n. 7648/96 Rel. Barros Levenhagen in DJSP 22.4.1996, p. 81).

5. Interpretação da quitação dada por empregado em ação trabalhista

Superadas as questões relativas à competência e à possibilidade de acordo abrangente de matéria excedente do objeto do processo, cabe, antes de concluir, passar ao tema da interpretação da quitação outorgada pelo trabalhador, para apurar se o ajuste firmado em termos amplos abrange também direitos relativos a doença profissional ou acidente trabalho. O ponto é especialmente delicado pelo fato de, no mais das vezes, haver quitação ampla, conferida com máxima largueza. Usam-se correntemente os termos "quitação ampla do extinto contrato de trabalho e da relação havida entre as partes, para nada mais reclamar", "quitação ampla de todos os direitos devidos, a qualquer título que seja" ou outros equivalentes, sem referência expressa, no entanto, a direitos decorrentes de doença profissional ou acidente de trabalho.

Na interpretação da quitação outorgada parte-se do acordo, não da decisão, que se limita a homologar o ajuste estabelecido pelas partes. Os parâmetros hermenêuticos são, portanto, aqueles próprios dos atos jurídicos privados, não os aplicáveis às decisões judiciais[34].

É verdade que a transação se interpreta de modo restritivo, em conformidade com a regra posta pelo art. 843 do Código Civil. Mas, como adverte a doutrina, "é preciso dar à transação toda a extensão que comportar, por isso que visando as partes com ela comprar sua tranquilidade não se concebe que o litígio não ficasse definitivamente ultimado. Nem se compreenderia, muito menos, que a pretexto algum, pudesse uma das partes fazê-lo reviver, mesmo num simples detalhe, perturbando o sossego que a outra tinha procurado assegurar por meio da transação"[35]. A importância da intenção de ambas as partes na interpretação dos atos bilaterais, sempre lembrada pela doutrina[36] e referida como critério hermenêutico em alguns sistemas jurídicos[37], impõe que se confira à transação celebrada com máxima largueza — como é a "quitação ampla do extinto contrato de trabalho e da relação havida entre as partes" ou "quitação ampla, para nada mais reclamar, a qualquer título que seja", para retomar as expressões pouco antes lembradas, de uso corrente no caso — a abrangência pretendida, que não pode ser a de quitação limitada ao objeto do processo no qual oferecida. Como estabelecido no direito português, "a declaração negocial vale com o sentido que um declaratário normal, colocado na

---

(34) MALLET, Estêvão. *Ensaio sobre a interpretação das decisões judiciais*. São Paulo: LTr, 2009. p. 49.
(35) SANTOS, Carvalho. *Código civil brasileiro interpretado*. Rio de Janeiro: Calvino Filho, 1936. v. XIII, p. 375.
(36) Por exemplo, MCMELL, Gerard. *The construction of contracts*. Oxford: Oxford University, 2007. n. 1.50, p. 25.
(37) Por exemplo, o *Code des Obligations* suíço estabelece, no seu art. 18: "Pour apprécier la forme et les clauses d'un contrat, il y a lieu de rechercher la réelle et commune intention des parties, sans s'arrêter aux expressions ou dénominations inexactes dont elles ont pu se servir, soit par erreur, soit pour déguiser la nature véritable de la convention".

posição do real declaratário, possa deduzir do comportamento do declarante"[38]. Ora, não é concebível entender "quitação ampla do extinto contrato de trabalho e da relação havida entre as partes" ou "quitação ampla, para nada mais reclamar, a qualquer título que seja" como quitação parcial, limitada, restrita ao objeto do processo em que outorgada. O entendimento que o declaratário normal dá ao enunciado é o de quitação de todos os direitos decorrentes do contrato de trabalho. São muitos os julgados que acolhem a ideia, como o seguinte, que se refere à impossibilidade de reclamação subsequente de "qualquer direito": "Nos termos do parágrafo único, do art. 831 da CLT, no caso de conciliação, o termo lavrado valerá como decisão irrecorrível. Vale dizer que se operam, quanto ao termo de conciliação, os efeitos subjetivos e objetivos da coisa julgada, conceituada pelo art. 467 do Código de Processo Civil, como a eficácia, que torna imutável e indiscutível a sentença, não mais sujeita a recurso ordinário ou extraordinário. E, nessa qualidade de decisão irrecorrível, estão as pretensões abrangidas pela coisa julgada material e formal, sendo que qualquer direito, porventura buscado posteriormente, ainda que não conste expressamente da petição inicial correspondente, já não pode ser apreciado, uma vez que o próprio reclamante liberou a reclamada da responsabilidade do pagamento de quaisquer verbas que decorram do contrato de trabalho"[39].

---

(38) Código Civil português, art. 236, n. 1.
(39) TRT — 5ª Reg., 2ª T., Proc. n. 00863-2008-612-05-00-4, Rel. Juíza Dalila Andrade, Ac. n. 003060/2009 in DJ 3.3.2009. De idêntico modo, ainda: "Acordo judicial homologado. Alcance da coisa julgada. O acordo judicial devidamente homologado, no qual a reclamante outorgou quitação dos pedidos constantes na inicial, assim como do extinto contrato de trabalho, faz coisa julgada material entre as partes e abrange todas as demais parcelas decorrentes daquele pacto laboral, ainda que não postas em Juízo. Inteligência do parágrafo único do art. 831 da CLT, da Súmula n. 259 do Col. TST e dos arts. 840 e 849 do CC/2002. Recurso da reclamada ao qual se dá provimento" (TRT — 15ª Reg., 4ª T., Proc. n. 00598-2006-128-15-00-2, Rel. Juiz Manuel Soares Ferreira Carradita, julg. em 9.9.2008 in DOE 19.9.2008). "Coisa julgada. Acordo homologado judicialmente dando plena quitação ao contrato de trabalho. Extinção do feito sem julgamento do mérito. Art. 267, inciso V, do CPC. A composição do litígio mediante conciliação, na qual 'Com o recebimento do valor' 'a reclamante dá ao reclamado plena, total, rasa e final quitação das verbas pleiteadas na presente reclamação e do extinto contrato de trabalho, para nada mais reclamar em tempo e lugar algum', produz coisa julgada, obstando, pois, a interposição de nova demanda sobre aquela relação contratual. De acordo com o artigo 831, parágrafo único, da CLT, o acordo entre as partes, homologado em Juízo, tem eficácia de decisão irrecorrível. Incide, na espécie, o disposto no art. 267, inciso V, do CPC como foi bem inferido e decidido pelo Juízo monocrático. Recurso obreiro improvido" (TRT — 9ª Reg., 4ª T., Proc. n. 00147-2008-872-09-00-5, Rel. Juíza Sueli Gil El-Rafihi, Ac. n. 04259-2009 in DJPR 10.2.2009); "Acordo judicial. Coisa julgada. Alcance da quitação passada pelo trabalhador. Efeitos. O acordo celebrado entre as partes e homologado em juízo equivale a decisão irrecorrível, nos termos do art. 831, parágrafo único da CLT. A coisa julgada que então se estabelece tem seus efeitos nos limites do pactuado. Assim, quando no termo conciliatório é dada quitação somente quanto aos pedidos constantes da petição inicial, os efeitos da coisa julgada têm seu alcance restrito aos termos da lide posta em juízo, não inviabilizando nova ação trabalhista quanto aos pleitos outros decorrentes do contrato de trabalho. Porém, quando, no acordo, a quitação concedida pelo trabalhador se estende, além do pedido inicial, também a eventuais direitos decorrentes do extinto contrato de trabalho, sem qualquer ressalva, os efeitos da coisa julgada abrangem todo o pacto laboral, autorizando a extinção do processo, sem resolução do mérito, com fulcro no art. 267, V do CPC. Nesse sentido a OJ n. 132 da SBDI-1 do TST" (TRT — 3ª Reg., 8ª T., Proc. n. 00197-2008-050-03-00-2 RO, Rel. Juíza Denise Alves Horta, julg. em 21.5.2008 in DJMG 31.5.2008, p. 22); "Conciliação homologada em

Mesmo reivindicação solucionada por norma de Direito Comum, desde que resultante do contrato de trabalho, encontra-se compreendida na quitação outorgada. Bem a propósito, o Tribunal Superior do Trabalho reconheceu não poder o empregado, depois de dar quitação ampla do extinto contrato de trabalho, reclamar indenização por dano moral, conquanto tenha mencionado uma vislumbrada "origem civilista da ação de indenização por danos morais". A ementa do acórdão tem a seguinte redação: "Apesar da origem civilista da ação de indenização por danos morais, não restam mais dúvidas, principalmente após a Emenda Constitucional n. 45/2004, de que a ação ora em exame é de competência eminentemente trabalhista. É inegável que a origem do pedido, a responsabilização do Reclamado pelo dano alegado, tem indiscutível origem e dependência na relação de trabalho. Assim, ao entabular acordo com a Reclamada e conferir ampla quitação ao extinto contrato de trabalho, a Reclamante abriu mão de reclamar qualquer outra parcela oriunda daquela relação trabalhista. Nesse passo, eventual deferimento do pleito formulado na presente ação trabalhista implicaria inegável ofensa à coisa julgada constituída pela sentença, que homologou o acordo entabulado entre os litigantes. Precedentes. Recurso de Revista conhecido e não provido"[40].

A largueza de ampla quitação do extinto contrato de trabalho impede inclusive reclamação de diferença de multa de 40% do Fundo de Garantia do Tempo de

---

juízo x quitação ampla. Coisa julgada. A amplitude da quitação estabelecida no acordo judicial define os limites da coisa julgada. Assim, se na conciliação havida e homologada judicialmente, a parte outorgou quitação plena e irrestrita a todos os títulos advindos do extinto contrato de trabalho, conclui-se que já se operou a coisa julgada no que concerne também à pretensa indenização por danos materiais e morais decorrentes de doença profissional. Recurso a que se nega provimento" (TRT — 2ª Reg., 5ª T., Proc. n. 01233-2004-068-02-00-5, Rel. Anelia Li Chum, julg. em 24.4.2007 in DJ 18.5.2007).

(40) TST — 2ª T., RR n. 63000-13.2007.5.17.0007, Rel. Min. José Simpliciano Fontes de F. Fernandes, julg. em 16.12.2009 in DEJT 5.2.2010. De igual modo: "Pedido reparatório por danos morais e materiais. Acordo judicialmente homologado em reclamação antecedente. Coisa julgada. O que visualizo, analisados os elementos nos autos contidos, é a impossível superação do óbice consubstanciado na existência de coisa julgada oriunda de acordo firmado entre as partes em reclamação antecedente, ajuizada pelo obreiro, em que não apenas outorgou quitação pelo objeto do pedido então formulado, como também pelo extinto contrato de trabalho. Celebrado acordo judicialmente homologado pelos litigantes, nesses abrangentes termos, nenhuma outra parcela, inclusive eventuais direitos de índole civil decorrentes da relação de emprego, como a indenização por danos morais e materiais, poderá ser vindicada em demanda trabalhista posterior. Com muito mais razão quando não se verifica na avença qualquer vício de consentimento, a justificar a declaração de ineficácia para fins de afastamento da coisa julgada operada que, de resto, é matéria que, por força da norma expressa contida no art. 831 da CLT, só pode ser suscitada mediante o manejo de ação própria, a lide rescisória desconstitutiva (CPC, art. 485)..." (TRT — 3ª Reg., 4ª T., Proc. n. 00244-2008-095-03-00-9 RO, Rel. Juiz Júlio Bernardo do Carmo, julg. em 30.7.2008 in DJMG 9.8.2008, p. 8); "Acordo judicial. Quitação do contrato de trabalho. Coisa julgada. Responsabilidade civil não configurada. A existência de cláusula expressa em acordo judicial prevendo a quitação de quaisquer parcelas decorrentes da relação de emprego alcança tudo o que nela tiver origem, inclusive eventual indenização fundada na responsabilidade civil. Assim, não pode a parte ajuizar nova ação com a finalidade de postular direitos decorrentes do extinto contrato" (TRT — 12ª Reg., 3ª T., Proc. RO n. 01043-2006-010-12-00-8, Rel. Juíza Mari Eleda Migliorini, julg. em 30.9.2008 in TRT-SC/DOE 17.11.2008).

Serviço, como resolvido em precedente do Tribunal do Trabalho da 2ª Região: "FGTS. Multa de 40%. Diferença. Expurgos. Acordo já firmado em outra causa. Quitação total. Extinção do processo sem julgamento do mérito. Acordo firmado em outro processo, em que outorgada a quitação do objeto da causa e do extinto contrato de trabalho, forma coisa julgada, a impedir, portanto, qualquer outra pretensão relativa ao referido contrato, inclusive diferença da multa do FGTS (expurgos). Extinção do processo, sem julgamento do mérito. Código de Processo Civil, art. 267, V"[41].

Se o empregado pretende ressalvar algum direito, há de dizê-lo, de modo claro e induvidoso, como desdobramento, inclusive, da obrigação de agir de boa-fé, igualmente pertinente no campo do processo[42]. Não se concebe outorga de quitação ampla e, pouco depois, nova reivindicação de direitos. Afinal, consoante registrado em certo julgado, "infringe a boa-fé quem, com o exercício do seu direito, se põe em desacordo com a sua própria conduta anterior, na qual confia a outra parte"[43]. E os negócios jurídicos, como as declarações negociais, devem sempre interpretar-se segundo a boa-fé[44].

Nem pode o trabalhador aduzir ter direito a mais do que recebeu no acordo em que firmada a transação. Como escreve Pontes de Miranda, "após a conclusão da transação, nenhum dos figurantes pode alegar que concedeu mais do que devia, ou que se lhe concedeu menos do que lhe tocava. A finalidade da transação é exatamente transformar em incontestável, no futuro, o que agora é litigioso ou incerto"[45]. Tampouco lhe aproveita o argumento de que na verdade não desejava quitar direitos relacionados com acidente de trabalho ou doença profissional, pretendendo apenas quitar os direitos discutidos no primitivo processo. O propósito meramente subjetivo, quando em frontal desacordo com a declaração negocial

---

(41) TRT — 2ª Reg., 3ª T., RO n. 01478-2003-361-02-00-1; Rel. Juiz Eduardo de Azevedo Silva; Ac. n. 20050673100 in DOE 11.10.2005. Veja-se ainda, de modo mais genérico: "É carecedor de ação o empregado para pleitear quaisquer verbas quando, através de acordo judicial regularmente homologado, dera quitação por todo e qualquer direito decorrente do respectivo contrato de trabalho" (TRT — 2 Reg., 7ª T., RO n. 27.460/85.1, Rel. Juiz José Luiz de Vasconcelos, Ac. n. 9.126/1987 in *Ementário LTr*, v. VII, p. 93).
(42) A propósito, com indicação de jurisprudência dos tribunais alemães, Acórdão da Relação do Porto de 16.12.1996 *apud* SILVA, Paula Costa e. *Acto e processo — o dogma da irrelevância da vontade na interpretação e nos vícios do acto postulativo*. Coimbra: Coimbra, 2003. n. 39, p. 72. Na jurisprudência nacional, com invocação de desdobramento da boa-fé em matéria processual, TRF — 4ª Reg., 6ª T., Ap Cív. n. 9642/SC (2003.72.00.009642-4), Rel. Juiz Alcides Vettorazzi, julg. em 28.1.2009 in DJ 11.2.2009.
(43) TRT — 4ª Reg., 3ª T., RS n. 00268-2008-702-04-00-5, Rel. Juiz Francisco Rossal de Araújo, julg. em 1º.4.2009 in DJ 22.4.2009.
(44) Diretriz corrente, como mostram o art. 113 do Código Civil brasileiro, os arts. 113 e 131, n. 1, do Código Comercial brasileiro, o art. 1.366 do *Codice Civile* italiano (*Il contratto deve essere interpretato secondo buona fede*) e o § 157, do Código Civil alemão. De igual modo no direito chileno, ainda que sem norma legal expressa, CLARO, Carlos Ducci. *Interpretación jurídica en general y en la dogmática chilena*. Santiago: Juridica de Chile, 1977. n. 140, p. 205.
(45) *Tratado de direito privado*. Rio de Janeiro: Borsoi, 1959. t. XXV, § 3.043, n. 7, p. 172.

emitida, especialmente se esta última foi feita para iludir o outro destinatário (*animus decipiendi*), configura reserva mental e não tira a força jurídica do declarado[46].

Enfim, a ausência de ressalva de algum outro direito na quitação dada em juízo leva à convicção do caráter compreensivo do ajuste, aspecto que não passa despercebido na jurisprudência, como se infere de aresto assim ementado: "Acordo judicial — Parcelas não ressalvadas. O acordo celebrado e homologado em juízo tem força de coisa julgada (art. 831, parágrafo único, CLT). Não tendo as partes, expressamente, efetuado ressalvas em seu termo e tendo o reclamante dado quitação do pedido e do extinto contrato de trabalho, impossível a execução e discussão de qualquer diferença não constante da conciliação, sob pena de ofensa à coisa julgada"[47]. A jurisprudência encontra-se consolidada na Orientação Jurisprudencial n. 132, da Subsecção de Dissídios Individuais do Tribunal Superior do Trabalho:

> "Acordo celebrado — homologado judicialmente — em que o empregado dá plena e ampla quitação, sem qualquer ressalva, alcança não só o objeto da inicial, como também todas as demais parcelas referentes ao extinto contrato de trabalho, violando a coisa julgada, a propositura de nova reclamação trabalhista."

Mais uma vez o fato de a ação subsequente fundar-se em acidente de trabalho ou doença profissional não altera a conclusão. Afinal, trata-se de pretensão decorrente do contrato de trabalho. Quitados todos os direitos dele oriundos, quitada fica a possibilidade de reclamar alguma indenização por moléstia adquirida no trabalho. Há vários precedentes na linha do exposto, entre os quais um merece especial realce: "Na ação trabalhista intentada anteriormente pelo reclamante contra a reclamada as partes se compuseram tendo sido outorgada quitação pelo obreiro da extinta relação jurídica havida entre as partes. Constata-se, portanto, que referido acordo abarcou todo e qualquer direito oriundo da relação de trabalho existente entre as partes, inclusive a pensão e a indenização pleiteadas nos presentes autos, não tendo restado comprovada a existência de qualquer vício de consentimento capaz de maculá-lo. Destarte e considerando-se que os acordos judiciais têm força de sentença transitada em julgado e que o acatamento da tese do recorrente geraria instabilidade nas relações jurídicas, nenhuma reforma merece a sentença recorrida que, ao reconhecer a ocorrência de coisa julgada, extinguiu o processo sem julgamento do mérito com fulcro no inciso V do art. 267 do CPC"[48].

---

(46) Cf. TELLES, Inocêncio Galvão. *Manual dos contratos em geral*. Coimbra: Coimbra, 2002. n. 77, p. 161.
(47) TRT — 12ª Reg., 3ª T., Ac. n. 14053/97, Relª Juíza Mª Regina Malhadas Lima in DJSC 31.10.1997, p. 229.
(48) TRT — 2ª Reg., 12ª T., RO n. 00295200736102002, Rel. Juiz Marcelo Freire Gonçalves, Ac. n. 20080425687, DOE 30.5.2008. Também assim: "Acordo homologado em juízo. Quitação plena. coisa julgada. Quando as partes celebram acordo homologado em juízo, dando plena e geral quitação de todas as verbas oriundas da relação de emprego, qualquer parcela ou pretensão que tenha origem no extinto contrato laboral, inclusive aquelas de natureza indenizatória decorrentes de acidente de trabalho ou doença ocupacional, é alcançada pelo instituto da coisa julgada" (TRT — 5ª Reg., 3ª T.,

Conclusão

Diante de tudo o que se disse, é possível concluir que a quitação ampla, outorgada em ação trabalhista, mesmo antes da vigência da Emenda Constitucional n. 45, compreende também direitos decorrentes de doença profissional ou acidente de trabalho. Há de ter o reclamante, portanto, especial atenção para os termos de acordo que venha a celebrar judicialmente. Se pretende reservar-se a prerrogativa de discutir outras pretensões, deve dizê-lo. Se deseja quitar apenas os direitos reclamados, cumpre limitar a quitação ao objeto do processo. Não o fazendo, não mais poderá questionar a relação jurídica extinta.

Proc. n. 00353-2005-134-05-00-0, Rel. Juíza Lourdes Linhares, Ac. n. 003190/2009 in DJ 11.3.2009); "Coisa julgada. Efeitos — O acordo celebrado em juízo, com quitação plena e total em relação ao extinto contrato de trabalho faz coisa julgada, sendo oportuno destacar que a garantia constitucional não faz distinção a respeito do processo em que ela se cristaliza, seja no processo penal, no civil, no trabalhista, no eleitoral. De outra parte, as ações de reparação de dano patrimonial e moral no âmbito trabalhista, ainda que classificadas como ações cíveis, em que se pleiteia indenização por danos decorrentes de acidente de trabalho, originam-se do contrato de trabalho e, na hipótese, considerando-se que a avença englobou todos os direitos decorrentes do extinto contrato de trabalho, abrangeu, também, o pedido de indenização formulado no presente feito, o qual repete a situação fática narrada na primeira ação ajuizada, em que houve compromisso de nada mais reclamar" (TRT — 2ª Reg., 11ª T., RO n. 00287200646202000, Rel. Juíza Maria Aparecida Duenhas, Ac. n. 20060992667 in DOE 16.1.2007).

Reclamação Constitucional ou da Multiplicação do Supremo

Marcos Neves Fava[(*)]

Introdução

Os avanços do constitucionalismo a partir da primeira metade do século XX coroaram de maior relevância as intervenções das Cortes constitucionais na conformação do direito. Antes desta quadra, revelando a mesma inferior importância de que gozavam os textos constitucionais, meras cartas de intenção política, também os Tribunais incumbidos de tutelá-los não incidiam influentemente, nem na vida social, nem na construção do direito.

O próprio Poder Judiciário alçou voos mais elevados no cenário da configuração social, assumindo decisões antes entregues a instâncias políticas, como esclarece Luís Roberto Barroso[(1)], ao conceituar *judicialização*:

"Judicialização significa que algumas questões de larga repercussão política ou social estão sendo decididas por órgãos do Poder Judiciário, e não pelas instâncias políticas tradicionais: o Congresso Nacional e o Poder Executivo — em cujo âmbito se encontram o Presidente da República, seus ministérios e a administração pública em geral"

Da judicialização emergem a ampliação e o adensamento do *poder dos juízes*, como conclui o constitucionalista:

(*) Juiz do Trabalho, titular da 89ª Vara de São Paulo; mestre e doutor em direito do trabalho pela Faculdade de Direito da USP. Professor licenciado de processo do trabalho da Faculdade de Direito da Fundação Armando Álvares Penteado — FAAP. Membro do Instituto Brasileiro de Direito Processual — IBDP.
(1) Artigo *Judicialização, ativismo e legitimidade democrática*. Disponível em: <http://theolucas.sites.uol.com.br/Direito/OficinaSTF/ativismojudicial_barroso.pdf>.

"Como intuitivo, a judicialização envolve uma **transferência de poder** para juízes e tribunais, com alterações significativas na linguagem, na argumentação e no modo de participação da sociedade." (sem grifos)

Indicam-se três motivos para a judicialização social havida no Brasil, na passagem do século XX ao XXI, a saber: a redemocratização do País, que possibilitou atuação efetiva e desinibida do Poder Judiciário, prejudicada nos anos de chumbo; a amplitude do Texto Constitucional de 1988, que abrangeu inúmeras e variadas matérias, com o que aumentou, também, as possibilidades de evocação da tutela judicial; e, finalmente, o sistema brasileiro de controle de constitucionalidade, como acentua Gilmar Ferreira Mendes[2].

O expressivo aumento da participação do Judiciário, em geral, e do Supremo Tribunal Federal, em particular, no desenvolvimento das relações sociais requerem atenta observação de todos. Isto porque o Judiciário constitui um Poder da República que não tem sua legitimidade revisitada periodicamente, ao contrário do que ocorre com os outros dois Poderes. O mecanismo democrático da eleição dos representantes do povo no Legislativo e no Executivo assegura renovação do grau de legitimação dos representantes, por direto controle dos representados. O Judiciário conta com sistemática própria, a via do concurso público de acesso, não menos democrática, mas que não contempla revisão popular periódica da legitimação.

Uma vez aprovado em estágio probatório, o magistrado goza de vitaliciedade, garantia do exercício da própria jurisdição, que só não resiste à sentença condenatória transitada em julgado. Não se discute que haja, por esta via do próprio Judiciário, também controle de legitimação e manutenção das condições de exercício da função judicante. A diferença revela-se, no entanto, quer pelo maior reforço da participação direta do representado, quer pela frequência dos episódios de reavaliação.

Dos órgãos do Judiciário a que se precisa dar atenção, a análise do presente trabalho enfoca o Supremo Tribunal Federal, detentor do poder-dever de controlar a constitucionalidade das decisões judiciárias do País. Em particular, o texto enfoca o instituto da reclamação constitucional.

1. Força vinculante das decisões do STF no sistema dos precedentes obrigatórios

Equívoco reiteradamente proclamado indica uma cisão notável e notória entre os juízes no sistema do *common law* e no *civil law*, como se nenhum ponto nuclear e substancial comum pudesse entre estes dois modelos haver. Nesta vesga perspectiva, apenas os membros do Judiciário ligados ao direito consuetudinário pautar-se-iam pela influência dos precedentes obrigatórios, o que não diria respeito ao magistrado do *civil law*.

---

(2) *Jurisdição constitucional*. São Paulo: Saraiva, 2005. p. 146.

Luiz Guilherme Marinoni[3] ensina que as discrepâncias assentam-se mais em razões do perfil histórico da Revolução Francesa, do que outras de solidez operacional, como se vê:

> "as histórias do poder no *common law* e no *civil law* foram as responsáveis pelas diferentes funções atribuídas aos juízes desses sistemas jurídicos. Entretanto, há necessidade de sinalizar para circunstância de que a dessemelhança entre as funções dos juízes do *common law* e do *civil law* restaram, em boa medida, no papel e na intenção dos inspiradores do estado legislativo francês."

Ambos os sistemas, por razões históricas características do estabelecimento de cada um dos povos em que surgiram e floresceram, apontam para a necessidade — e a isto se apegam — do funcionamento de mecanismos que concretizem a segurança jurídica.

Para atingimento desse mesmo fim, a sistemática divergiu entre ambos os modelos. O *common law* conduziu-se pela trilha do *satare decisis*, com precedentes vinculantes, que, ao reverso de atribuírem poder criativo do direito aos juízes, extraem-se da interpretação do direito preexistente, lei ou Constituição. Precedente, nesta perspectiva, não cria, mas interpreta o direito também posto, em que pesem as diferenças com o *civil law*.

Já o direito continental encaminhou-se pela vereda da coibição do direito de interpretação do magistrado, atribuindo-lhe apenas o dever de aplicar a lei mecanicamente. A figura do *bouche de la loi*, o juiz que repete, apenas, o que diz a lei, sem lhe acrescentar temperos interpretativos.

Não se nega, entretanto, que a ambos a segurança interessa, firmemente, como leciona Luiz Guilherme Marinoni[4]:

> "A segurança e a previsibilidade obviamente são valores almejados por ambos os sistemas. Porém, supôs-se no *civil law* que tais valores seriam realizados por meio da lei e de sua estrita aplicação pelos juízes, enquanto no *common law*, por nunca ter existido dúvida que os juízes interpretam a lei e, por isso, podem proferir decisões diferentes, enxergou-se na força vinculante dos precedentes os instrumento capaz de garantir a segurança e a previsibilidade de que a sociedade precisa para se desenvolver."

O desenvolvimento histórico do direito nos países que adotaram a segunda corrente — *civil law* — demonstrou aos poucos a realidade um tanto óbvia de que o juiz *sempre* interpreta a lei e outra desta derivada, segundo a qual os juízes fazem isto, no mais das vezes, com divergências e entendimentos antagônicos. O problema central que aproximou ambos os sistemas reside, justamente, nesta possibilidade

---
(3) *Precedentes obrigatórios*. 2. ed. rev. e atual. São Paulo: Revista dos Tribunais, 2011. p. 58.
(4) *Precedentes obrigatórios*. 2. ed. rev. e atual. São Paulo: Revista dos Tribunais, 2011. p. 63.

de várias interpretações surgirem a partir da mesma origem normativa. O método do *stare decisis* do sistema anglo-saxão resolveu o dilema no âmbito do *common law*. Já o *civil law* ainda claudica, mergulhado num cada vez maior emaranhado de normas, regras, regras sobre interpretação de normas etc., tudo a buscar aparente segurança jurídica a oferecer ao jurisdicionado.

Uma das grandes dificuldades apresentadas nesta opção sistemática resulta da má compreensão acerca da *liberdade judicial*. Não se discute, e nem de longe se questiona, a necessidade de assegurarem-se, ao magistrado, meios e possibilidades de exercer a jurisdição de forma absolutamente independente e livre. Deve, o juiz, pautar-se pelo respeito à Constituição — às demais regras do direito posto, quando não colidentes com a Magna Carta — e sua própria consciência. Não por outra a Carta da República blinda os juízes com as regras de vitaliciedade, irredutibilidade de vencimentos e inamovibilidade.

A questão não tangencia a autonomia judicial, pois os julgamentos não são *para o juiz*, senão *para a sociedade* em que se inserem. Para esta, uma vez assentada a jurisprudência em determinado sentido, torna-se irrelevante o que sustenta um ou qualquer magistrado. O fim de seu pleito revela-se pela resposta do Poder Judiciário para a solução da lide. Padece-se, no universo do *civil law*, de acentuado individualismo, que vem de confundir o conceito de liberdade de julgar. Como se as garantias da magistratura não constituíssem garantias do povo, mas da corporação[5]. Auferir meios para julgar isenta e livremente não importa ganho para o juiz, senão para o tecido social em que se vê envolvido.

Desconsiderar que a população espera respostas seguras do Judiciário constitui negativa da validade do próprio sistema, a par de externar desdém com os destinatários finais da prestação jurisdicional. Oportuna a severa crítica de Luiz Guilherme Marinoni[6], no particular:

> "é chegado o momento de se colocar ponto final no cansativo discurso de que o juiz tem a liberdade ferida quando obrigado a decidir de acordo com os tribunais superiores. O juiz, além de liberdade para julgar, tem dever para com o Poder de que faz parte e para com o cidadão. Possui o dever de manter a coerência do ordenamento e de zelar pela respeitabilidade e pela credibilidade do Poder Judiciário."

Atender à obrigatoriedade dos precedentes não vilipendia a independência do juiz, que não deverá julgar ao contrário do necessário, quando o caso concreto demandar solução diversa. Na medida da especificidade dos litígios, caberá ao juiz

---

(5) SANTOS, Boaventura de Sousa. *Para uma revolução democrática da justiça*. São Paulo: Cortez editora, 2007, acentua duas das características do juiz brasileiro como a tendência ao refúgio burocrático — isolamento social, a partir das regras procedimentais — e a de enxergar a independência como autossuficiência — afastando qualquer outra fonte de saber, que não a já dominada dogmática conservadora jurídica.

(6) *Precedentes obrigatórios*. 2. ed. rev. e atual. São Paulo: Revista dos Tribunais, 2011. p. 65.

que se integra a um sistema que tem por finalidade a segurança jurídica demonstrar o descompasso entre o que se assentou no precedente e a situação concreta que se apresenta e os motivos que justificam a não aplicação. Segue livre, mas não detém a prerrogativa de, por capricho pessoal, "divergir" do entendimento de tribunal que já, com efeito vinculante, decidiu o mesmo tema.

Para o ordenamento processual brasileiro, a resposta que se construiu — ou que se está a construir — para o refinamento da segurança jurídica constitui-se pela soma de alguns valiosos elementos. Aí se enquadram a súmula vinculante, a súmula impeditiva de recursos, o sistema de repercussão geral dos recursos extraordinários, os métodos de julgamento de recursos repetitivos, os efeitos das ações de controle concentrado de constitucionalidade e de inconstitucionalidade, e, neste viés, a reclamação para preservação da autoridade dos tribunais.

E este anômalo recurso insere-se no capítulo da segurança jurídica, como auxiliar da afirmação — reafirmação, talvez — da urgência de respeito às decisões de caráter vinculante tomadas pela instância extraordinária, por parte de todos os demais integrantes do Poder Judiciário.

Um passo de aproximação a ele.

2. RECLAMAÇÃO CONSTITUCIONAL

Por meio de assentamento regimental, primeiro pela Justiça do Distrito Federal, depois pelo Supremo Tribunal Federal, criou-se o instituto da hoje reconhecida *reclamação constitucional*, segundo noticia Pontes de Miranda[7], para "quando houvesse subversão patente da hierarquia judicial, portanto, em casos especialíssimos de desrespeito a julgado seu, sem que se tivesse de aguardar a ação rescisória, ou revisão criminal". O nascedouro administrativo, por meio de inserção regimental, não escapou a críticas, como as de Djaci Falcão[8]:

> "Criar, porém, um recurso como a reclamação, em que o Juízo *a quo* se situa fora do Tribunal (ao reverso dos agravos regimentais, em que o Juizo *a quo* é sempre órgao interno), nao é legislar supletivamente sobre procedimento, e sim, legislar sobre Direito Processual, incluindo-se neste um instituto não previsto nas leis processuais."

Embora a teoria neoconstitucionalista tenha sido erigida historicamente em momento posterior, a busca de um mecanismo de efetividade das decisões do Supremo Tribunal Federal responde à lição de Konrad Hesse[9]:

---

(7) *Comentários ao código de processo civil*. Rio de Janeiro: Forense, 1974. t. V, p. 387.
(8) No voto referido por DANTAS, Marcelo Navarro Ribeiro. *Reclamação constitucional no direito brasileiro*. Porto Alegre: Sergio Antonio Fabris, 2000. p. 240.
(9) *A força normativa da constituição*. Tradução para o português de Gilmar Ferreira Mendes. Porto Alegre: Sergio Antonio Fabris, 1991. p. 27.

"o Direito Constitucional deve explicitar as condições sob as quais as normas constitucionais podem adquirira a maior eficácia possível, propiciando, assim, o desenvolvimento da dogmática e da interpretação constitucional."

Em que pese a ausência, mormente nas primeiras Constituições, de qualquer instrumento de garantia da efetividade das decisões do Supremo, a busca interpretativa do sistema perseguia a criação de algo a impor o cumprimento vinculativo de suas decisões, não somente aos demais órgãos do Poder Judiciário, mas, e talvez acentuadamente, aos demais poderes[10].

Os estudos apontam[11] para cinco fases históricas da jurisprudência do Supremo Tribunal Federal acerca da reclamação, a saber: (a) por meio da teoria dos poderes implícitos, antes da introdução da medida no Regimento Interno do Supremo; (b) por direito "posto", desde a inserção no Regimento Interno até a promulgação da Constituição de 1967; (c) da Constituição até a Emenda n. 7/1977; (d) o período de vigência da Emenda n. 7/1977, até a promulgação da Carta de 1988; e (e) a partir da Constituição vigente.

Ao longo de todas as fases, o questionamento central atormentador diz respeito à natureza jurídica da medida. Ação, recurso, reclamação, correição?

Nesta quadra da quinta fase, posterior à promulgação da Carta da República em 1988, a matéria tem assento constitucional, como se lê no art. 102, I, *l*, em relação ao Supremo e no art. 105, I, *f* relativamente ao STJ. A Lei n. 8.038/1990, em seus arts. 13 a 18, regulamenta o tema, vindo a ser complementada, no que toca à Ação de Descumprimento de Preceito Fundamental — de igual caráter vinculante — pelo art. 13 da Lei n. 9.882/1999. No Regimento Interno do Supremo, têm-se vários dispositivos, como os: 6º, I, *g*, 8º, I, 56, X e XI, 57 e 59, II e § 3º, 107, 61, § 1º, II, 62, 65, 70, 71, 72, 156, 162, 317, e 340 a 344.

Em apertada simplificação, o procedimento da reclamação consistiria: na iniciativa da parte interessada ou do Ministério Público, dirigida ao Presidente, instruída com prova documental; distribuição ao relator da causa principal, sempre que possível; o relator, ao despachar, concederá, se necessário, efeito suspensivo ao processo em que se encontre a ordem inquinada de contrariar a autoridade do Supremo e requisitará informações da autoridade a quem foi imputada a prática do ato; vista em cinco dias ao MP, naquelas em que não houver apresentado a reclamação; julgamento pelo Tribunal — pleno ou turma —, que cassa a decisão

---

(10) Recorde-se, para recobrar o quadro em que trafegavam as decisões do Supremo nos primórdios de sua instalação, a célebre frase de Floriano Peixoto, diante da concessão de diversos *habeas corpus* pelo Supremo: "Eles concedam a ordem, mas depois procurem saber quem dará *habeas corpus* aos Ministros do Supremo", conforme relata Aliomar Baleeiro (*O supremo tribunal federal, esse outro desconhecido*. 1. ed. Rio de Janeiro, 1968. p. 69).

(11) Aqui, toma-se a apuração feita por DANTAS, Marcelo Navarro Ribeiro. *Reclamação constitucional no direito brasileiro*. Porto Alegre: Sergio Antonio Fabris, 2000. no capítulo 2, a partir de p. 45.

exorbitante de seu julgado ou determina medida adequada à preservação de sua competência; a decisão deve ser cumprida, independentemente da lavratura de acórdão.

No que toca, de volta, à sua natureza jurídica, impõe-se afastar, desde logo, a de medida administrativa, porquanto incluída pela Constituição no rol de competência originária do Supremo Tribunal Federal. Demais disto, o próprio Pretório já deliberou a impossibilidade de criação da medida mediante alteração regimental — em que pese ter sido esta a origem no próprio Supremo — como assentado no julgamento do Recurso Extraordinário n. 405.031. Não se cuida, outrossim, de jurisdição voluntária, diante de sua aptidão a surtir efeitos de coisa julgada material, como repetidamente assenta o Supremo. Recurso não poderá ser, pois que voltada, também, a cassar atos administrativos que desrespeitem a autoridade das decisões do STF. Também não se cogita que seja incidente processual, pelo mesmo motivo.

Resta apenas uma alternativa, a saber, ação.

A esta conclusão chegou Marcelo Navarro Ribeiro Dantas, ao ponderar que não há outro enquadramento possível, encontra-se inserta na previsão de competência originária de tribunais superiores, exige preenchimento das condições da ação e dos pressupostos processuais, sujeita-se a juízo de admissibilidade e, dando por procedente a reclamação, o tribunal reconhece fundado direito ao reclamante[12].

A figura de procedimento simples e célere possibilita a imediata intervenção do Supremo Tribunal Federal, sobre ato administrativo ou judicial, sempre que menoscabe a autoridade de suas decisões. Na linha eleita pelo legislador pátrio em busca da segurança jurídica, mostra-se ferramenta importante, que abrevia a passagem inútil por diversas instâncias, até que a causa chegue ao Supremo e este lhe atribua a conclusão acerca da qual já se manifestara em decisão com efeito vinculante.

A utilização hodierna, no entanto, no que toca à responsabilidade do Estado pelos créditos trabalhistas dos empregados de seus prestadores de serviço, apresenta grave disfunção, que se analisará, depois da abordagem da decisão referência, a Ação Direta de Constitucionalidade n. 16.

3. Decisão do Supremo Tribunal Federal na Ação Declaratória de Constitucionalidade n. 16

Movida por iniciativa do Governador do Distrito Federal, a Ação Direta de Constitucionalidade n. 16 foi julgada pelo Plenário do Supremo Tribunal Federal em 24 de outubro de 2010, sob relatoria do Ministro Cezar Peluso, com publicação da seguinte ementa em 9 de setembro de 2011:

---

[12] *Reclamação constitucional no direito brasileiro.* Porto Alegre: Sergio Antonio Fabris, 2000. p. 459-461.

"RESPONSABILIDADE CONTRATUAL. Subsidiária. Contrato com a administração pública. Inadimplência negocial do outro contratante. Transferência consequente e automática de seus encargos trabalhistas, fiscais e comerciais, resultantes da execução do contrato, à administração. Impossibilidade jurídica. Consequência proibida pelo art. 71, § 1º da Lei Federal n. 8.666/1993. Constitucionalidade reconhecida dessa forma. Ação direta de constitucionalidade julgada, neste sentido, procedente. Voto vencido. É constitucional a norma inscrita no art. 71, § 1º da Lei Federal n. 8666/1993, com a redação dada peal Lei n. 9.032/1995."

O motivo ensejador da postulação por parte do Governo do DF indica para a Súmula n. 331 do TST, que, à época, indicava, em seu inciso IV, a seguinte redação:

"O inadimplemento das obrigações trabalhistas, por parte do empregador, implica a responsabilidade subsidiária do tomador dos serviços, quanto àquelas obrigações, inclusive quanto aos órgãos da administração direta, das autarquias, das fundações públicas, das empresas públicas e das sociedades de economia mista, desde que hajam participado da relação processual e constem também do título executivo."

O fenômeno da terceirização nasceu, no ordenamento jurídico brasileiro, primeiro no Decreto n. 200, de 1969, em cujo art. 10, § 7º, constava a determinação para que, a fim de "melhor desincumbir-se das tarefas de planejamento, coordenação, supervisão e controle com o objetivo de impedir o crescimento desmesurado da máquina administrativa", a Administração procurasse desobrigar-se da realização material de tarefas executivas, "recorrendo, sempre que possível, à execução indireta, mediante contrato"[13].

Os anos oitenta fizeram eclodir verdadeira revolução administrativa na iniciativa privada, que se baseou em duas colunas, a terceirização e a qualidade total. Para atingimento da última, funcionou, em larga medida, a aplicação da primeira. Tudo se terceirizou, já que legislação não havia — e não há — a impor limitação a esta forma de desencontro entre as figuras do contrato — quem trabalha e quem obtém resultado do trabalho, com quem remunera.

A matéria não se mostra jurídica, mas administrativa, o que torna impossível debate sobre a conveniência ou a oportunidade da adoção do referido método, que, nestes tempos, já se ocupa de todas as áreas da atividade econômica. A opção do mercado estabelece-se, à revelia das delineações legais.

Não por outra que a jurisprudência do Tribunal Superior do Trabalho cristalizou-se no Verbete n. 331[14], que desenvolveu duas hipóteses, a terceirização de atividade-meio do tomador, que se mostraria lícita, e a de atividade-fim, ilícita. Nesta última, o vínculo forma-se com o tomador dos serviços, em razão de fraude,

---

(13) Art. 10, § 7º do DL n. 200/1967.
(14) Antecedido pelo art. 256, que foi pelo art. 331 substituído em 2003. A primeira versão apontava para a ilegalidade total da terceirização, que poderia limitar-se às hipóteses legalmente previstas, como o trabalho temporário. O segundo modelo evoluiu, ao reconhecer a imperatividade das decisões gerenciais.

enquanto na outra, o pretório criou a figura da responsabilidade subsidiária do tomador dos serviços.

O fundamento parece derivar da constatação da impossibilidade de restituição da força de trabalho, a partir da prestação de serviços. Havendo dois ou mais entes empresariais a explorar o resultado desta força, todos devem responder pela remuneração do trabalho já expendido, evitando-se, com isto, o vilipêndio dos princípios de valorização social do trabalho e de proteção à dignidade humana, ambos assentados no primeiro artigo da Constituição da República.

Assentadas tais premissas, cristalizada a jurisprudência, como visto, em 2003, o acachapante volume de trabalho da Justiça Laboral criou o que a decisão do Supremo em análise (ADC n. 16) chamou de responsabilidade 'automática' da Administração. É que as sentenças e acórdãos passaram a lançar, como fundamento, o inciso IV da Súmula n. 331, nada mais. No caso concreto, muitas vezes há silêncio sobre os fatos que ensejariam a culpa da entidade pública.

A despeito da posição insistente da Ministra Cármen Lúcia, o que restou assentado, com a declaração de constitucionalidade do art. 71 da Lei de Licitações, indica que a Justiça do Trabalho poderá apurar, caso a caso, a negligência da Administração, nos termos do art. 67 da mesma Lei n. 8.666/1993, como se extrai do pronunciamento do Relator:

> "mas, enfim, se esta Corte entender de conhecer ainda assim quanto ao mérito, não tenho nada que discutir. Considero a norma constitucional também, o que não impedirá que a Justiça do Trabalho continue reconhecendo a responsabilidade da Administração com **base nos fatos de cada causa.**" (sem grifos)

E, mais adiante:

> "Em relação a isso não tenho dúvida nenhuma, eu reconheço a plena constitucionalidade da norma e, se o Tribunal a reconhecer, como eventualmente poderá fazê-lo, a mim me parece que o Tribunal não pode, neste julgamento, impedir que a **Justiça trabalhista, com base em outras normas, em outros princípios constitucionais, e à luz dos fatos**, reconheça a responsabilidade da Administração." (sem grifos)

Se isto não fosse suficiente a ensejar a conclusão de que esta posição, não a que defende a Ministra Cármen Lúcia, radical no sentido de que NÃO há nenhuma responsabilidade, nunca, por parte da Administração, oportuno observar o término do julgamento, quando o Ministro Gilmar Mendes propôs uma ressalva:

> "Senhor Presidente, eu só gostaria de pontuar, embora isto possa até parecer *obiter dictum*, que, a rigor, ao afirmarmos a constitucionalidade do art. 71, nós estamos fazendo, pelo menos, uma severa revisão da jurisprudência do TST. Quanto aos recursos extraordinários. (...) Nós temos

que mudar nossa postura, em relação a não admissibilidade dos recursos. Até pode ocorrer — Ministra Cármen já ressaltou —, num quadro, sei lá, de culpa *in vigilando*, patente, flagrante, que a Administração venha a ser responsabilizada, porque não tomou as cautelas de estilo."

Ao que o Ministro Marco Aurélio aditou, assentindo:

"Brecamos a subida dos recursos, ante a faticidade da matéria e a regência legal."

É dizer: a Corte, ao deliberar sobre a constitucionalidade do art. 71 da Lei das Licitações, não avançou em proibir, para qualquer hipótese, como aventa a Ministra Cármen em seu voto, a admissão de responsabilidade da Administração. Assevere-se, os recursos extraordinários sobre a matéria, como indicou ao Ministro Marco Aurélio, devem ser brecados, porque o tema é *de análise dos fatos* e tem sede *infraconstitucional*.

As reclamações constitucionais, no entanto, não foram objeto de ponderação da Corte e passaram a veicular com ampla incidência e aflitiva frequência. Antes de analisar esta providência, cumpre ver que o Tribunal Superior do Trabalho, observando os termos da decisão do Supremo Tribunal Federal na ADC n. 16, redigiu novo texto para a Súmula n. 331.

4. Alteração da Súmula n. 331 do Tribunal Superior do Trabalho

A partir do decidido pelo Supremo Tribunal Federal, aproveitando a semana anual de reflexão, o Tribunal Superior do Trabalho reviu a redação da Súmula n. 331.

A preocupação que se percebe com toda clareza a partir da nova redação do verbete coincide com a conclusão dos debates havidos no Supremo Tribunal Federal: a constitucionalidade do art. 71 da Lei de Licitações não implica impedimento total e definitivo da responsabilidade subsidiária dos entes públicos. Pelo contrário, ainda que constitucional, o dispositivo interpreta-se no conjunto do ordenamento, o que leva à análise dos demais artigos que regulamentam os deveres do órgão contratante, no curso do contrato com o licitante vencedor.

O art. 67 prevê o dever de fiscalização pelo órgão contratante:

"A execução do contrato deverá ser acompanhada e fiscalizada por um representante da Administração especialmente designado, permitida a contratação de terceiros para assisti-lo e subsidiá-lo de informações pertinentes a essa atribuição."

Finalidade para a qual deverá ser designado um preposto, presente no local da concretização do contrato, como indica o art. 68, que deverá registrar as ocorrências do contrato e tomar as medidas cabíveis para sua correção. Neste contexto é que surge o art. 71, a isentar de responsabilidade o contratante, pelos encargos trabalhistas assumidos e não cumpridos pelo contratado. Ausente o pressuposto da fiscalização, surge a *culpa* pelo dano causado — negligência na fiscalização ou *culpa in vigilando* — a sustentar, sob a ótica do art. 927 do Código Civil, a responsabilização do ente público.

O art. 71 da Lei de Licitações não pode valer isoladamente, nem exclui o Estado da regra geral e antiga do direito, segundo a qual o agente que, cometendo ato ilícito, causa danos a outrem deve indenizar.

O novel verbete, como se intui, não vilipendia, senão dá cumprimento às judiciosas razões pelas quais o Supremo Tribunal Federal julgou procedente a ADC n. 16, inclusive atentando para a necessidade de observância, no caso concreto, dos fatos que podem ensejar culpa do agente público.

Trouxe, com sua nova redação, os seguintes fundamentos: (a) o inadimplemento simples não gera responsabilidade subsidiária de forma imediata ou, na dicção utilizada no julgamento da ADC n. 16, "automática"; e (b) a confirmação da existência de culpa em fiscalizar o contrato atrai a responsabilidade do Estado.

Ao que parece, a nova dicção não resolveu os problemas com a solução de reclamações constitucionais sobre o tema. Isso, no entanto, deve-se mais ao fenômeno que se passa a analisar, do julgamento monocrático das reclamações.

5. JULGAMENTO MONOCRÁTICO DE RECLAMAÇÕES CONSTITUCIONAIS

Ao tratar do julgamento das reclamações na Questão de Ordem suscitada pela Ministra Cármen Lúcia no Agravo Regimental na Reclamação n. 9.894, o Supremo Tribunal Federal decidiu: "autorizar o Relator a decidir definitiva e monocraticamente pedidos idênticos" (DJE n. 32, divulgado em 16.2.2011). A partir deste precedente, inúmeras reclamações constitucionais contra a aplicação da Súmula n. 331 do TST, monocraticamente. A Ministra Cármen Lúcia dispensa a participação da Procuradoria da República e as informações da autoridade que estaria a infringir a autoridade da decisão vinculante, como se lê, exemplificativamente, neste trecho de sua decisão na Reclamação n. 12.558-DF:

> "a presente reclamação está instruída com todos os documentos essenciais para a solução da controvérsia e a 4ª Turma do Tribunal Superior do Trabalho fundamentou sua decisão na Súmula n. 331 daquele Tribunal especializado, matéria recorrente neste Supremo Tribunal, razão pela qual deixo de requisitar informações à autoridade Reclamada e dispenso parecer do Procurador-Geral da República."

Para não colher parecer do Ministério Público, há o art. 52[15] do Regimento Interno do Supremo, mas nada existe a abonar a vedação de manifestação da autoridade judiciária envolvida na denúncia de violação à autoridade do Supremo.

---

(15) Que, no quanto interessa, tem esta dicção "Poderá o Relator dispensar a vista ao Procurador-Geral (...) quando sobre a matéria versada no processo já houver o Plenário firmado jurisprudência".

Grave problema desenha-se pelo conteúdo da matéria tratada na Reclamação n. 9.894, que foi apontado na Questão de Ordem como "matéria idêntica", a autorizar decisões monocráticas. Eis, para tanto, a decisão agravada, do Ministro Cezar Peluso:

> "O pedido tem, como causa de pedir, alegação de ofensa à súmula vinculante n. 10, do seguinte teor: 'Viola a cláusula de reserva de plenário (CF, art. 97) a decisão de órgão fracionário de tribunal que, embora não declare expressamente a inconstitucionalidade de lei ou ato normativo do poder público, afasta sua incidência, no todo ou em parte'."

Não há, todavia, nenhuma ofensa à Súmula Vinculante n. 10.

É que a redação atual do item IV do Enunciado n. 331 do TST resultou do julgamento, por votação unânime, do Pleno daquele tribunal, do Incidente de Uniformização de Jurisprudência n. TST-IUJ-RR n. 297.751/96, em sessão de 11.9.2000.

Além disso, tal acórdão do Pleno do TST e o item IV do Enunciado n. 331 foram publicados em data anterior ao início de vigência do enunciado da Súmula Vinculante n. 10 (DJ 27.6.2008).

Ora, é velha e saturada a jurisprudência desta Corte sobre a inadmissibilidade de reclamação, **quando a decisão impugnada seja anterior a pronúncia** do Supremo Tribunal Federal, revestida de eficácia vinculante. (Rcl-AgR-QO n. 1.480, DJ 8.6.2001; Rcl n. 1.114, Rel. Min. Ellen Gracie, DJ 19.3.2002; Rcl n. 2.834-MC, Rel. Min. Celso de Mello, DJ 6.10.2004; Rcl n. 2.716, Rel. Min. Cezar Peluso, DJ 6.12.2004).

Estava-se, pois, a decidir sobre a possibilidade de admitir Reclamação contra decisão baseada na Súmula n. 331 do TST, lavrada antes do assentamento do Verbete n. 10 da súmula vinculante. Já a Súmula Vinculante n. 10, aprovada em 18 de junho de 2008, veio a lume oito anos depois da decisão do TST no Incidente de Uniformização de Jurisprudência n. 297.751/1996.

Teria sido esta, pois, a autorização dada pelo Plenário para julgamento monocrático das Reclamações "sobre tema idêntico".

Nada obstante enorme quantidade de reclamações sobre a Súmula n. 331 do TST, com base na ADC n. 16 do STF, apresenta-se atualmente, todas decididas monocraticamente. Isso dá azo à formação de múltiplos Supremos, como se demonstrará.

6. A MULTIPLICAÇÃO DO SUPREMO

A prática instituída de julgamento das reclamações constitucionais de forma monocrática criou uma subespécie não ordinária de recurso imediato para a última instância.

Não há limite do uso dos instrumentos comuns de recorribilidade, porque a medida pode surgir a qualquer tempo. Contra sentença trabalhista, por exemplo, podem incidir, simultaneamente, recurso ordinário e reclamação ao Supremo. Antes ou independentemente do julgado do primeiro, a segunda pode resultar na *anulação da decisão*, ou sua substituição por outra, diretamente pelo Supremo, ou, *rectius*, por *um de seus ministros*.

Uma nota, ainda que rápida, sobre a decisão que manda prolatar outra sentença.

A medida não é incomum, no sistema ortodoxo de recursos. Quando o tribunal anula uma decisão, por falta de pressupostos processuais ou por violação às garantias processuais — o devido processo legal, o contraditório, a ampla defesa etc. —, impõe-se ao julgador *a quo* a prolação de nova decisão, ordem que vem acompanhada da dispensável expressão "como de direito". Dispensável, pois que nenhum juiz decide, senão *como de direito*. Na figura da reclamação, no entanto, não se está a cuidar de elementos extrínsecos ao mérito da causa, decidido pelo Supremo, o que torna paradoxal a ordem para "novo julgamento, como de direito". Está-se a impor ao magistrado — ao colegiado, o que é indiferente — que julgue conforme já delimitou a decisão da reclamação constitucional. A providência constitui verdadeira teratologia, que afronta o princípio fundamental da jurisdição, que corresponde à autonomia de julgar, conforme a Constituição e a própria convicção do juiz, sempre com esteio no dever de fundamentar seu convencimento racional. Melhor se faria com a substituição, também facultada pela lei, por uma decisão que conforme a reclamada à autoridade da decisão do Supremo.

Feita essa ressalva, observe-se um exemplo em que a situação beira ponto extremo do vilipêndio às garantias da magistratura. O juízo da 60ª Vara do Trabalho de São Paulo prolatou sentença nos autos do Processo 02620000.41.2010.5.02.0060, reconhecendo a responsabilidade subsidiária do Estado (Universidade de São Paulo, *in casu*). Por meio de reclamação, monocraticamente, a Ministra Cármen Lúcia, sem ouvir a Procuradoria da República — com base no art. 52 do RISTF — ou a autoridade sentenciante — sem indicar fundamento específico para tanto — decidiu julgar procedente o pedido da USP, para anular a sentença e determinar "que outra decisão seja proferida, como de direito", em 5 de agosto de 2011.

Atendendo ao comando, o juiz substituto Richard Wilson Jamberg, a quem incumbiu o novo julgamento, enfrentando os argumentos da impossibilidade de indicação de *culpa in eligendo* da Administração, com o que respeitou, aparentemente, a decisão do Supremo Tribunal Federal na ADC n. 16, prolatou nova sentença em 5 de setembro de 2011. Nesta decisão, o juiz assentou:

> "a própria Lei n. 8.666 impõe ao Poder Público o dever de fiscalizar a execução dos serviços e adotar as providências necessárias visando a regularizar os fatos. (...) Assim, *não provado o cumprimento da Lei n.*

> 8.666/1993 quanto a efetiva fiscalização do cumprimento das obrigações trabalhistas pelo contratado para a execução dos serviços subsiste a responsabilidade subsidiária da segunda reclamada, aplicando-se ao caso o entendimento da Súmula n. 331 (...)."

Em suma, reconheceu a validade da Lei n. 8.666/1993, afastou a responsabilidade subsidiária, antes fixada com base na culpa *in eligendo,* e atestou a ocorrência de *culpa* a atrair subsidiariedade por culpa *in vigilando*. Analisou, desta forma, os fatos da demanda e vislumbrou confirmada a omissão ilícita da administração, aplicando o art. 927 do Código Civil.

Nova reclamação, nos mesmos autos da anterior, atribuída, portanto, à Ministra Cármen Lúcia, foi julgada procedente, cassando a decisão proferida e determinando que "outra seja proferida como de direito"[16].

A expressão deveria ser substituída por *sem o reconhecimento de qualquer responsabilidade do Estado*, o que contraria o próprio sentido que se extrai da decisão do Supremo na ADC n. 16.

Em época concomitante, outro Ministro do Supremo, Ayres Britto, nos autos da Reclamação Constitucional n. 12.591 (decisão de 15.11.2011), em situação análoga, assentou em apreciação ao pedido de liminar:

> "como se vê, ao responder subsidiariamente a Administração pública por obrigações trabalhistas devidas a empregado de empresa contratada, mas assim proceder após detida análise do caso concreto (e não compete a este Supremo Tribunal Federal, em sede de reclamação, rejulgar a causa, por eventual deficiência probatória), o acórdão reclamado parece **não** haver violado nem a Súmula Vinculante n. 10 deste Supremo Tribunal Federal nem o acórdão da ADC n. 16."

Importante frisar, para que reste observado o nítido alinhamento da segunda decisão do juízo da 60ª Vara de São Paulo com o acórdão reclamado (RR 119600-89.2008.5.04.0101, 6ª Turma do Tribunal Superior do Trabalho), as razões desta última decisão:

> "A mera inadimplência da empresa terceirizante quanto às verbas trabalhistas e previdenciárias devidas ao trabalhador terceirizado não transfere a responsabilidade por tais verbas para a entidade estatal tomadora de serviços, a teor do disposto no art. 71 da Lei n. 8.666/1993, cuja constitucionalidade foi declarada pelo Supremo Tribunal Federal na ADC n. 16. Entretanto, a inadimplência da obrigação fiscalizatória da entidade estatal tomadora de serviços no tocante ao preciso cumprimento das obrigações trabalhistas e previdenciárias da empresa prestadora de serviços gera sua responsabilidade subsidiária, em face de sua *culpa in vigilando*, a teor da regra responsabilizatória

---

(16) A ordem foi cumprida, com a prolação, em 28 de outubro de 2011 — note-se a rapidez da reforma da sentença, duas vezes, em contraste com a delonga ordinária da apreciação das razões de recurso — com o atendimento à determinação da Ministra. Nesta, ponderou o mesmo juiz da anterior: "por mera disciplina judiciária, JULGO IMPROCEDENTES os pedidos em face da segunda reclamada".

incidente sobre qualquer pessoa física ou jurídica que, por ato ou omissão culposos, cause prejuízos a alguém (art. 186 do Código Civil). Evidenciando-se essa culpa in vigilando nos autos, incide a responsabilidade subjetiva prevista no art. 159 do CCB/1916, arts. 186 e 927 do CCB/2002, observados seus respetivos períodos de vigência."

Ambas as decisões, como se vê, afastaram a responsabilidade subsidiária dita "automática", rejeitaram o fundamento da culpa de eleição — em face da constitucionalidade do art. 71 da Lei n. 8.666/1993 — e, *analisando os fatos da causa*, vislumbraram, por outro fundamento, culpa do contratante.

Na primeira reclamação, julgada pela Ministra Cármen Lúcia, o resultado foi a anulação da sentença, enquanto na segunda, da lavra do Ministro Ayres Britto, a decisão liminar *indeferida* baseou-se justamente no respeito aparente à ADC n. 16.

Criou-se, com o fenômeno, a possibilidade de funcionarem, simultaneamente, *dez*[17] *Supremos Tribunais Federais*.

Estas decisões, quando muito, proferem-se após a oitiva da autoridade julgadora da decisão reclamada, mas nunca envolvem a outra parte, do que resta praticamente impossível, quando atendido o pedido do reclamante (autor da reclamação constitucional, o Estado), a apresentação de *recurso ao Pleno*.

Conclusões

Não se nega, ao contrário, afirma-se, a necessidade de respeito às decisões definitivas, tomadas no sistema com força vinculante, como inequivocamente ocorre com a ADC n. 16. Providência que corresponde ao respeito ao Judiciário, bem como de atendimento ao comando constitucional da duração razoável do processo.

A reclamação constitucional figura como um importante e útil instrumento de respeito ao sistema de precedentes obrigatórios, em busca da segurança jurídica.

Questão, no entanto, relevante exsurge da multiplicação das interpretações do Supremo Tribunal Federal em tantos quantos sejam seus Ministros, em decisões monocráticas irrecorríveis em termos práticos, vilipendiando-se aquilo que o sistema de precedentes obrigatórios. Com a ferramenta talhada para garantir a segurança, distribui-se evidente e inegável insegurança jurídica às partes.

Não se mitigue, ainda, por sua relevância ao Estado democrático, que a decisão do mérito, desde logo, pelo Supremo, acompanhada da determinação de "novo julgamento como de direito", implica clara violação à autonomia dos juízes, com prejuízos óbvios e graves à sociedade.

Urge que o Supremo assuma, pelo único órgão ao qual se confere poder de decisões com efeito vinculante, o Pleno, clara interpretação dos limites da

---

(17) O Ministro presidente não recebe distribuição geral, na forma do Regimento Interno, por isto dez e não onze.

ADC n. 16, a fim de se evitar o prejuízo insanável do trabalhador terceirizado, que tenha prestado serviços ao Estado.

Os benefícios da extraordinária via da reclamação constitucional não podem impor perecimento definitivo a direito fundamental do cidadão trabalhador.

REFERÊNCIAS BIBLIOGRÁFICAS

BALEEIRO, Aliomar. *O supremo tribunal federal, esse outro desconhecido*. 1. ed. Rio de Janeiro, 1968.

BARROSO, Luís Roberto. *Judicialização, ativismo e legitimidade democrática*. Disponível em: <http://theolucas.sites.uol.com.br/Direito/OficinaSTF/ativismojudicial_barroso.pdf>.

DANTAS, Marcelo Navarro Ribeiro. *Reclamação constitucional no direito brasileiro*. Porto Alegre: Sergio Antonio Fabris, 2000.

MARINONI, Luiz Guilherme. *Precedentes obrigatórios*. 2. ed. rev. e atual. São Paulo: Revista dos Tribunais, 2011.

MELLO, Celso Antonio Bandeira de. *Curso de direito administrativo*. 16. ed. São Paulo: Malheiros, 2003.

MENDES, Gilmar Ferreira. *Jurisdição constitucional*. São Paulo: Saraiva, 2005.

MIRANDA, Francisco Cavalcanti Pontes de. *Comentários ao código de processo civil*. Rio de Janeiro: Forense, 1974. t. V.

NERY JÚNIOR, Nelson. *Teoria geral dos recursos constitucionais*. 6. ed. São Paulo: RT, 2004.

SANTOS, Boaventura de Sousa. *Para uma revolução democrática da justiça*. São Paulo: Cortez, 2007.

Produção Gráfica e Editoração Eletrônica: R. P. TIEZZI
Projeto de Capa: R. P. TIEZZI
Impressão: PIMENTA GRÁFICA E EDITORA

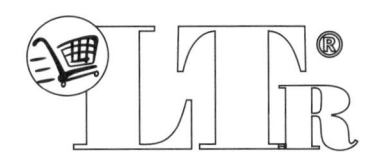

LOJA VIRTUAL	BIBLIOTECA DIGITAL	E-BOOKS
www.ltr.com.br	www.ltrdigital.com.br	www.ltr.com.br